企业法律风险管理体系研究

江泽利　姜　河　著

北京交通大学出版社
·北京·

内容简介

本书通过对企业风险和企业法律风险、企业管理和企业法律风险管理的理论研究，提出并解答了企业法律风险管理体系的概念、内涵、外延及其构成要素等问题。通过对本书的学习，了解建立企业法律风险管理体系的要点和重点，从而突破现有企业法律风险管理中单纯谈风险防控的法律技巧和技能局限，成功地站在管理的高度，全面研究了企业的法律风险管理体系建设。

本书是管理学与法学的融合，同时也是法律实践与管理实践的结合，是一门全新的边缘学科。本书可供企业管理者、法律工作者，以及相关工作者阅读和学习。

版权所有，侵权必究。

图书在版编目（CIP）数据

企业法律风险管理体系研究／江泽利，姜河著．—北京：北京交通大学出版社，2017.5

ISBN 978-7-5121-2898-9

Ⅰ．①企…　Ⅱ．①江…②姜…　Ⅲ．①企业法-研究-中国②企业管理-风险管理-研究-中国　Ⅳ．①D922.291.914②F279.23

中国版本图书馆 CIP 数据核字（2016）第 263902 号

企业法律风险管理体系研究

QIYE FALÜ FENGXIAN GUANLI TIXI YANJIU

责任编辑：井　飞

出版发行：北京交通大学出版社　　电话：010-51686414　　http://www.bjtup.com.cn

地　　址：北京市海淀区高梁桥斜街 44 号　　邮编：100044

印 刷 者：北京艺堂印刷有限公司

经　　销：全国新华书店

开　　本：170 mm×240 mm　　印张：17.75　　字数：378 千字

版　　次：2017 年 5 月第 1 版　　2017 年 5 月第 1 次印刷

书　　号：ISBN 978-7-5121-2898-9/D・208

印　　数：1～2 000 册　　定价：45.00 元

本书如有质量问题，请向北京交通大学出版社质监组反映。对您的意见和批评，我们表示欢迎和感谢。

投诉电话：010-51686043，51686008；传真：010-62225406；E-mail：press@bjtu.edu.cn。

序　一

中国经济快速发展，与中国民营经济迅速崛起密不可分。中国民营企业前赴后继，推动了中国经济向前发展，中国民营经济已成为中国经济的重要组成部分。尽管如此，政府及社会各界对他们关注得还不够的，帮助和支持也不多。

中国法学会一直关注着中国民营企业的发展，有组织地开展企业法律风险控制与管理相关课题的研究，也曾对我国东部地区企业发展现状和经营风险做过调查分析，提出了一些系统性建议和指导。本书也是代表之一。作者是中国法学会会员，也是从业多年的执业律师。他用丰富的法律风险管理实务经验，结合掌握的管理学理论，提出了系统建立企业法律风险管理体系的建议，符合中国企业风险管理现实；倡导企业建立个性化的风险管理体系，值得推荐学习与借鉴。

企业法律风险管理是个大课题，也是一个系统工程，需要持续改进。但我们不能简单照搬国际风险管理理论，要与中国企业发展现状有机结合，根据企业不同规模、不同行业和不同发展阶段，系统研究，有序推进。

本书作者以风险管理理论导入，大胆创新，提出风险管理主体、管理客体和管理内容等理论，倡导体系化管理，分层、分级管理。我认为，还要细分风险类型，动态化系统管理。倡议更多有企业风险管理实践经验的管理专家、法律从业者，参与企业风险管理研究，写出更多、更好的专著，丰富理论知识，贡献社会，帮助和指导企业更好地发展中国经济。

张文显

2016 年 6 月 8 日

张文显：中国法学会党组成员、副会长、学术委员会主任，哲学博士。吉林大学哲学社会科学资深教授，国家2011计划司法文明协同创新中心理事长兼联席主任，中国法学会法学教育研究会会长，教育部社会科学委员会法学学部召集人，国家社科基金法学评审组组长，全国博士后管理委员会法学学科召集人。

序　二

江泽利是名律师，有着深厚的法律专业基础。因法律服务工作需要，在工作多年后于2006年考取中央财经大学工商管理硕士，系统地学习管理学知识。在攻读硕士期间，他就带着许多法律中的管理实践问题，不失时机地向各科老师请教、研讨。在我执教的“财务会计”课上，他时常结合债权债务诉讼中财务证据准备、收集与应用等问题与我深入探讨，极好地活跃了课堂气氛。

当时，江泽利就曾说过，希望通过学习，能在企业风险防、堵、救等方面做些文章，留下些企业法律风险管理经验给社会。2013年，他写了一本名叫《老板通法》的书，用了80多个典型案例，为企业经理人解读了500多个法律知识点，对企业管理者防范企业法律风险有很强的指导意义。今年，江泽利又完成了《企业法律风险管理体系研究》一书，值得庆贺。

如果说《老板通法》是提示企业法律风险，谈具体管理各类法律风险的措施和方法的话，那么《企业法律风险管理体系研究》则更侧重于管理设计，站位更高，立意更远。该书着重研究企业法律风险的组织与管理，是管理学理论与法律风险实务的有机结合，既能拓宽企业经营管理层的管理思路，又能指导企业风险管理者开展法律风险管理。

当然，该书也给广大读者，尤其是对本研究课题感兴趣的读者，留有较大的研究空间。比如，法律风险管理主体是组织与管理企业法律风险管理体系的关键，是整个体系运行的引擎和原动力。如何设置法律风险管理机构、配置法律风险管理人员，是法律风险管理体系建设要解决的首要问题；如何充分认知企业法律风险，了解其发生原因；如何管理与控制好各种企业法律风险等，都有待读者做更深入的探讨与研究。

《企业法律风险管理体系研究》是江泽利多年工作与学习的总结，书中在介绍风险理论和管理理论基础上，为企业法律风险管理搭建了一个体系框架，用法律风险管理实务经验，为读者构建了一个可供借鉴的案例，有助于推进我国企业法律风险管理体系的研究和实践，是一本很有价值的好书，故乐为之序。

王瑞华

2016年3月9日

王瑞华：中央财经大学商学院院长兼MBA教育中心主任、教授，博士生导师。

序　三

2006 年 6 月 6 日，国务院国有资产监督管理委员会发布了《中央企业全面风险管理指引》（国资发改革〔2006〕108 号），将企业风险管理提升为国家监管部门对于国有企业管理的基本要求，而且至今长抓不懈。放眼大洋彼岸的美国，一方面，通过萨班斯法案 404 条，以及美国证券交易委员会的相应规范，从监管上对企业的内控提出了严苛标准；另一方面，有社会专业机构提出的《内部控制——整合框架》《企业风险管理——整合框架》等外部管理规范建议，保障企业自内而外地落实风险管理的目标。至今，美国仍引领着企业风险管理的国际水平。相比较而言，中国在企业内部控制和风险管理上的起步是晚的，但是我们对于企业风险管理的要求却是与国际接轨的。

从 2006 年算起，中国系统的企业风险管理实践已经有十年的时间了，其间以央企、上市公司、地方大型国有企业为先导，提出了企业风险管理的目标和要求，把企业风险管理纳入了企业的常态管理。由于企业各类风险的集中表现都涉及法律风险，因此法律风险成为全部风险管理的重要抓手，很多企业以法律风险管理作为建立企业全部风险管理体系的突破口和核心。中国近十年的企业法律风险管理的实践之路，使我们积累了很多经验，也发现了不少问题，值得思考和总结。

本书的作者是我的同事，他既有企业内部管理的实践经验，又有外部律师的独立思考，更有其丰富的教育背景和深厚的理论功底。在本书中，他对中国企业在不断推进和完善企业法律风险管理的理念和实践过程中，需要重点解决的问题，做了深入思考。

第一，建立中国自己的企业法律风险管理的理论体系基础，打造中国的企业风险管理文化。如前所述，中国企业全部法律风险管理体系的要求及规范的提出，都是基于美国的实践理论，虽然不是全盘照搬，但也是全面学习。美国企业的生存条件和环境与我国不同，特别是外部法律环境和社会环境。对于美国企业而言，风险管理有企业全面规范运作的深厚基础，更有完善的外部法律体系保障。对中国企业而言，法律的保障基础和规范运作基础都过于薄弱。在中国，风险管理的理念在过去没有历史，一切要从头开始。要突破这一桎梏，首要任务就是建立符合中国法律及企业现实情况的法律风险管理的理论体系和文化基础，为建立符合中国企业实际需求的企业法律风险管理实践提供全部的支持。就此点而言，本书在全面分析中国企业现状的基础上，从管理理论和风险理论两个角度进行深入、系统地阐述，提出了中国企业法律风险的理论思路，是一个良好的开端。

第二，打破中国企业落后的管理实践，特别是落后的法律管理理念，打造体系化的管理框架。多数企业现行的法律管理模式，本质上是一种事务性的事后管理，是一种救火队似的运作模式，针对的是突发性事件处理，缺乏有计划、有组织的事前管理和防范理念。企业法律风险管理的目标就是要对企业的运行实施有效的控制，要建立体系化的管理模式，将法律风险的管理融入企业的日常运行机制中。因此，需要创新思维，建立一个新型的法律风险管理体系。这里特别需要强调的就是“体系”，只有体系化的建设才能解决旧有的问题，才能建立新型的、有效的运行机制。本书恰恰在“体系篇”中完整地对法律风险管理体系的定义、要素及建设进行了论述。

第三，进行充分的实践论证。企业法律风险管理体系是中国企业管理的新生事物，虽然已有十年的发展，但仍处于发育期，需要更多的培育，以及更多的尝试和摸索。对于企业已经进行的实践，需要用时间及事实去证明它的效果，在实践中不断地发现问题并不断地调整，从而探讨不同的解决方案。只有丰富的实践，才能找到适合企业自身的法律风险管理体系建设和发展之路。我们需要更多的关于企业实践的交流和探讨，寻找经验，发现问题。

本书汇总了央企组织体系建设的成果，更难能可贵的是，作者在本书中全程记录了其本人深度介入的一家大型集团化企业的法律风险管理体系建设的全部过程，对体系建设的思路、框架、成果进行了全面的展示，成功地分享了其中的宝贵经验。

本书作为一本理论和实践相结合的专著，非常难得地在中国企业法律风险管理实践亟须解决的三个方面问题上进行了深入的阐述和分享，对中国企业未来的法律风险管理的实践具有指导意义。

中国经济与世界接轨，更多的企业走出国门，市场竞争更趋有序化，这都是不可阻挡的发展趋势。在这样的大背景下，企业要做好准备，要练好内功，风险管理是不可或缺的一课，是企业持续稳定发展的必由之路。相信在未来几年，中国企业将更大范围地涉足风险管理的实践，法律风险管理体系的建设也将成为更多企业的日常管理任务，中国必将逐渐形成符合中国企业自身发展现状的企业风险管理理论体系和风险管理文化理念。

张　洪

2016 年 5 月 15 日

张　洪：大成律师事务所律师。

序　四

“保经营、促管理，化风险、建体系”是中国庆华集团风险管理工作持续关注的重点，也是我们企业风险管理研究和实践经验的总结。

继党的十八届四中全会决定全面推进依法治国后，十二届全国人大三次会议上又表决通过了《中华人民共和国立法法》，表明我党“把权力关进制度的笼子里”的决心。企业无论是国有还是私营，也应该走“依法治企”的道路。

中国庆华集团有近4万名员工，管理层清醒地认识到自己肩负的社会责任，时刻把遵纪守法放在首位，倡导“合法经营，依法管理”，建立健全企业集团规章制度，用制度规范运营行为，化解企业风险。将“保经营、促管理，化风险、建体系”作为法务管理工作的考核标准，要求“法务工作无盲点，法律业务全覆盖”，法务人员要“小处着手，大处着眼”，兢兢业业干实事，精益求精干工作，预防控制集团经营风险，为集团管理保驾护航。

江泽利是我中国庆华能源集团公司法律顾问。他用多年积累的法务实践与风险管理经验，致力于集团法律风险管理体系研究与建设，用管理学理论指导企业法律风险防控实际，取得了较好经济成效。

企业风险体系化管理是当代企业的管理重点，也是现代管理学术界的热门议题。已出版的关于企业风险管理类的书籍，大多数都是谈风险控制方法和管理措施的，很少能找到风险管理体系建设方面的书籍。

江泽利的可贵之处在于能跳出风险防与控的“藩篱”，提出个性化的法律风险管理体系建设理论，阐明法律风险管理主体范围，突出主体在法律风险管理体系中的作用，强调制度体系的重要性，给企业系统建设法律风险管理以系统性指导。

《企业法律风险管理体系研究》告诉我们，制度是法律风险管理与控制的前提，制度体系建设是风险管理体系建设的关键，“有章可循”才是“依法治企”的基础；“良法善用”，强有力地贯彻与执行制度才能有效避免“人为因素”导致的管理内耗。同时，该书还告诉我们“法律风险管理体系”的内涵，少了些“忽悠”，多了些实际，指导企业建立法律风险管理体系。

总之，《企业法律风险管理体系研究》是一本管理理论与法律风险防控实践有机结合的书，有高度、有内涵，内容丰富，见解独到，逻辑严密，观点鲜明，思想创新，自成体系，处处渗透着江泽利和他们团队的智慧。相信该书一定能指导和帮助读者建立健全自己企业的法律风险管理体系。

李传瑞

2016 年 3 月 6 日

李传瑞：中国庆华能源集团公司管理者代表。

序　五

江泽利博士作为一名资深律师，为一些著名企业担当法律顾问多年，在长期的法律服务过程中，目睹和参与了大量的企业法律实务，积累了相当丰富的史料案例。同时，作为管理学博士，他精通企业管理的脉络，从法律和管理两个角度平行铺叙，编写了这本《企业法律风险管理体系研究》。

作为理论性读物，本书除了法律层面的概念外，还引入了企业管理层面的理论资料；作为实操手册，本书采用案例分析法，指导读者，一步一步建立起企业的法律风险防控体系。作为一本跨法律与管理两界、兼具理论与实务功能于一身的好书，本书凝聚了作者的学识与智慧，勤劳与感悟。

法律风险管理体系是一个系统性的工程，也是一个持续改进和发展的工程。

美国人伊查克·爱迪思博士于 1989 年提出了企业生命周期理论，把企业生命周期作为研究对象，分析其成长和老化的原因并提出对策。他认为企业与自然界生物一样都遵从“生命周期”规律，都会经历从出生、成长到老化直至死亡的生命历程。企业的成长与老化主要通过灵活性与可控性两大因素的关系表现出来。他认为“企业年轻时充满了灵活性，但控制力却不一定很强；企业老化时，关系变了，可控性增加了，但灵活性却减少了”。企业在每个时期都会出现某些病症，克服了这些病症就可以进入下一个阶段。克服不了就会夭折。因此可以说管理的实质，或者说领导的作用就是努力保证企业健康成长，预防与治愈企业成长过程中出现的各种病态性问题以确保企业进入盛年期或保持盛年期。

面对全球经济一体化进程日益加速，市场竞争日益加剧。中国企业，特别是民营企业不仅要生存下去，而且要在竞争中得到发展。这是每一个企业领导人都无法回避、也回避不了的问题。当前的经济局势错综复杂。以不变应万变，固本清源，打造企业的品牌，才是求生之本。

相信，江博士的这本书著，一定会对你有所帮助的。

刘　焱

刘　焱：北京天坛海乔客车有限责任公司总裁。

自　序

中国的内部控制机制与管理起始于法律风险控制与管理。

早在二十年前，中国企业很少设有专门风险控制部门，少数有条件的企业也只是内设法律顾问岗位或外聘法律顾问，为企业提供法律服务与支持，极少数的国有大中型企业才设有法律顾问室，或者称作法律服务部，为企业经营管理者提供法律服务，帮助企业解决发生的法律问题。

2004 年 5 月 11 日，国务院国有资产监督管理委员会颁布了《国有企业法律顾问管理办法》(国务院国资委第 6 号令)，旨在建立、健全国有企业法律风险防范机制，除赋予企业法律事务部为企业经营风险提供法律服务外，还新增了法律风险防控与管理职能。

2006 年 6 月 6 日，国务院国有资产监督管理委员会颁布《中央企业全面风险管理指引》(国资发改革〔2006〕108 号)，正式确定将管理控制企业风险作为国家监管部门对国有企业管理的基本要求。

企业法律风险控制从最初借助外部专业律师提供法律服务，到现在内设专业法务部门，为企业提供风险防控服务。企业内设法务部门名称，也从“法律服务部”上升为“法律事务部”，“事务”与“服务”之间虽只有一字之差，但其内涵却异常丰富。企业法律事务部在保持“法律服务”基本职能的基础上，先后经历了三个补充和完善阶段。

第一阶段，被称作“组织与管理”概念植入阶段。在这一阶段，企业法务机构正式定名为“法律事务部”，执行法律工作的组织与管理职责。尤其是在企业集团的公司总部，集团法律事务部被要求有效组织内外部法务人员，积极开展法律服务工作。

第二阶段，被称作“法律风险管理”功能植入阶段。在这一阶段，企业法律事务部被赋予法律风险管理职责，要求承担起企业法律风险的“事前防范、事中控制和事后救济”责任。法律事务部有了合同审查权、合同执行监督权，以及对企业的制度进行审查、宣贯、实施、检查等权限。

第三阶段，被称作“全面风险管理”阶段。随着“全员风险控制”管理要求的提出，法律事务部被赋予了系统组织、全面发动企业全员共同防控企业法律风险的组织管理职责。与第二阶段组织法务体系内人员开展法律风险管理相比，第三阶段是突破，也是企业全面风险管理的具体体现。

尤其是企业在集团化运营管理过程中，相比基层法务机构而言，集团总部法律事务部承担了更多的企业法律风险控制与管理职责。“法律服务”加“法律风险管理”已悄然成为企业内部法务机构的重要职责。法律服务是法务工作的基础，是法务管理工作的具体表现。企业内部法务工作正逐渐从“事后救济”向“事前防范、事中控制”转移，法务机构也正由“被动式服务”向“主动式服务+管理”发生转变。法务管理是法务工作的重心，是法律服务工作的延续和升华，是控制企业法律风险的必要手段。

企业内部法务机构已不再只被要求提供“法律服务”，而被更多地要求“系统控制与管理企业法律风险”。企业集团总部的法务机构更应担负“建立集团法务管理工作系统，健全法律风险防控体系”的职责，实现现代企业集团化管控的要求。

江泽利　姜河

2016 年 6 月　于北京

江泽利，1970 年出生，湖北武汉人，法学学士、工商企业管理硕士、管理学专业哲学博士（PHD），高级经营师、项目投资风险分析师、高级经济师、执业律师，江西宜春学院经济与管理学院副教授。

曾就职于北京军区政治部司法办公室法律顾问处、武汉市江夏区司法局；参与过北京汇源果汁饮料集团、北京中关村数据科技有限公司、中国石油国际事业公司、欧洲商业开发投资管理中心、中国庆华能源集团有限公司和安邦财产保险股份有限公司等知名企业内控体系建设。主要研究方向为集团化企业内部控制、法律风险管理等。曾发表论文《我国国有企业 MBO 制度的缺陷与对策研究》《预先追偿权的法律问题研究》等，出版专著《老板通法——好老板必知的 500 个法律关键点》，用 80 个案例讲述了企业风险防范的点点滴滴。

姜河，1976 年出生，山东威海人，工学学士，工商管理硕士，管理学博士，高级工程师。

目　　录

第一部分　风险理论篇

第二部分　管理理论篇

第三部分　体系篇

第四部分　体系建设实务篇

第一部分

风险理论篇

第一章 风险概述

第一节 风险由来

“风险”一词的由来，最为普遍的一种说法是，在远古时期，以打鱼捕捞为生的渔民们，每次出海前都要祈祷，祈求神灵保佑自己能够平安归来，其中主要的祈祷内容就是让神灵保佑自己在出海时能够风平浪静、满载而归；他们在长期的捕捞实践中，深深地体会到“风”给他们带来的无法预测无法确定的危险。他们认识到，在出海捕捞打鱼的生活中，“风”即意味着“险”，因此有了“风险”一词的由来。

经过多位学者论证的“风险”一词的“源出说”称，风险（risk）一词是舶来品，有人认为来自阿拉伯语，也有人认为来源于西班牙语或拉丁语，但比较权威的说法是来源于意大利语的“risque”一词。在早期的运用中，也是被理解为客观的危险，体现为自然现象或者航海遇到礁石、风暴等事件。大约到了19世纪，在英文的使用中，风险一词常常用法文拼写，主要是用于与保险有关的事情上。

历史上有关风险的学说很多，但主要是损害可能说与损害不确定说，风险因素结合说和预期结果与实际结果差异说等主流学派。

（1）损害可能说与损害不确定说，是美国学者海恩斯最早提出的风险概念，对风险进行分类并对风险的本质进行了分析，定义风险为损失发生的可能性，为风险管理和保险相结合奠定了理论基础。

美国学者威利特把风险理论与保险联系起来研究，把风险与偶然和不确定性联系起来，提出风险是客观存在的，具有不确定性，从保险业的角度探讨风险与损失之间的内在联系。

（2）风险因素结合说和预期结果与实际结果差异说，是佩费尔提出的观点。佩费尔认为风险的不确定性是主观的，而概率是客观的。他主张风险与风险因素结合起来概括，澄清了风险不确定说的暧昧关系。

威廉姆斯和海因斯认为风险是预期结果与实际结果的差异，差异越大则风险越大。从而对风险发生的不确定性进行了定义，认为不确定性也可测。

现代意义上的风险一词，已经大大超越了“遇到危险”的狭义含义，而是“遇到破坏或损失的机会或危险”。

可以说，经过两百多年的演绎，风险一词越来越被概念化，并随着人类活动的复杂性和深刻性而逐步深化，并被赋予了从哲学、经济学、社会学、统计学甚至文化艺术领域的更广泛更深层次的含义，且与人类的决策和行为后果联系越来越紧密，风险一词也成为人们生活中出现频率很高的词汇。

第二节 风险定义

目前，学术界对风险的内涵还没有统一的定义，由于对风险的理解和认识程度不同，或对风险的研究的角度不同，不同的学者对风险概念有着不同的解释，但都可以归纳为以下几种代表性观点。

（1）风险是事件，其发生及其可能导致的结果是不确定的。莫布雷称风险有不确定性；威廉姆斯将风险定义为在给定的条件和某一特定的时期，未来结果的变动；马奇和夏皮罗认为风险是事物可能结果的不确定性，可由收益分布的方差测度；布罗姆利认为风险是公司收入流的不确定性；马科维茨和夏普等将证券投资的风险定义为该证券资产的各种可能收益率的变动程度，并用收益率的方差来度量证券投资的风险，通过量化风险的概念改变了投资大众对风险的认识。由于方差计算的方便性，风险的这种定义在实际中得到了广泛的应用。

（2）风险是损失，其损失大小或多少是不确定的。罗森将风险定义为损失的不确定性，克兰认为风险意味着未来损失的不确定性，将风险定义为不利事件或事件集发生的机会。这种观点又分为主观学说和客观学说两类。主观学说认为不确定性是主观的、个人的和心理上的一种观念，是个人对客观事物的主观估计，而不能以客观的尺度予以衡量，不确定性的范围包括发生与否的不确定性、发生时间的不确定性、发生状况的不确定性，以及发生结果严重程度的不确定性。客观学说则是以风险客观存在为前提，以风险事故观察为基础，以数学和统计学观点加以定义，认为风险可用客观的尺度来度量。

（3）风险是损害，其可能发生的损害程度是不确定的。段开龄教授认为，风险可以引申定义为预期损失的不利偏差，这里的所谓不利是指对保险公司或被保险企业而言的。例如，若实际损失率大于预期损失率，则此偏差对保险公司而言即为不利偏差，也就是保险公司所面临的风险。马科维茨（Markowitz）在别人质疑的基础上，排除可能收益率高于期望收益率的情况，提出了下行风险的概念，即实现的收益率低于期望收益率的风险，并用半方差来计量下方风险。

从给风险定义的方法来看，也有一些不同的理论。

（1）风险是用发生的可能性和损失的大小来衡量的。朱淑珍在总结各种风险描述的基础上，给风险下了一个定义，即风险是指在一定条件下和一定时期内，由于各种结果发生的不确定性而导致行为主体遭受损失的大小，以及这种损失发生可能性的大小。风险是一个二位概念，以损失发生的大小与损失发生的概率两个指标进行衡量。王明涛在总结各种风险描述的基础上，也给风险下了一个定义，即所谓风险是指在决策过程中，由于各种不确定性因素的作用，决策方案在一定时间内出现不利结果的可能性及可能损失的程度。它包括损失的概率、可能损失的数量，以及损失的易变性三方面内容，其中可能损失的程度处于最重要的位置。

（2）风险是由风险构成要素相互作用的结果。风险由三个要素构成，即风险因素、风险事件和风险结果。

风险因素是风险形成的必要条件，是风险产生和存在的前提。风险条件是外界环境变量发生预料未及的变动从而导致风险结果的事件，它是风险存在的充分条件，在整个风险中占据核心地位。风险事件是连接风险因素与风险结果的桥梁，是风险由可能性转化为现实性的媒介。

根据风险的形成机理，郭晓亭、蒲勇健等将风险定义为：风险是在一定时间内，以相应的风险因素为必要条件，以相应的风险事件为充分条件，有关行为主体承受相应的风险结果的可能性。叶青、易丹辉认为，风险的内涵在于它是在一定时间内，由风险因素、风险事故和风险结果递进联系而呈现的可能性。

（3）利用对波动的标准统计测量方法定义风险。1993 年发表的三十国集团的《衍生证券的实践与原则》报告中，对市场风险定义为：经过某一时间间隔，具有一定工信区间的最大可能损失，并将这种方法命名为“风险值”。这是一种风险极值估算方法的基本定义，可直接在文中引用，简称 VaR 方法。1996 年国际清算银行在《巴塞尔协议修正案》中也已允许各国银行使用自己内部的风险估值模型去设立对付市场风险的资本金。1997 年乔瑞（P. Jorion）在研究金融风险时，利用“在正常的市场环境下，给定一定的时间区间和置信度水平，预期最大损失（或最坏情况下的损失）”的测度方法来定义和度量金融风险，也将这种方法简称为 VaR 极值估计法。

（4）利用不确定性的随机性特征来定义风险。风险的不确定性包括模糊性与随机性两类。

模糊性的不确定性，主要取决于风险本身所固有的模糊属性，要采用模糊数学的方法来刻画与研究；而随机性的不确定性，主要是由于风险外部的多因性（即各种随机因素的影响）造成的必然反映，要采用概率论与数理统计的方法来刻画与研究。

根据不确定性的随机性特征，为了衡量某一风险单位的相对风险程度，胡宜达、沈厚才等提出了风险度的概念，即在特定的客观条件下、特定的时间内，实际损失与预测损失之间的均方误差与预测损失的数学期望之比。它表示风险损失的相对变异程度（即不可预测程度）的一个无量纲（或以百分比表示）的量。

无论如何定义风险，但其基本的核心含义是“未来结果的不确定性或损失”，也有人进一步定义为“个人和群体在未来遇到伤害的可能性以及对这种可能性的判断与认知”。

因此，如何判断风险、选择风险、规避风险继而运用风险，在风险中寻求机会创造收益，意义更加深远而重大。

综合以上观点和方法，笔者认为，“风险”是特定时间和特定环境下，事件和损失发生的一种可能性，即事件发生的不确定性和损失形成的可能性。一般情况下，我们所说的风险都是这种狭义的风险，即风险事件发生所产生的损失或无损失，但不认为有从风险中获利的可能。因为无法确定事件发生和形成损失的大小和多少，我们才称其为风险。

但很多时候，虽然发生了风险事件，但未必造成损失。在笔者看来，风险事件发生不但没形成损失，还有可能产生获利，获利、损失或者是没有获利也没有损失，是对风险的广义理解。如果采取措施得当，使风险造成的破坏或损失成为小概率事件，或者说智慧的认知、理性的判断，继而采取及时而有效的防范措施，使风险带来可能的机会，不仅仅是规避了损失，延伸了收益，还会带来比例不等的利益，岂不应验了那句“风险越大，回报越高，机会越大”的俗语。

第三节　风险属性和特征

一、风险的属性

人们重视风险与风险管理，起因于风险的属性。风险的基本属性包括自然属性、社会属性和经济属性。

1. 自然属性

风险是由客观存在的自然现象所引起的，大自然是人类生存、繁衍生息的基础。自然界通过地震、洪水、雷电、暴风雨、滑坡、泥石流、海啸等运动形式给人类的生命安全和经济生活造成损失，对人类构成风险。自然界的运动是有其规律的，人们可以发现、认识和利用这些规律，降低风险事故发生的概率，减少损失的程度。

2. 社会属性

不同的社会环境下，风险的内容不同。风险是在一定社会环境下产生的，这是风险的社会属性。风险事故的发生与一定的社会制度、技术条件、经济条件和生产力等都有必然的关系。例如，战争、冲突、瘟疫、经济危机、恐怖袭击、车祸等是受社会发展规律影响和支配的。

3. 经济属性

风险的经济属性强调风险发生后所产生的经济后果，即风险与经济的相关联性。

只有当灾害事故对人身安全和经济利益造成损失时，才体现出风险的经济属性。也才因此称为风险，否则，不定义为风险。例如，股市风险、信用风险、企业的生产经营风险等，都可能造成相关的经济损失。

二、风险的特征

风险具有以下 7 个主要特征。

1. 风险存在的客观性

风险是客观存在的，是不以人的意志为转移的。风险的客观性是保险产生和发展的自然基础。人们只能在一定的范围内改变风险形成和发展的条件，降低风险事故发生的概率，减少损失程度，而不能彻底消除风险。

2. 风险的损失性

风险发生后必然会给人们造成某种损失，然而对于损失的发生人们却无法预料和确定。人们只能在认识和了解风险的基础上严防风险的发生和减少风险所造成的损失，损失是风险的必然结果。

3. 风险损失发生的不确定性

风险是客观的、普遍的，但就某一具体风险损失而言其发生是不确定的，是一种随机现象。例如，火灾的发生是客观存在的风险事故，但是就某一次具体火灾的发生而言是不确定的，也是不可预知的，需要人们加强防范和提高防火意识。

4. 风险存在的普遍性

风险在人们生产生活中无处不在、无时不有，并威胁着人类的生命和财产的安全，如地震灾害、洪水、火灾、意外事故的发生等。随着人类社会的不断前进和发展，人类将面临更多新的风险，风险事故造成的损失也可能越来越大。

5. 风险的社会性

没有人和人类社会，就谈不上风险。风险与人类社会的利益密切相关，时刻关系着人类的生存与发展，具有社会性。随着风险的发生，人们在日常经济和生活中将遭受经济上的损失或身体上的伤害，企业将面临生产经营和财务上的损失。

6. 风险发生的可测性

单一风险的发生虽然具有不确定性，但对总体风险而言，风险事故的发生是可测的，即运用概率论和大数法则对总体风险事故的发生是可以进行统计分析的，以研究风险的规律性。风险事故的可测性为保险费率的厘定提供了科学依据。

7. 风险的可变性

世间万物都处于运动、变化之中，风险也是如此。风险的变化，有量的增减，有质的改变，还有旧风险的消失和新风险的产生。风险因素的变化主要是由科技进步、经济体制与结构的转变、政治与社会结构的改变等方面的变化引起的。

三、风险的构成

风险是由风险因素、风险事故和损失三个要素构成的有机统一体。

(1) 风险因素是风险事故发生的潜在原因，是造成损失的内在或间接原因。根据性质不同，风险因素可分为实质风险因素、道德风险因素和心理风险因素三种类型。

(2) 风险事故是造成损失的直接的或外在的原因，是损失的媒介物，即风险只有通过风险事故的发生才能导致损失。如果某一事件是造成损失的直接原因，那它就是风险事故；但如果它是造成损失的间接原因，那它就是风险因素。

(3) 损失是指非故意的、非预期的、非计划的经济价值的减少。我们通常将损失分为两种形态，即直接损失和间接损失。

风险因素是引起或增加风险事故发生的机会或扩大损失幅度的条件；风险事故是造成生命财产损失的偶发事件；损失是指造成的结果。可见，风险因素引起或增加风险事故；风险事故发生可能造成损失。

第四节　风险形成与分类

风险形成的过程是风险发生的因素不断组合的过程。风险发生是风险因素不断组合、增加、成长所导致的结果。这个结果对于个体来说具有偶然性，是不确定的，但是对于大量同质个体组成的总体而言，又有发生的总体趋势。风险损害，是指因风险发生而导致价值的丧失。损害的内涵很广，包括物质上的损失和精神上的创伤等。

风险分类有多种方法，常用的有以下几种。

一、按照风险的性质划分

(1) 纯粹风险。只有损失机会而没有获利可能的风险。

(2) 投机风险。既有损失的机会也有获利可能的风险。

二、按照产生风险的环境划分

(1) 静态风险。自然力的不规则变动或人们的过失行为导致的风险。

(2) 动态风险。社会、经济、科技或政治变动产生的风险。

三、按照风险发生的原因划分

（1）自然风险。自然因素和物理现象所造成的风险。

（2）社会风险。个人或团体在社会上的行为导致的风险。

（3）经济风险。经济活动过程中，因市场因素影响或者管理经营不善导致经济损失的风险。

四、按照风险致损的对象划分

（1）财产风险。各种财产损毁、灭失或者贬值的风险。

（2）人身风险。个人的疾病、意外伤害等造成残疾、死亡的风险。

（3）责任风险。法律或者有关合同规定，因行为人的行为或不作为导致他人财产损失或人身伤亡，行为人所负经济赔偿责任的风险。

五、按照风险致损的责任主体划分

（1）个人风险。风险造成的损失由个人承担的风险。

（2）企业风险。风险造成的损失由企业承担的风险。

（3）保险风险。风险造成的损失由承保人承担的风险。

第二章 企业风险

第一节 企业风险定义

企业风险是指企业在其生产经营活动的各个环节可能遭受到的损失威胁。

企业风险是一个广义的概念，它涉及的范围相当广泛。不管是在采购、生产、销售等不同的经营过程中，还是在计划、组织、决策等不同职能领域里，企业所遇到的风险都统称为企业风险。它具有以下几个方面特点。

(1) 突发性。企业风险的爆发往往是偶然的，具有较强的随机性。

(2) 客观性。因为决定风险的各种因素是客观存在的，所以风险的存在是不以人们的意志为转移的客观事物。

(3) 无形性。风险是看不见、摸不着的一项无形要素。

(4) 多变性。风险的种类、性质、大小等内在要素均会随着企业内、外在条件的变化而呈动态变化的特征。

(5) 损失与收益的对称性。由于风险可能对事物造成损失，因此风险常常是和不利相联系；但是和风险相伴随的不仅是潜在的损失，也有获利的可能。一般地，风险越大，可能的回报率越高。

按照不同标准，企业风险可作以下几种分类。

一、自然风险和人为风险

按风险产生的原因分类，企业风险可分为自然风险和人为风险。自然风险是指自然界中客观因素的变化对企业生产经营活动造成损失的可能性，如雷电、雪崩、风暴、地震和洪水等。人为风险是指由于人们主观行为对企业生产经营活动造成损失的可能性，如盗窃、抢劫、玩忽职守和故意破坏等。

二、静态风险和动态风险

按风险的性质分类，企业风险可分为静态风险和动态风险。静态风险又称纯粹风险，是指只有损失机会而没有获利可能的纯损失风险，如火灾、地震、汽车碰撞等。动态风险也称为投机风险，是指既有损失机会又有获利可能的风险，如新项目建设、新产品开发等既可能给企业带来收益，也可能带来损失。

三、财产风险、人身风险和责任风险

按风险的对象分类，企业风险可分为财产风险、人身风险和责任风险。财产风险是指财产所遭受的损毁、灭失和贬值的可能性。人身风险是指由于人员的变动或工作能力的丧失而造成企业收入损失的可能性。与财产风险相关的损失有两种类型：财产直接损失和间接损失或后果损失。责任风险是指因侵权行为而使侵权人的收入遭受损失的可能性。

四、可接受的风险和不可接受的风险

按风险承受能力分类，企业风险可分为可接受的风险和不可接受的风险。企业在研究本身承受能力、财务状况及心理承受能力的基础上，确认能够接受损失的最大限度，低于这一限度的风险称为可接受的风险，高于这一限度的风险称为不可接受的风险。

五、环境风险、过程风险和决策信息风险

按风险产生的企业内外环境分类，企业风险可分为环境风险、过程风险和决策信息风险。环境风险是指由企业外部环境因素所产生的风险。过程风险是指企业在生产经营过程中，由于各种内部原因而产生的风险。决策信息风险是指企业在决策过程中，由于信息不完善或决策人的能力有限而造成的风险。

除此之外，企业风险还可以按照业务类型，分为本金风险、通货膨胀风险、存货风险、流动性风险、利率风险或信用风险、外汇风险和新产品开发风险等。

任何一个企业，在从事经营活动时都将涉及三项基本的要素，即企业所处的外部经营环境、企业自身的内部条件，以及企业根据内、外部情况组织配置资源的能力。正是这三项要素所存在的不确定性直接导致了企业风险的三大成因。

经过我们理论结合实践的探讨，总结认为，企业风险形成的原因有以下几个方面。

1. 外部环境

外部环境是指企业的生存环境。任何企业都存在于一定的经营环境之中。经营环境对企业越有利，提供的机会越多，企业营运就越顺利，成功的可能性就越大。

2. 内部条件

内部条件是指企业从事生产经营活动时所占有的有形及无形资源要素的总和。

它是企业经营的物质基础和必要前提，主要包括资金、技术、人才、设备、原料、信息以及管理策略、企业文化等必要的软件和硬件要素。企业的内部条件决定着企业的规模、实力。企业的内部条件越完善，就意味着企业自身的优势越大，抵抗风险的能力也越强；反之亦然。随着知识经济时代的来临，企业间的竞争日益表现为经营策略的竞争，企业所拥有的技术、创新能力、信息及传输网络等软件要素日益成为竞争的焦点，因此，软件要素的素质、水平已逐渐成为决定企业竞争状况的关键。

3. 资源配置

资源配置水平是一个企业整体实力的综合反映，企业的资源配置取决于企业所处的内、外部条件以及资源配置策略。一般地讲，企业所处的经营环境越有利，机会越多，资源配置就相对越容易；企业内部条件越好，实力越强，则企业进行资源配置时也将更为有利。较强的资源配置能力通常表现为：敏锐的市场洞察能力和捕捉商机的能力、快速的组织调配资源能力、富有创造性的资源策划能力及良好的资源配置能力。

现实生活中，不少企业由于掌握了有效资源，具有快速配置、准备和组织、调配资源的能力，满足了市场需求，才得以在瞬息万变的市场经济环境中立住脚，并取得良好经营业绩。同时，高水平的资源配置能力还可能帮助企业弥补自身的一些不利因素，将外部环境中的不利因素转化为有利机会，使企业获得高额报酬。

第二节　企业风险种类

对企业风险的种类，学术界一直没有一个统一认识，各学术理论分别从不同角度对风险进行分类，以下介绍三种较有影响的分类方法。

一、巴塞尔协议对企业风险的分类

《巴塞尔协议》对企业风险的分类方法，较普遍地被金融界所接受。依据《巴塞尔协议》，风险常被分为市场风险、信用风险和操作风险三类。

二、中国国有资产管理委员会对企业风险的分类

中国国有资产管理委员会在《中央企业全面风险管理指引》中把风险分为战略风险、市场风险、运营风险、财务风险、法律风险。

三、安达信对企业风险的分类

安达信的风险分类方法较普遍被国际社会所接受。按照安达信的风险分类表，它将企业风险分为以下几种。

（1）市场风险。市价波动对于企业营运或投资可能产生亏损之风险，如利率、汇率、股价等变动对相关部位损益的影响。

（2）信用风险。交易对手无力偿付货款或恶意倒闭致求偿无门的风险。

（3）流动性风险。影响企业资金调度能力之风险，如负债管理、资产变现性、紧急流动应变能力。

（4）作业风险。作业制度不良与操作疏失对企业造成之风险，如流程设计不良或矛盾、作业执行发生疏漏、内部控制未落实。

（5）法律风险。契约之完备与有效与否对企业可能产生之风险，如承做业务之适法性、对外文契约及外国法令之认知。

（6）会计风险。会计处理与税务对企业盈亏可能产生之风险，如账务处理之妥适性、合法性、税务咨询及处理是否完备。

（7）资讯风险。资讯系统之安控、运作、备援失当导致企业之风险，如系统障碍、宕机、资料损毁，安全防护或电脑病毒预防与处理等。

（8）策略风险。于竞争环境中，企业选择市场或核心产品失当的风险。

第三章　企业法律风险

第一节　企业法律风险的定义

依照我国目前比较通用的概念，企业法律风险是指在法律实施过程中，由于行为人做出的具体法律行为不规范而导致的，与企业所期望的目标相违背的法律责任发生的可能性。

这一定义作为目前的主流理论，还存在一些明显的缺陷。依据这一定义，法律风险仅仅是由于行为人法律行为不规范导致的风险。而事实上，由于我国目前的法律体系还不健全，很多情况还没有明确的法律规定，导致一些行为在发生时无法准确地评估其法律后果。因此，在我国，如果遵循上述定义，显然企业法律风险的范围被大大缩小了。此外，上述定义中行为人的概念模糊，且未能明确指明企业法律风险存在的阶段。

市场经济就是法制经济，它的构建与运行有赖于市场规则的建立与完善；市场规则由商业习惯、公序良俗、法律规则等组成，而其他市场规则则有赖于法律规则的保障。简单地说，企业法律风险即企业在经营管理过程中因不了解或违反法律规范而产生不利结果的风险；是企业自设立起，至完全消亡止，在其管理、经营过程中遇到的，可能产生不利于企业后果，以及产生与企业期望目标相违背的法律后果的可能性。

作为一个现代企业，其从成立、日常经济管理到解散终止都离不开法律规范的保障与约束。无论是决策、人事方面，还是财务、商业等管理和运营方面的风险，只要因不了解或违反有关市场主体、市场运营、行业管制、劳动和人事制度保障等各方面的法律和法规而可能产生不利后果的，最终都可归结到法律上的风险。因为法律风险的产生，可能是由于企业法律行为不规范，也可能是由于企业对法律行为后果的预期不正确，还有可能是由于国家法律法规的变化造成的。产生企业运营管理风险的深层次原因离不开通过国家法律调整企业运营不可避免的最终涉及国家、社会、企业自身和个人等方方面面的利益冲突。而这些利益和矛盾冲突就是产生企业运营法律风险的一系列原因或条件。

第二节　企业法律风险的成因

探究一个事物存在的内在因素，必然要探究事物产生和发展的内在根源。一个现代企业之所以在激烈的市场竞争中获得发展和扩张，与该企业长期所采取的经营方略或经营方式是分不开的，而其经营方略或经营方式在给企业带来发展的同时也必然带来相应的法律风险。只有了解现代企业的发展历程，才能有效采取有力措施，来防范与化解可能存在的法律风险。

纵观现代中国企业从小到大、从简单到复杂的发展历程，其经营方略与主要手段大致有如下几种。

第一，充分利用外部环境，利用政治方面的力量。

第二，大规模举债或融资，以迅速实现企业及其资本的扩充。公司以不动产打包抵押，通过某种“信托基金”或资产管理公司，对外发行债券或股权。

第三，现代企业在融资和举债过程中，建立了众多的关联企业与子公司，组建了“金字塔”式公司治理体系。通过不断使用和完善金融重组技巧，组建的各类子公司或合伙公司，利用“金字塔”式的多层控股链，来实现以最少的资金控制最多公司的目标。另外，在现代大中型公司与其关联企业及子公司之间隐藏着多种复杂的合同关系，公司借此达到隐蔽债务、避税及人为操纵利润的目的。

第四，企业股权结构集中，即一股独大，其战略决策个人随意性强。

第五，企业本身没有守法经营，发生了大量违规操作的行为。企业可以在不违反法律的前提下利用法律空间实现其利益的最大化，但若其放弃了守法经营的基本理念，那么其受到法律的惩罚和制裁便成为迟早的事情了。例如，暗箱作业，将债务、坏账转移到分支公司；利用财经审计的巨大漏洞，进行秘密交易以及“内幕交易”；隐瞒真实信息并制造虚假的报道，误导股民及公众视听。

第六，实行家庭式管理，致使管理模式单一，内部存在大量的管理失控行为，无法有效遏制内部职工的职务违法违规行为，致使职务侵占、挪用资金、商业贿赂现象时有发生。

综上所述，我们可对此关乎企业运营法律风险的具体原因或条件（成因），按照如下方面进行一些概括性描述。

（1）企业及企业工作人员之间的利益在统一的基础上存在对立的一面。企业作为一种社会存在的组织形式，其运营首先体现为人的因素，其运营的风险也必然首先是人的风险。企业经营得好坏，归根结底，人的因素是最重要的，尤其是企业的管理者们基本可以控制并决定企业的生死存亡。对于个人私欲极为强烈的管理者，其在进行管理或决策时，必然首先考虑其个人的私利并有可能为了个人的私利而不惜让企业承担更大的法律风险。所以从一定意义上讲，企业在选择用人时，本身就承担着所用人员的道德风险。

（2）企业政策或制度存在的缺陷或者政策与制度没有得到贯彻落实，也是导致或产生企业运营法律风险的内在因素。组织管理一个处于不断发展壮大中的企业，不能光靠企业领导个人的权威和能力，科学的管理其实最主要是指先进的企业管理制度。然而面对不断壮大且变化的公司经营业务来说，制度建设往往具有一定的滞后性。企业运营的效率与风险总是一对矛盾的统一体。例如，我们为偏重提高企业经济效益而制定的一些管理制度，其中也必然暗含着企业运营法律风险的增加，这就犹如一把双刃剑。

（3）企业自身规模超大、机构庞杂也是现代企业内部存在法律风险的重要因素。随着竞争的全球性及日趋激烈性，现代企业都在不断地进行（有时甚至是盲目的）扩张，已经成为一个个超大型的“经济巨人”，其内部组织结构的复杂化、经营商品或提供服务的多样化已大大超乎前人的想象。为了更加有效地组织生产要素，企业自身的组织机构也变得异常的复杂，企业内部各职能部门的配合和信息沟通也变得越来越困难，这同时也就意味着控制企业运营法律风险的成本增加、难度加大。在此情形下，当企业被部分别有用心的人控制或操纵时，尤其是当企业背离了守法经营的基本理念时，只要其中的一个环节出了问题，对企业所造成的损失很可能就是全局性的、致命性的。

（4）与市场竞争对手利益矛盾的不可调和性。参与竞争的任何一方都会想方设法尽可能为自己争得有利地位，包括会利用竞争对手的一些弱点、在法律方面的疏忽来达到自已的目的。

（5）政策及法律法规自身变化的原因。国家政策、法律法规的不断调整更新，每个企业都会遇到昔日合法或不违法的事情，今日或明日可能就变成非法的。企业一旦对现行相关法律法规体系了解不到位或了解不全面，就可能导致自身被置于法律关系的不利面，甚至导致违法行为的出现。

（6）导致企业承担法律责任的其他非企业方面的原因主要包括意外事件、不可抗力、外部侵权等。

第三节　企业法律风险的渊源

一、企业设立、合并、分立法律风险

（1）在设立企业的过程中，企业的发起人是否对拟设立的企业进行了充分的法律设计，是否对企业设立过程有了充分的认识和计划，是否完全履行了设立企业的

义务，以及发起人本人是否具有相应的法律资格，这些都直接关系到拟设立企业能否具有一个合法、规范、良好的设立过程。

（2）企业并购、分立法律风险：企业分立、合并涉及公司法、竞争法、税收法、知识产权法、合同法、物权法等相关法律法规，且操作复杂，对社会影响较大，潜在的法律风险较高。

二、企业合同法律风险

所谓合同法律风险指在合同签订、履行、变更和转让、终止及违约责任的确定过程中，企业因合同条款不利或履行不力或其他外部因素导致其合同目的落空或合同利益受损的可能性。现代企业最终都需要依靠合同开展经营管理并获得企业利润，然而面对复杂多变的经济活动或某些组织个人的投机取巧、言而无信，订立或履行合同稍有不慎就可能导致利益受损甚至导致一个正常企业的破产或解散。结合现代企业的合同管理状况，合同法律风险主要体现在如下几个方面。

（1）合同条款不全面或签订不利于自身的合同条款，致无法有效追究违约方法律责任或因欺诈而使企业财产或经营遭受损失。

（2）合同条款违反法律法规的强制性规定或因合同不符合生效要件致合同部分或全部无效，无法达到订立书面合同的目的。

（3）盖有企业公章或合同专用章的空白合同被本企业或其他人员违规或违法使用，从而与善意第三方形成不符合本企业相关规定的合同。

（4）合同主体、合同相对方的实际履约情况未做合同审查，从而因欺诈或合同履行不能而致利益受损。

（5）合同档案管理不完善，致公司商业秘密外泄或无书面依据去追究合同相对方的违约责任。

（6）其他合同法律风险。

三、企业知识产权法律风险

企业知识产权作为企业创造性智力成果，按照中国现代法律规定，主要包括商标权、著作权及专利权。21 世纪作为知识经济时代，知识产权作为一项企业独立权能，直接关系到企业的市场竞争力。然而多数企业没有意识到或没有关注知识产权的深入保护，致使企业商标、域名被冒用或者商业秘密被他人利用或非法使用的现象时有发生。

四、人力资源管理法律风险

人力资源管理直接关系到企业人才战略及劳动者权利保护，对此国家针对企业人力资源管理制定并出台一系列相关法律法规。上述劳动法律法规，不仅包括了《劳动法》等劳动领域的基本大法，更包括国务院、国务院相关部门及地方权力或执行机关制定的大量的行政法规和部门规章。从招聘开始，面试、录用、培训、签订劳动合同、确定员工的待遇问题直至员工离职的各个环节，都受到不同效力层次或不同区域范围的劳动法律法规的约束，企业的任何不遵守法律的行为都有可能给企业带来劳动纠纷，都有可能给企业造成不良影响。概括起来，主要体现如下几个方面。

（1）招聘录用风险，诸如：员工招聘广告风险、欺诈录用风险、招用学生及未成年工风险、零工资风险、违法收取履约保证金风险等。

（2）劳动合同风险，如试用期问题、劳动合同效力问题、违约金问题、保密及竞业禁止问题、不订立书面劳动合同等。

（3）员工待遇风险，诸如：工资的不足额或不按时发放、发放工资不按规定编造工资表或工资清单、不支付加班工资、不买或不按规定交社保、不提供规定安全保护条件、超时加班、特殊员工未予特殊对待等。

（4）风险监管制度风险，诸如：规章替代合同、规章违反法律法规规定或原则精神、风险监管制度未经民主讨论通过或未经公示或宣传等。

（5）企业人员及违规人员处理与分析风险，诸如：违规人员处罚、不按规定辞退员工、不支付经济补偿金等。

五、企业税收法律风险

企业税收法律风险指企业的涉税行为因未能正确有效遵守税收法规而导致企业未来利益的可能损失或不利的法律后果，具体表现为企业涉税行为影响纳税准确性的不确定因素，结果就是企业多交了税或少交了税，或者因为涉税行为而承担了相应的法律责任。

六、内部人员失控法律风险

内部人员失控法律风险是指企业股东、管理人员或普通员工违反国家法律法规、公司风险监管制度或劳动合同及其他协议而造成企业损失的可能性。企业管理重点在于人的管理，而企业人员及企业的利益对立统一关系，决定了企业内部人员失控的现象发生的潜在可能性。

（1）内部人员利用职务之便侵占或挪用公司财产或财产利益，或者利用职务之便违反风险监管制度或劳动合同约定，接受他人财物而为他人谋取不适当的利益。

（2）企业内部人员违反法律法规、公司风险监管制度或岗位职责要求，严重失职或滥用职权直接或间接损害公司利益。

（3）内部人员以不适当方式获取、披露、利用公司商业秘密损害公司，自营或为他人经营与任职企业相同或相近的企业而损害公司利益。

七、诉讼与仲裁法律风险

企业作为市场交易主体，从设立到清算的全过程中都在从事各种交易活动；作为一种组织形式，必然开展一系列的管理活动。由于主体利益的差别，无论是交易活动，还是管理活动，必然产生不同程度的矛盾或摩擦。当这种矛盾或摩擦无法协商解决时，就可能诉诸法院或仲裁机构。企业存在其本身不能完全控制或规避的败诉因素，就存在诉讼或仲裁风险。

（1）对己方有利事实的证据材料风险。

（2）时效与管辖风险。

（3）法律法规依据不断变化的风险。

（4）法官或仲裁员素质风险。

八、企业外部法律风险

企业外部法律风险即企业非自身的外部不可抗力、意外事件、外部侵权等产生损失的可能性。

（1）不可抗力风险，所谓不可抗力风险即因不可预见、不可避免、不可控制的因素给企业造成损失的可能性。

（2）意外事件风险，即因不可归责于当事任一方的事件的发生而致企业受损的可能性。

（3）外部侵权风险，即企业的财产或财产利益因外部欺诈、胁迫或其他手段而受损的可能性。

当然，依据不同的细分标准，企业法律风险有多种不同的表现形式。2013 年 10 月，一项针对境内的 81 家国企、19 家民企外企，共 100 家大型企业的法律风险管理调查将企业面临的法律风险划分为合同法律风险、安全事故风险、市场营销风险、海外投资风险、重组并购上市等资本运营风险、知识产权风险、纠纷诉讼风险、人力资源风险、税收风险、环境保护风险等 10 种。通过调查，合同法律风险是企业十大法律风险之首，其次是安全事故风险，环境保护风险排在最后。

第二部分

管理理论篇

第四章　管理学概述

第一节　管理的概念

一、管理的定义

（一）一般定义

管理是管理主体对人、财、物和事等管理客体进行组织、协调、指挥、配置、使用、控制的行为过程，是宏观经济和微观经济结构的合理配置，是老板之间、股东之间、出资者和管理人员之间、老板和员工之间、领导和群众之间、上级和下级之间、合作伙伴之间、团队成员之间、企业和顾客之间的双赢合作，是上游产品和下游产品之间、生产链的上一个环节和下一个环节之间的最佳组合。

管理是社会组织中，管理者为了实现预期的目标，以人为中心进行的协调活动。它包括以下 4 个含义。

（1）管理是为了实现组织未来目标的活动。

（2）管理的工作本质是协调。

（3）管理工作存在于组织中。

（4）管理工作的重点是对人进行管理。

管理就是制定、执行、检查和改进。制定就是制订计划（或规定、规范、标准、法规等）；执行就是按照计划去做，即实施；检查就是将执行的过程或结果与计划进行对比，总结出经验，找出差距；改进首先是推广通过检查总结出的经验，将经验转变为长效机制或新的规定，其次是针对检查发现的问题进行纠正，制定纠正和预防措施。

（二）英语国家给管理下的定义

英语国家是这样给管理下定义的，即管理是一种活动，是为实现未来某项工作目标而实施的一种活动。它包含了以下 3 种含义。

(1) Have charge of; Supervise; Manage; Administer; Administrate。中文意思是主持、管理或负责某项工作。

(2) Run。中文意思是经管、料理，把某项事务管理好，如管理仓库。

(3) Control; Take care of。意思是控制、约束和照管，如照管车队。

(三) 中国古代对管理的定义

(1) 料理；治理。明朝刘兑在《娇红记》中："去年听除回来，为见侄儿，申纯在家管理事务，十分停当。"《初刻拍案惊奇》卷三三："天可怜见，生得此子，本待把家私尽付与他，争奈他年纪幼小，你又是个女人，不能支持门户，不得不与女婿管理。"清魏源《圣武记》卷六："近日西洋英吉利，自称管理五印度。"

(2) 过问，理会。《再生缘》第四一回："你若嫌烦，休管理，我同媳妇会铺排。"

(3) 管束。洪深《劫后桃花》十三："(学校) 管理极严，除掉星期六，平常都不许回家的。"

(四) 专业定义

"科学管理之父"弗雷德里克·泰勒认为："管理就是确切地知道你要别人干什么，并使他用最好的方法去干。"在泰勒看来，管理就是指挥他人能用最好的办法去工作。

诺贝尔奖获得者赫伯特·西蒙对管理的定义是："管理就是制定决策。"

彼得·德鲁克认为："管理是一种工作，它有自己的技巧、工具和方法；管理是一种器官，是赋予组织以生命的、能动的、动态的器官；管理是一门科学，一种系统化的并到处适用的知识；同时管理也是一种文化。"

亨利·法约尔在其名著《工业管理与一般管理》中给出的管理概念，产生了整整一个世纪的影响，对西方管理理论的发展具有重大的影响力。法约尔认为：管理是所有人类组织都有的一种活动，这种活动由 5 项要素组成：计划、组织、指挥、协调和控制。法约尔对管理的看法颇受后人的推崇与肯定，形成了管理过程学派。孔茨是这一学派在"二战"后的继承与发扬人，使该学派风行全球。

斯蒂芬·罗宾斯给管理的定义是：所谓管理，是指同别人一起，或通过别人使活动完成得更有效的过程。

管理专业的学术领域基本接受以下几种定义。

（1）管理是指通过计划、组织、指挥、协调、控制及创新等手段，结合人力、物力、财力、信息等资源，以期高效地达到组织目标的过程。

（2）管，原意为细长而中空之物，其四周被堵塞，中央可通达。使之闭塞为堵；使之通行为疏。管，就表示有堵有疏、疏堵结合。所以，管既包含疏通、引导、促进、肯定、打开之意；又包含限制、规避、约束、否定、闭合之意。理，本义为顺玉之纹而剖析；代表事物的道理、发展的规律，包含合理、顺理的意思。管理犹如治水，疏堵结合、顺应规律而已。所以，管理就是合理地疏与堵的思维与行为（《极简管理：中国式管理操作系统》）。

（3）管理是由计划、组织、指挥、协调及控制等职能为要素组成的活动过程。

（4）广义的管理是指应用科学的手段安排组织社会活动，使其有序进行。其对应的英文是 Administration 或 Regulation。狭义的管理是指为保证一个单位全部业务活动而实施的一系列计划、组织、协调、控制和决策的活动，对应的英文是 Manage 或 Run。

彼得·德鲁克 1909 年 11 月 19 日生于维也纳，1937 年移居美国，终身以教书、著书和咨询为业。德鲁克一生共著书 39 本，在《哈佛商业评论》发表文章 30 余篇，被誉为“现代管理学之父”。他文风清晰练达，对许多问题提出了自己的精辟见解。杰克·韦尔奇、比尔·盖茨等人都深受其思想的影响。德鲁克一生笔耕不辍，年逾九旬还创作了《德鲁克日志》，无怪乎《纽约时报》赞誉他为“当代最具启发性的思想家”。1954 年，德鲁克提出了一个具有划时代意义的概念——目标管理（management by objectives，MBO），它是德鲁克所提出的最重要、最有影响的概念，并已成为当代管理学的重要组成部分。2005 年 11 月 11 日，德鲁克在加州家中逝世，享年 96 岁。

被尊称为“现代管理学之父”的德鲁克，是这个时代最出色的管理学者。他曾发誓：“如果我能活到 80 岁，我要写到 80 岁。”而他也确实用实际行动证明了这一点。

二、管理的分类

管理不仅仅指工商管理，只是在现代市场经济中工商企业的管理最为常见。但除了工商管理外，还有很多种类的管理，如行政管理、经济管理、社会管理、城市管理、卫生管理，等等。在市场经济法制化越来越重要的现在，又诞生了一个新的管理学派：法商管理学派。

企业管理还可以划为几个分支：人力资源管理、财务管理、生产管理、物控管理、营销管理、成本管理、研发管理等。在企业系统的管理上，又可分为企业战略、业务模式、业务流程、企业结构、企业制度、企业文化等系统的管理。

第二节　管理三要素

任何一种管理活动都必须由以下三个基本要素构成，即管理主体、管理客体和管理内容。

一、管理主体

管理主体是指掌握企业管理权力，承担管理责任，决定管理方向和进程的有关组织和人员。管理者和管理机构是管理主体的两个有机组成部分。

1. 管理主体的阶层性

管理主体的阶层性指的是作为管理者在组织管理中的层次位置。

一般而言，人们可以把一个组织内的管理者（或管理机构）分为高层管理、中层管理和基层管理三个层次。低一层的管理者既是管理活动的主体，又是更高一层管理主体的管理对象。

2. 管理主体的部门性

在一个组织中，基层和中层的管理者又有其不同的分属领域，对于不同管理部门的管理者来说，从整体着眼、从本职着手是很重要的。

3. 管理主体的全员性

从更宽泛的视角来理解管理主体，组织中的每个成员都是他本职工作岗位和领域中的管理主体。各级管理者如何发挥全体成员的工作自主性和积极性，是管理实施的重要条件。

4. 管理主体的类分

在管理实践中，管理主体基本上是由参加管理活动的人或人群组成的，这些人或人群具有一定的管理能力，拥有相应的权威和责任，从事现实的管理活动。在小生产时期，各级管理人员往往集决策、指挥、监督和控制等各项职能于一身，组织的管理主体常常是组织所有者，单个的管理主体人们称为管理者。但是，在现代化大生产中，由于组织规模大，它的管理并不是由一个管理者完成，而是由许多个人按一定职能组织起来构成一个统一的整体来管理整个组织的，这样的管理主体被称为管理系统。从不同的角度，管理主体可以划分为不同的类型。

（1）按管理者的角色划分。按管理者的职责（权力）划分，可以分为领导者和参谋人员。

凡参加管理工作的人员都是管理者，但不都是领导者，领导者只是管理者的一员。领导者，是指在组织中拥有一定的职务和权力，肩负一定的责任，直接指挥下属，实现既定目标的人。人们平时所见的有董事会主席、首席执行官、总裁、总经理、厂长、部门经理、车间主任等，这些都是领导者。

参谋人员是指在管理活动中从事协助领导者管理工作的人员，在军队中可以看到军事参谋；在企业中可以看到各种专家、智囊人员；在政府中可以看到辅助政府决策的顾问、学者等。这些参谋人员担负着大量的具体管理工作，通过这些具体工作，帮助领导者更加有效地管理组织。

参谋有个人参谋和专业参谋之分。个人参谋又可分为个人参谋助理和个人直线助理两类。个人参谋中，只限于辅佐上级的部分职能的人员叫个人参谋助理。个人参谋助理对其上司的思想和行动，经常是熟悉的。个人直线助理，常以副经理等副职职衔出现，他们的工作主要是帮助经理策划全面的管理工作。

只在专门领域进行辅佐的管理人员则称作专业参谋，如企业中的市场研究、工业工程、劳资人事、技术质量和财务审计等部门。专业参谋人员应当具有所辅佐专门领域的知识、能力和技术。随着现代社会分工的不断细化，参谋所起的作用也越来越重要。

领导者和参谋人员都从事管理工作，他们的差别在于，领导者对下级拥有直线权力，参谋人员只拥有建议权力，领导者对组织目标负有直接责任，而参谋人员一般不负有直接责任。

（2）按管理者在组织所处的层次划分。按管理者在组织中所处的位置和层次，可以分为高层管理者、中层管理者和基层管理者。

高层管理人员，他们处于组织的最高层，主要负责组织的战略规划，重大方针的决定。通常他们的头衔为公司董事会主席、首席执行官、总裁、总经理或副总经理及其他高级资深经理等。高层管理人员只对整个组织的所有者负责，并不关注于每一细小的工作和基层组织的活动，高层管理者最突出和最重要的职责是决策。在组织管理过程中，决策是整个管理工作的前提和关键，是其他管理职能的基础。管理者所处的企业规模越大，地位越高，决策的作用和影响也越大。

中层管理人员，他们是直接负责或者协助管理基层管理人员及其工作的人，通常享有部门或办事处主任、科室主管、项目经理、地区经理、产品事业部经理或分公司经理等头衔。主要负责日常管理工作或某一部门的工作，在组织中起承上启下的作用。在管理过程中，高层管理者的决策一旦做出，中层管理者就要对决策目标进一步展开和具体化，对整体目标进行分解、计算，根据要求的目标，做出计划，负责将高层管理者的决策化为行动。中层管理人员应具有综合协调能力，熟悉本职工作，善于激励下属。

基层管理人员，也称第一线管理者，他们处于作业人员之上的组织层次中，负责管理作业人员及其工作。在制造工厂中，基层管理者可能被称为工头、生产线组长或者工段长等，这些人员一般都不脱产，多数人既是劳动者又是管理者。基层管理者的职责主要是负责分管基层部门的具体工作。他们执行中层管理者要求的任务，各自带领下属作业人员按时、按质、按量完成所承担的作业任务。这些管理人员几乎天天接触其下属，这就要求他们善于处理人际关系，具有与人共事的能力和一定的业务能力。

管理者的层次划分是根据组织架构的设置而确定的。图4－1为金字塔式管理模型，是常见的一种组织架构设置。图4－2为扁平式管理模型，管理者与员工在组织架构中不明确细分，每个成员既是管理者，又是员工。这类组织架构较普遍应用在组织创建初期，管理者既要履行管理职能，又要承担具体事务执行工作。图4－3是图4－1与图4－2所示管理架构的综合，即混合式管理模型，组织中只有两个层级：一是管理者，二是员工。

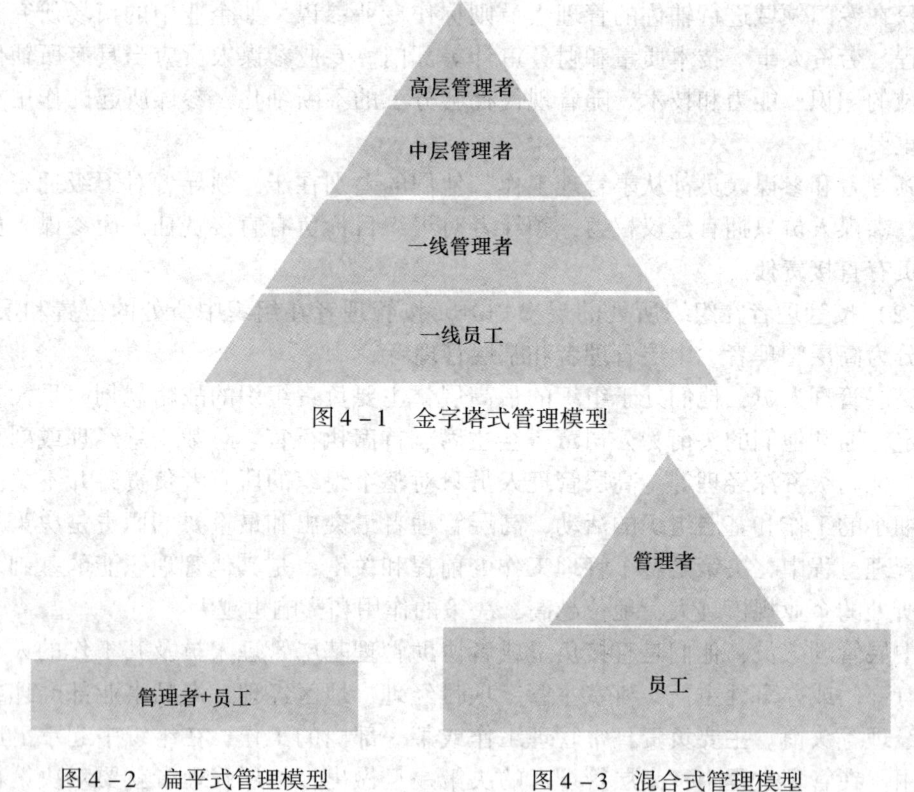

图4－1　金字塔式管理模型

图4－2　扁平式管理模型　　图4－3　混合式管理模型

二、管理客体

管理客体也称为管理对象，是指管理主体实施管理活动所针对的对象。在一个组织中，管理对象主要是指人、财、物、信息、技术、时间、社会信用等一切资源，其中最重要的是对人的管理。

1. 对人的管理

作为管理客体的人，包括了被管理的生产人员、技术人员，以及下属管理人员。从长远的发展来看，还应包括预备劳动力的培养教育，以及整个人力资源的开发利用。

人是社会系统中最基层的子系统，是社会的细胞，高效能的管理应该使人尽其才，才尽其用，用人所长。对人的管理主要涉及人员分配、工作评价、人力开发等。

2. 对财的管理

财，包括经济和财务，是一个组织在一定时期内所掌握和支配的物质资料价值的表现。对财力的管理就应该按经济规律进行有效管理，资金的使用要能保证管理计划的完成，主要涉及财务管理、预算控制、成本控制、资金使用、效益分析等。

3. 对物的管理

有些理论里，将对物的管理归到对财的管理之中，是因为物也同样具有经济价值，可以用货币计量。但精细化管理理论认为，物的管理仍与财的管理有所不同，拆分是为了更有效地利用与管理。

作为管理客体的物，是指设备、材料、仪器、能源，以及各类原料和物资，使之物尽其用，提高利用率是管理的目的。对物的管理主要涉及资源利用、物料的采购、存储与使用，设备的保养与更新、办公条件和办公设施等。

4. 对时间的管理

时间是物质存在的一种客观形式，具体表现为速度、效率，由过去、现在、将来构成连绵不断的系统。高效能的管理应该考虑如何在尽可能短的时间内，做更多的事情，充分利用时间。对时间的管理主要是如何合理安排工作时间并提高工作效率，在最短的时间内达到组织目标等。

5. 对信息的管理

信息是具有新内容、新知识的消息。在整个管理过程中，信息是不可缺少的要素，信息的管理是提高管理效能的重要部分。对信息的管理主要涉及组织外部、内部信息的快速收集、传递、反馈、处理与利用、发展趋势的准确预测等。

6. 对技术的管理

对技术的管理主要涉及新技术和新方法的研发、引进与使用，各种技术标准和工作、方法的制定与执行等。

7. 对信用的管理

对信用的管理，如通过组织的实践活动、媒体宣传和从事公益事业等手段，树立本组织良好的社会声誉和社会地位，为组织目标的实现创造良好的环境。

有必要强调的是，作为管理客体的人与作为领导客体的人是有所区别的。管理客体的人，主要是在工作中处于第一线的技术工作者、操作者；领导客体的人，主要是综合素质较高的，有一定管理能力的管理者。

另外，宏观经济管理客体是按领域划分的。一般被分为经济管理、社会管理、科技管理、劳动管理、工商企业管理、就业管理等；如果按自然资源划分，有可再生资源管理、地壳资源管理，等等。

三、管理内容

管理内容是指管理过程中，用来实现管理目的而运用的手段、方式、途径和程序，即管理方法的总称。

现代工商管理教育通常将企业管理方法划分为生产运营、战略管理、人本管理及目标管理等方法体系。管理方法包括行政方法、经济方法、制度方法和教育方法 4 类。

1. 行政方法

行政方法是通过直接的行政系统采用行政手段作用于管理客体的方法。如果企业管理范围小、对象少，宜采用行政方法进行管理，更能提高效率。

2. 经济方法

经济方法是运用奖金、津贴、福利、待遇等手段激励管理对象的方法，由于这种方法与人们的物质利益紧密相连，对于调动人员的积极性有较大的作用。

3. 制度方法

制度方法又叫企业“法律方法”，是指用一定的规范约束管理客体的方法，它对于保持管理的稳定性、连续性和标准性有很大的作用。

4. 教育方法

教育方法是用不同的形式解决被管理人员思想问题的方法。

管理方法是管理中的重点内容，也是管理学研究的重心。我们将在后面的章节中详细叙述。

第三节　管理目的和环境

一、管理目的

管理的目的，就是组织中所有工作都能制度化，所有部门的运作都能按照“低成本、高效益”目标进行运作，进而为组织创造更大的价值、更多的利润。任何一个组织，无论怎么管理、管理得多么好，总会存在或多或少的缺陷，管理的最高境界不是完美，而是残缺中的和谐。对于企业来说，管理的目的是实现组织目标，而企业管理的目标是利润最大化。管理目的一般包括以下 4 个方面。

1. 经济效益提升

按照经济学的基本理论，当一家企业通过自己的不懈努力而使利润为同行业最高时，意味着在该企业内部，各种资源得到了最佳配置，组织资源、社会资源最大化地被利用，很少有浪费。

2. 组织绩效提高

“绩效”的概念比“利润”的概念要宽泛一些。除了增加利润以外，企业还要努力提高生产率、降低消耗、注重环保、提高办公效率等。提高绩效既可以增强企业竞争力、增加企业利润，又可以更好地配置资源，更有助于社会效益的实现。

3. 创新能力增强

知识经济时代，企业的经营之道是适变、应变。从管理思想上来看，企业要加强内部修炼，树立“学习型组织”的理念，主动适应日益频繁的市场变化；从组织结构上来看，要将传统的垂直型组织改变为扁平型组织；从人力资源管理的角度看，要从权威型、命令型改为合作型、服务型，增强求变创新能力。

4. 企业竞争力强化，尤其是核心竞争力

企业竞争力，尤其是核心竞争力决定着企业的兴衰成败。为了提高核心竞争力，许多企业纷纷将非核心业务进行外包，将置换下来的资源配置于核心业务上，使企业能够成为某一方面的“独一无二”。通过提高核心竞争力，使企业在激烈的市场竞争中生存下来；通过提高核心竞争力，使企业获得源源不断的利润源泉；通过提高核心竞争力，使企业获得某方面的垄断地位。

管理的直接目的不是获得成功的结果，而是提高成功的把握。凡可称之为管理之物，皆因其可提高把握。故管理的本质，就是变无把握为有把握。

二、管理环境或条件

任何组织都是在一定环境中从事活动的；任何管理也都要在一定的环境中进行，这个环境就是管理环境。管理环境的特点制约和影响管理活动的内容和进行。管理环境发生变化时要求管理的内容、手段、方式、方法等也要随之调整，以利用机会，趋利避害，更好地实施管理。尤其对于行政管理来说，管理环境的影响作用更是不可忽视。这是由行政环境的特点所决定的。

管理环境分为外部环境和内部环境，外部环境一般有政治环境、文化环境、经济环境、科技环境和自然环境。内部环境有人力资源环境、物力资源环境、财力资源环境及内部文化环境。

1. 外部环境

外部环境是组织之外的客观存在的各种影响因素的总和。它是不以组织的意志为转移的，是组织管理必须面对的重要影响因素。

对非政府组织来说，政治环境包括一个国家的政治制度、社会制度、执政党的性质，政府的方针、政策、法规法令等。文化环境包括一个国家或地区的居民文化水平、宗教信仰、风俗习惯、道德观念、价值观念等。经济环境是影响组织，特别是企业的重要环境因素，它包括宏观和微观两个方面。宏观经济环境主要指一个国家的人口数量及其增长趋势，国民收入、国民生产总值等。通过这些指标能够反映出国民经济发展水平和发展速度。微观经济环境主要指消费者的收入水平、消费偏好、储蓄情况、就业程度等因素。科技环境反映了组织物质条件的科技水平。科技环境除了直接相关的技术手段外，还包括国家对科技开发的投资和支持重点、技术发展动态和研究开发费用、技术转移和技术商品化速度、专利及其保护情况等。自然环境，包括地理位置、气候条件及资源状况。地理位置是制约组织活动一个重要因素。

对于不同的组织有一般的共同环境，同时也要在一定的特殊领域内活动。一般环境对不同类型的组织均产生某种程度的影响，而与具体领域有关的特殊环境则直接、具体地影响着组织的活动。例如，企业需要面对的特殊环境包括现有竞争对手、潜在竞争对手、替代品生产情况及用户和供应商的情况。外部环境与管理相互作用，一定条件下甚至对管理有决定作用。外部环境制约管理活动的方向和内容。无论什么样的管理目的，管理活动都必须从客观实际出发。脱离现实环境的管理是不可能成功的。“靠山吃山，靠水吃水”一定程度上反映了外部环境对管理活动的决定作用。同时，外部环境也会影响管理的决策和方法。当然，管理对外部环境具有能动的反作用。

2. 内部环境

内部环境是指组织内部的各种影响因素的总和。它是随组织产生而产生的，在一定条件下内部环境是可以控制和调节的。人力资源对于任何组织都始终是最关键和最重要的因素。人力资源的划分根据不同组织、不同标准有不同的类型。比如，企业人力资源根据他们所从事的工作性质的不同，可分为生产工人、技术工人和管理人员三类。物力资源是指内部物质环境的构成内容，即在组织活动过程中需要的物质条件的拥有数量和利用程度。财力资源指的是组织的资金拥有情况、构成情况、筹措渠道和利用情况。财力资源的状况决定组织业务的拓展和组织活动的进行。文化环境是指组织的文化体系，包括组织的精神信仰、生存理念、规章制度、道德要求、行为规范等。

内部环境随着组织的诞生而产生，对组织的管理活动产生影响。内部环境决定了管理活动可选择的方式方法，而且在很大程度上影响到组织管理的成功与失败。

第四节　管理职能

管理职能，指管理活动的工作职能和具体内容。现在最为广泛接受的是将管理分为7项基本职能。

（1）决策。决策是组织或个人为了实现某个目的而对未来一定时期内有关活动的方向、内容及方式的选择或者调整过程。简单地说决策就是定夺、决断和选择。决策是计划的核心问题，只有对计划目标和实施方法等要素进行科学的决策，才能制订出科学合理的计划。一般认为决策是管理工作的本质。

（2）计划。计划就是确定组织未来发展目标以及实现目标的方式。

（3）组织。服从计划，并反映组织计划完成目标的方式。

（4）人员管理。对各种人员进行恰当而有效的选择、培训及考评，其目的是配备合适的人员去充实组织机构规定的各项职务，以保证组织活动的正常进行，进而实现组织既定目标。人员配备与计划、组织、指导与领导和控制，都有密切的关系，直接影响组织目标能否实现。

（5）指导与领导。就是对组织内每名成员和全体成员的行为进行引导和施加影响的活动过程，其目的在于使个体和群体能够自觉自愿而具有信心地为实现组织既定目标而努力。指导与领导所涉及的是主管人员与下属之间的相互关系。指导与领导是一种行为活动，已形成了专门的领导科学，成为管理科学的一个新分支。

（6）控制。按既定目标和标准对组织的活动进行监督、检查，发现偏差，采取纠正措施，使工作能按原定计划进行，或适当调整计划以达预期目的。控制工作是一个连续不断的、反复进行的过程，其目的在于保证组织实际的活动及其成果同预期目标相一致。

（7）创新。随着科学技术的发展，社会经济活动空前活跃，市场需求瞬息万变，社会关系日益复杂，使得每一位管理者时刻都会遇到新情况、新问题。迫切地要求变化创新。创新在管理循环中处于轴心地位。

法国管理学者法约尔最初提出把管理的基本职能分为计划、组织、指挥、协调和控制。后来，又有学者认为人员配备、领导激励、创新等也是管理的职能。但无论怎样对管理职能加以界定，都不能忽视管理的本质。

管理的本质是服务，表现在：

管理是普遍的社会现象之一；

管理是重要的社会活动之一；

管理工作是活力与创造性兼备的行为。

管理的任务是设计和维持一种环境，使在这一环境中工作的人们能够用尽可能少的支出实现既定的目标，或者以现有的资源实现最大的目标。管理可细分为 4 种情况：产出不变，支出减少；支出不变，产出增多；支出减少，产出增多；支出增多，产出增加更多。这里的支出包括资金、人力、时间、物料、能源等的消耗。总之，管理基本的原则是“用力少，见功多”，即以较少的资源投入，获得最大的效益。

第五章 管理方法

第一节 管理方法定义

管理方法是指为了实现管理目的而运用的手段、方式、途径和程序等的总称。企业的管理方法包括行政方法、经济方法、制度方法和教育方法4类。

（1）行政方法是通过直接的行政系统采用行政手段作用于管理客体的方法。企业管理范围小、对象少的，宜采用行政方法进行管理。

（2）经济方法是运用奖金、津贴、福利、待遇等手段激励被管理人员的方法，由于这种方法与人们的物质利益紧密相连，对于调动人员的积极性有较大的作用。

（3）制度方法又叫企业“法律方法”，是指用一定的规范约束管理客体的方法，它对于保持管理的稳定性、连续性和标准性有很大的作用。

（4）教育方法是用不同的形式解决被管理人员思想问题的方法。人们常说的精神激励、思想政治工作、行为科学就属于教育方法。

综上所述，我们可以给管理方法下定义为：管理方法是指在管理活动中为实现管理目标、保证管理活动顺利进行所采取的具体方案和措施。

管理方法是管理理论、原理的自然延伸和具体化、实际化，是管理原理指导管理活动的必要桥梁，是实现管理目标的途径，它的作用是一切管理理论、原理本身所无法替代的。

20世纪初，人们开始对管理方法做专门研究，最早提出科学的管理方法的是美国管理学家泰勒。泰勒的科学管理理论中所倡导的科学管理方法其实质就是任务管理法，任务管理法是人们最早研究的一种科学管理方法。泰勒所说的任务管理，也可以称为任务作业。任务管理法的基本内容，可以概括为通过时间动作研究确定标准作业任务，并将任务落实到工人。也就是说，工人的作业在于完成管理人员规定的任务，而这种任务又是管理人员经过仔细推敲后设计出来的。这样，组织中的工人都有明确的责任，按职责要求完成了任务则付给一定的报酬。任务管理法规定组织中的每个人在一定时限内完成任务的数额，但任务管理法并不是只规定每个人的工作量——那就把任务管理法简单化了。规定工作量本身并不等同于科学管理，这里的关键在于所规定的工作量的定额是怎样确定的。如果定额仍是依靠经验或习惯来确定，那就只是具有任务管理的形式，实质则仍然是经验管理。科学管理和经验管理的区别，不在于是否给组织的成员分配任务，而在于所分配任务的质和量是否经过科学方法计算。任务管理法的最明显的作用在于提高工人的工作效率，而提高效率的关键又在于科学地进行时间动作的研究。泰勒提出的任务管理法的科学成分，也就在于他所倡导的时间动作研究方法。

泰勒所说的时间动作研究大体包括以下步骤。

（1）物色 10 ~ 15 个不同的人员，他们应特别善于做分析工作。

（2）仔细研究工人在完成被调查的工作中所进行的基本操作或动作，包括每个人员所使用的工具。

（3）用秒表测量做每一个基本动作所需要的时间，然后选择每个动作做得最快的工作方法。

（4）淘汰所有不正确、缓慢和无效的动作。

（5）淘汰所有不必要的动作以后，把最快、最好的动作，以及最好的工具分别在一个序列中集中归类。

经过以上步骤，便可得出完成标准作业所需要的标准时间。按照这种方法来规定一个岗位上一个人在一定时间内的工作量，就有科学根据了。科学管理要求先对经验法则指导下产生的同一种工具进行研究，再对每一种工具所可能达到的速度进行时间研究，最后把几种工具各自的优点融合在单独一种标准工具中，使工人工作更容易和更快。

这种时间动作研究，本身并不复杂，但它却可以有效地提高工人的工作效率。时间动作研究专家们发现，许多人凭经验和习惯每天重复操作的动作，普遍存在低效率的现象。比如，通过对砌砖工在标准情况下砌砖所有动作的细致研究，动作研究专家吉尔布雷思先生将砌每块砖的动作从 18 个减少至 5 个，有一个场合甚至减少到两个。只要对动作稍加改变，即可节省完成一项操作的时间，不少工作由于要反反复复地操作，如果一次操作节省一点时间，长期积累起来，在一个单位时间内完成的工作量就可以大大增加，从而提高工作效率。

任务管理法其实质就是通过专门的人员对时间和动作进行研究，从而科学地设计工作任务，使工人满负荷工作，以达到提高企业生产效率的目的。但任务管理法只是从生产技术过程的角度研究作业管理的具体方法，涉及的范围基本上没有超出车间管理，很少从企业经理人员的角度，研究企业经营的全局问题。如果孤立地使用任务管理法，那么，企业规模越大，其不适应性就会越突出。另外，实行任务管理，工人的一举一动都要合乎标准，一切工作安排都要听命于管理人员的指示和下达的计划。它否定了工人在工作中的自主性、独立性，取消了工人对其工作任务的计划、组织与控制的自主权，忽略了人除了经济需求外，还有更复杂的社会和心理方面的需要，忽视了人际关系对于人的行为的影响。在强调人性和个性的现代社会，任务管理法的不适应性越来越突出。

第二节　管理类型

一、人本管理

从管理学的发展来看，对组织采取以人为中心的管理方法是在任务管理后提出来的。20 世纪 30 年代以后，管理学家们发现，提高人的积极性，发挥人的主动性和创造性对提高组织的效率更为重要。组织活动成果的大小是由领导方式与工作人员的情绪决定，由此管理学将研究的重点转向了管理中的人本身，这就是以行为科学为主要内容的人际关系理论。人际关系学家主张采取行为管理的方法，即通过分析影响人的行为的各种心理因素，采用一定的措施改善人际关系，以此提高工作人员的情绪和士气，从而能产出最大的成果，达到提高组织效率的目的。在人际关系理论的推动下，对于组织的管理和研究便从原来以“事”为中心发展到以“人”为中心，由原来对“纪律”的研究发展到对行为的分析，由原来的“监督”管理发展到“自主”管理，由原来的“独裁式”管理发展到“民主参与式”的管理。管理者在管理中采取以工作人员为中心的领导方式，即实行民主领导，让职工参加决策会议，领导者经常考虑下属的处境、想法、要求和希望，与下属采取合作态度，管理中的问题通过集体讨论，由集体来做出决定，监督也采取职工互相监督的方式，等等。这样，职工在情感上容易和组织融为一体，对上司不是恐惧疏远而是亲切信任，他们的工作情绪也就可以保持较高的状态，从而使组织活动取得更大的成果。这种以人为中心的管理理论和方法也包含着一系列更为具体的管理方法，主要有参与管理、民主管理、工作扩大化、提案制度和走动管理等。

科学管理以金钱为诱饵，人际关系理论则主张管理必须重视人的心理上的满足。古典组织理论强调合理的劳动分工和对组织的有效控制，人际关系理论则强调对人际行为的激励。因此，人际关系理论的出现，给组织管理带来巨大的变化。从 20 世纪 40 年代开始，人际关系理论渐渐渗入组织管理实践中去，管理学家在这种管理思想中找到缓和劳资关系、提高工人的士气，进而提高生产效率的方法。人本管理法是作为对任务管理法的革新而提出的一种新的管理方法。这种管理法和任务管理法的重大区别在于：任务管理法要求工作人员的活动标准化，工作人员在工作中的自由度是很小的，但对完成组织规定的任务较有保证。而人本管理法则有较大的灵活性，工作人员在组织中有相当的自由度，较能发挥其自主性和创造性，但这样一来，组织内承担的风险也较大，组织规定的任务有时可能无法完成。为了吸取两种方法的长处和克服短处，一种新的管理方法提出来了，这就是目标管理法。

二、目标管理

目标管理是美国著名管理学家德鲁克的首创。1954 年，他在《管理实践》一书中，首先提出“目标管理与自我控制”的主张，随后在《管理——任务、责任、实践》一书中对此作了进一步阐述。德鲁克认为，并不是有了工作才有目标，而是相反，有了目标才能确定每个人的工作。所以“企业的使命和任务，必须转化为目标”，如果一个领域没有目标，这个领域的工作必然被忽视。因此管理者应该通过目标对下级进行管理，当组织高层管理者确定了组织目标后，必须对其进行有效分解，转变成各部门及各人的分目标，管理者根据分目标的完成情况对下级进行考核、评价和奖惩。德鲁克认为，如果一个领域没有特定的目标，这个领域必然会被忽视。如果没有方向一致的分目标指示每个人的工作，则企业的规模越大，人员越多，专业分工越细，发生冲突和浪费的可能性就越大。企业每个管理人员和工人的分目标就是企业总目标对他的要求，同时也是员工对企业总目标的贡献。只有完成每一个分目标，企业总目标才有完成的希望，而分目标又是各级领导人员对下属人员进行考核的主要依据。德鲁克还认为，目标管理的最大优点在于它能使人们用自我控制的管理来代替受他人支配的管理，激发人们发挥最大的能力把事情做好。

目标管理是以相信人的积极性和能力为基础的。企业各级领导者对下属人员的领导，不是简单地依靠行政命令强迫他们去干，而是运用激励理论，引导职工自己制定工作目标，自主进行自我控制，自觉采取措施完成目标，自动进行自我评价。

目标管理通过诱导启发职工自觉地去干，其最大特征是通过激发员工的生产潜能，提高员工的工作效率来促进企业总体目标的实现。

三、系统管理

第二次世界大战之后，企业组织规模日益扩大，企业内部的组织结构也更加复杂，从而给世界提出了一个重要的管理课题，如何解决复杂大企业的管理问题。为了解决复杂大企业的效率问题，系统方法产生了。

系统方法属于一般科学方法论，它以认识、研究和探讨结构复杂的客体确立必要的方法论原则。所谓系统方法，就是按照事物本身的系统性把研究对象放在系统的形式中认识和考察的一种方法。具体地说，从系统的观点出发，始终着重从整体与部分（要素）之间、整体与外部环境之间、部分（要素）与部分（要素）之间的相互作用和相互制约的关系中考察对象，从而达到最佳地处理问题的一种方法。

系统方法是一种满足整体、统筹全局、把整体与部分辩证地统一起来的科学方法，它将运用数学语言定量地、精确地描述研究对象的运动状态和规律。它为运用数理逻辑和电子计算机来解决复杂系统的问题开辟了道路，为认识、研究和探讨结构复杂的整体确立了必要的方法论原则。

在用系统方法考察研究对象时，一般应该遵循整体性、最优化的原则。整体性是系统方法的基本出发点。所谓整体性原则，就是把研究对象看作由各个构成要素组成的有机整体，从整体与部分相互依赖、相互制约的关系中揭示对象的特征和运动规律，研究对象整体性质。整体性质不等于形成它的各要素性质的机械之和，对象的整体性由形成它的各要素（或子系统）的相互作用决定。因此它不要求人们事先把对象分成许多简单部分，分别地进行考察，然后再把它们机械地叠加起来，而是要求把对象作为整体对待，从整体与要素的相互依赖、相互联系、相互制约的关系中揭示系统的整体性质。如一个由人群、动植物、山川河流、树木花草、大气环境等组成的系统的性能和活动规律，只存在于组成系统的各要素之间相互作用、相互依存的关系中，单独研究其中任一部分都不能揭示出系统的规律性。最优化原则是指，从许多可供选择的方案中选择出一种最优的方案，以便使系统运行于最优状态，达到最优的效果。它可以根据需要和可能为系统确定最优目标，并运用最新技术手段和处理方法把整个系统分成不同的层次结构，在运动中协调整体与部分的关系，使部分的功能和目标服从系统总体的最优功效，从而达到整体最优的目的。

第三节　管 理 要 求

一、责任要明确

目标管理通过由上而下或自下而上层层制定目标，在企业内部建立起纵横联结的完整的目标体系，把企业中各部门、各类人员都严密地组织在目标体系之中，明确职责、划清关系，使每个员工的工作直接或间接地同企业总目标联系起来，从而使员工明确个人工作目标和企业目标的关系，了解自己的工作价值，激发大家关心企业目标的热情。这样，就可以更有效地把全体员工的力量和才能集中起来，提高企业工作成果。

二、职工要参与

目标管理非常重视上下级之间的协商、共同讨论和意见交流。通过协商，加深对目标的了解，消除上下级之间的意见分歧，取得上下目标的统一。由于目标管理吸收了企业全体人员参与目标管理实施的全过程，尊重职工的个人意志和愿望，充分发挥职工的自主性，实行自我控制，改变了由上而下摊派工作任务的传统做法，调动了职工的主动性、积极性和创造性。

三、结果最重要

目标管理所追求的目标，就是企业和每个职工在一定时期应该达到的工作成果。目标管理不以行动表现为满足，而以实际成果为目的。工作成果对目标管理来说，既是评定目标完成程度的根据，又是奖评和人事考核的主要依据。因此，目标管理又叫成果管理。离开工作成果，就不能称其为目标管理。

由于任务管理法既规定了工作任务，又规定了完成任务的方法，而且任务和方法都有标准化，职工按标准化的要求进行培训，并按标准化的要求进行操作，他们的工作积极性和创造性受到严格的限制；而人本管理法又过于强调领导对职工的信任，放手让职工自主去工作，这又难于保证任务的完成。目标管理法将两者综合起来，即组织规定总目标，各部门依据总目标规定部门目标，把部门目标分解落实到个人，至于如何达到目标则放手让工作人员自己做主。这样，既能保证完成组织的任务，又能充分发挥职工的主动性、积极性，因而目标管理法与任务管理法和人本管理法相比，是更为优越的管理方法。目标管理提出以后，便在美国迅速流传。在第二次世界大战后各国经济由恢复转向迅速发展的时期，企业急需采用新的方法调动员工积极性以提高竞争能力，目标管理的出现可谓应运而生，于是被广泛应用，并很快为日本、西欧和其他国家的企业所仿效，在世界范围内大放异彩。

目标管理可能看起来简单，但要把它付诸实施，管理者必须对它有很好的领会和理解。

(1) 管理者必须知道什么是目标管理，为什么要实行目标管理。如果管理者本身不能很好地理解和掌握目标管理的原理，那么，由其来组织实施目标管理也是一件不可能的事。

(2) 管理者必须知道公司的目标是什么，以及他们自己的活动怎样适应这些目标。如果公司的一些目标含糊不清、不现实或不协调一致，那么主管人员想同这些目标协调一致，实际上也是不可能的。

(3) 目标管理所设置的目标必须是正确的、合理的。所谓正确，是指目标的设定应符合企业的长远利益，和企业的目的相一致，而不能是短期的。合理的，是指设置目标的数量和标准应当是科学的，因为过于强调工作成果会给人的行为带来压力，导致不择手段的行为产生。为了减少选择不道德手段去达到这些效果的可能性，管理者必须确定合理的目标，明确表示行为的期望，使得员工始终具有正常的“紧张”和“费力”程度。

（4）所设目标无论在数量或质量方面都具备可考核性，也是目标管理成功的关键。任何目标都应该在数量上或质量上具有可考核性。有些目标，如“时刻注意顾客的需求并很好地为他们服务”“使信用损失达到最小”“改进提高人事部门的效率”等，都没多大意义，因为在将来某一特定时间没有人能准确地回答他们实现了这些目标没有。如果目标管理不可考核，就无益于对管理工作或工作效果的评价。

正因为目标管理对管理者的要求相对较高，且在目标的设定中总是存在这样、那样的问题，使得目标管理在付诸实施的过程中，往往流于形式，在实践过程中有很大的局限性。

四、管理步骤

1. 确定问题

在进行系统分析之初，必须首先明确地确定所要解决的问题的性质和范围，研究问题包含着哪些主要因素，分析系统的要素之间的相互关系，以及与外界环境之间的相互关系。只有这样划定问题的界限，确定的问题才会明白、切合实际。确定问题后就应该着手收集资料，调查、试验、观察、记录各要素（子系统）的情况和环境情况等。这对于建立模型，对各种模型方案进行可行性研究、比较，将是必不可少的。

2. 系统分析

对于同一特定的目标，实施的途径是很多的，每种方法的投资和效益也会有差别。系统分析在于拟定出尽可能多的行动方案，并进行试验比较，以寻求费用最低而效果最好的方案。分析时，总是将复杂系统分解成若干较简单的子系统，再将分解的结果进行综合，进行整体分析。这样反复多次，才可能接近客观实际。

各种方案，经过系统分析后，哪个好？哪个差？可行性如何？都有了可靠的依据。但这些方法是否可靠？引用的数据是否准确？还需要决策者再作判断，这是决策者运用智慧及经验的过程。任何数学和计量方法也无法取代决策者的智慧和经验。

3. 方案决策

在一种或几种值得采用或进一步考虑的方案中选择方案，尽可能在待选方案中选择出满足系统要求的最佳方案。

4. 计划实施

根据最后选定的方案，将按计划进行具体实施。如果实施中比较顺利，或遇到的困难不大，略加修改即可顺利进行，那么整个步骤即告一段落。如果问题较多，这就需要回到前面几个步骤中的一个，重新调整。

在管理实践中，系统方法存在的最大问题就是最优方案难以确定，因为任何方案都不可能从任何角度考虑都是最优的，对同一个方案，如果选定的影响因素不同，最优的结论往往也是不同的。方案的取舍缺乏一个明确的指标，这使得系统方法在实际操作过程中显得烦琐，组织最后实施的往往一定不是最优的方案。

管理方法是在管理活动中为实现管理目标、保证管理活动顺利进行所采取的工作方式。

五、管理特点

1. 数据化

现代管理方法把传统管理方法中的定性描述发展吸纳带到管理的定量计算上，把定性分析和定量分析结合起来使管理“科学化”。实践证明，定性分析和定量分析是不可偏废的两个侧面。离开定性分析，定量分析就失去“灵魂”、迷失方向；而任何质量又表现为一定数量，没有数量就没有质量，没有准确的数字为依据就不能做出正确的判断。

2. 系统化

现代化管理方法广泛采用现代系统理论，把系统分析方法应用于管理，使复杂的问题系统化、简单化。

3. 标准化

现代化管理方法的运用，可以实现管理标准化。管理工作的标准化，就是按照管理活动的规律，把管理工作中经常重复出现的内容，规定出标准数据、标准工作程序和标准工作方法，作为从事管理工作的原则。

4. 民主化

现代化管理中，不仅充分发展各级领导和专业管理人员的作用，更加重视调动与发挥全体员工的主动性、积极性和创造性，使全体员工在管理中发挥更大的作用。

第四节　管理方法分类

一、按作用的原理，可分为经济方法、行政方法、法律方法和社会学心理学方法

经济方法是指依靠利益驱动，利用经济手段，通过调节和影响被管理者物质需要而促进管理目标实现的方法；行政方法是指依靠行政权威，借助行政手段，直接指挥和协调管理对象的方法；法律方法是指借助国家法规和组织制度，严格约束管

理对象为实现组织目标而工作的一种方法；社会学心理学方法是指借助社会学和心理学原理，运用教育、激励、沟通等手段，通过满足管理对象社会心理需要的方式来调动其积极性的方法。

上述分类中，经济方法有利益驱动性、普遍性、持久性等特点，但也有可能产生明显的负面作用的局限性，多以价格、税收、信贷、经济核算、利润、工资、奖金、罚款、定额管理、经营责任制等形式表现。行政方法具有强制性、直接性、垂直性和无偿性等特点，但由于是强制干预，容易引起被管理者的心理抵抗，多以命令、指示、计划、指挥、监督、检查、协调等形式表现。法律方法具有高度强制性和规范性的特点，但仅对法律规定的情形适用，对特殊情况有适用上的困难，缺乏灵活性，多以国家的法律、法规，组织内部的规章制度，司法和仲裁等形式表现。社会学心理学方法具有自觉自愿性和持久性的特点，但仅对普通情况适用，对紧急情况难以适应，多以宣传教育、思想沟通和各种形式的激励等形式表现。

二、按普遍性程度不同，可分为专门管理方法和通用管理方法两类

专门管理方法是对某个资源要素、某一局部或某一阶段实施管理所特有的专门方法，是为解决具体管理问题的管理方法。例如，计算机信息管理是以信息资源为主要管理对象的具体管理方法，激励管理方法是以人力资源为管理对象的具体管理方法。而生产管理、销售管理、库存管理、行政管理等，由于管理对象、目的不同而具备不同的管理特点，这就要求必须有适应这些特点的特殊的、专门的方法。即使是某一类型的管理，由于其具体的条件不同，也各有其不同的特点。例如，同样是企业的生产管理，但对每一个特定企业而言，由于工艺技术不同、所有制不同、生产的规模不同、人的素质不同、社会环境不同，其管理都会具有各自的特点，需要有同它们的特点相适应的管理方法。总之，每一事物、每一过程的矛盾都各有其特殊性质，用不同的方法去解决不同的矛盾，是由各种不同的管理活动所具有的特殊规律决定的，管理者应该根据各种不同的具体条件发挥其创造性。每个新的具体方法的产生，都是管理者的知识经验、组织能力、专业技能和创造性思维的集中表现。

通用管理方法是以不同领域的管理活动都存在某些共同的属性为依据而总结出的管理方法。通用管理方法是人们对不同领域、不同部门、不同条件管理实践的理论概括和总结，揭示出了这些共同属性，从而总结出的管理方法。比如，不论是政治活动还是经济活动，都需要做好决策和为协调各方面的活动而进行组织和控制，以保证预定目标的实现。这种存在于各种管理活动中的共同性，决定了某些管理方

法的通用性。在管理的实践过程中，管理学家根据管理实际工作中的应用问题提出了许多通用的管理方法，其中有任务管理法、人本管理法、目标管理法、系统管理法等。这些通用管理方法对于各种不同的管理活动都是适用的，是管理方法中主要和重要的组成部分。

专门管理方法和通用管理方法并非是绝对分立，而是相互影响、相互制约的。通用管理方法是专门管理方法的前提和基础，它为人们运用专门管理方法提供思想路线和基本原则，专门管理方法则是通用管理方法的具体表现。人们在把专门管理方法运用于实际工作的时候总是自觉不自觉地表现其通用的方法；反过来说，通用的方法又必定会支配和制约着人们对专门管理方法的运用。

三、按使用的方法不同，还可以分为定性的方法和定量的方法

任何事物都有质的规定性和量的规定性，原则上都可以从质和量两个方面来把握。一般把确定事物内部和外部各种数量关系的方法，叫作定量的方法；把确定事物及其运动状态的性质的方法，叫作定性的方法。

在管理实践中，管理者运用数理知识方法，对管理现象及其发展趋势，以及与之相联系的各种因素，进行计算、测量、推导等，属于定量分析方法。管理者对管理现象的基本情况进行判断、粗略统计和估计属于定性分析方法。定性是粗略的定量，定量是精确的定性。在现代管理中，定量管理已成为很重要的方法和手段，这标志管理水平的提高。定量方法是重要的，但是它并不排斥定性的方法，这不仅是由于定性是定量的基础，而且还在于，有许多事物和现象运用的手段还难于进行定量研究，从而使定量方法受到限制。定量方法和定性方法又是相互渗透的，许多问题的解决，常常需要二者相互补充。还有不少方法既可用来定性，又可用来定量。管理者在管理的过程中，要充分利用这两种管理方法的特点，为管理服务。

第五节　管理方法应用

加强管理方法的科学依据。在管理实践中，要不断促进管理方法的建设与完善，使管理方法更加科学有效。其中，最重要的就是要加强管理方法的科学依据，要使其符合相关客观规律的要求，更好地体现管理机制的功能作用。要弄清管理方法的性质和特点，正确地运用管理方法。管理者若决定采用一种管理方法，必须弄清其作用的客观依据是什么，方法作用于被管理者的哪个方面，是否能产生明显的效果，以及方法本身的特点与局限，以便正确有效地加以运用。研究管理者与管理对象的性质与特点，提高针对性。管理方法是管理者作用于管理对象的方式或手段，其最

后效果，不但取决于方法本身的因素，还取决于管理双方的性质与特点。既要研究管理对象，又要研究管理者自身，这样，才能使管理方法既适用于管理对象，又有利于管理者优势的发挥，从而使管理方法针对性强，成效大。

了解与掌握管理环境因素，采取适宜的管理方法。由于管理环境是影响管理成效的重要因素，因此，管理者在选择与运用管理方法时，一定要认真了解与掌握环境变量，包括时机的把握，使管理方法与所处环境相协调，从而更有效地发挥其作用。

注意管理方法的综合运用。不同的管理方法，各有长处和局限，各自在不同领域发挥其优势，没有哪种方法是绝对适用于一切场合的，也没有哪种场合是只可以靠一种方法的。因此，要科学有效地运用管理方法，就必须依目标和实际需要，灵活地选择多种方法，综合地、系统地运用各种管理方法，以求实现管理方法的整体功效。

要提高管理方法的效能，就必须实现管理方法的现代化。

一、“合拢式”管理

“合拢”表示在企业管理上必须强调个人和整体的配合，创造整体和个体的高度和谐。《老板》杂志表示在企业管理中，欧美企业主要强调个人奋斗，促使不同的管理相互融洽借鉴。它的具体特点如下。

（1）韵律性。企业与个人之间达成一种融洽和谐充满活力的气氛，激发人们的内驱力和自豪感。

（2）既有整体性又有个体性。企业每个成员对公司产生使命感，“我就是公司”是“合拢式”管理中的一句响亮口号。

（3）自我组织性。放手让下属做决策，自己管理自己。

（4）波动性。现代企业管理必须实行灵活经营战略，在波动中进步和革新。

（5）相辅相成。要促使不同的看法、做法相互补充交流，使一种情况下的缺点变成另一种情况下的优点。

二、“抽屉式”管理

在现代企业管理上也称为“职务分析”。“抽屉式”管理形容在每个管理人员办公桌的抽屉里都有一个明确的职务工作规范，在企业管理工作中，既不能有职无权，也不能有责无权，更不能有权无责，必须职、责、权、利相互结合。

企业管理者进行“抽屉式”管理共有 5 个步骤：第一步，建立一个由企业各个部门组成的职务分析小组；第二步，正确处理企业内部集权与分权的关系；第三步，围绕企业的总体目标，层层分解，逐级落实职责权限范围；第四步，编写“职务说明”和“职务规格”，制定出对每个职务工作的要求准则；第五步，必须考虑到考核制度与奖惩制度相结合。

三、“一分钟”管理

西方许多企业管理者采用了“一分钟”管理法则，并取得了显著成效。具体内容为：一分钟目标、一分钟赞美及一分钟惩罚。所谓一分钟目标，就是企业中的每个人都将自己的主要目标和职责明确地记在一张纸上。每个目标及其检验标准应该在250个字内表达清楚，在一分钟内就能读完。这样，便于每个人明确认识自己为何而干、怎样去干，并且据此定期检查自己的工作。一分钟赞美，就是人力资源激励。具体做法是企业的经理经常花费不长的时间，在职员所做的事情中挑出正确的部分加以赞美。这样可以促使每位职员明确自己所做的事情，更加努力地工作，并不断向完美的方向发展。一分钟惩罚，是指某件事本该做好却没有做好，对有关人员首先进行及时批评，指出其错误，然后提醒他“你是如何器重他，不满的是他此时此地的工作”。这样，可以使做错事的人乐于接受批评，并注意避免以后同样错误的发生。

“一分钟”管理法则妙就妙在它大大缩短了企业管理过程，有立竿见影之效。一分钟目标，便于每个员工明确自己的工作职责，努力实现自己的工作目标；一分钟赞美可使每个职员更加努力地工作；一分钟惩罚可使做错事的人乐意接受批评，促使他今后工作更加认真。

第六章　风险管理概述

第一节　风险管理定义

风险管理的定义为：当企业面临市场开放、法规解禁、产品创新时，会使变化波动程度提高，连带增加经营的风险性。良好的风险管理有助于降低决策错误的概率，避免损失，提高企业本身价值。

1. 萌芽阶段

风险管理从20世纪30年代开始萌芽。风险管理最早起源于美国，在20世纪30年代，由于受到1929—1933年的世界性经济危机的影响，美国约有40%的银行和企业破产，经济倒退了近20年。为应对经营上的危机，美国许多大中型企业都在内部设立了保险管理部门，负责安排企业的各种保险项目（当时的风险管理主要是通过保险手段转移风险）。

2. 形成阶段

1938年以后，美国企业对风险管理不断完善，到20世纪50年代，风险管理发展成为一门学科，“风险管理”一词正式形成。1953年8月12日，美国通用汽车公司在密歇根州的一个汽车变速箱厂因火灾损失了5 000万美元，成为美国历史上损失最为严重的15起重大火灾之一。这场大火与当时其他一些偶发事件一起，推动了美国风险管理的兴起。

随着社会经济和科学技术的迅速发展，人类面临的风险将会越来越多，越来越严重。

3. 发展

20世纪70年代以后逐渐掀起了全球性的风险管理运动。先是法国从美国引进了风险管理，随后，日本也开始了风险管理研究。

科学技术的进步在给人类带来巨大利益的同时，也给社会带来了前所未有的风险。1979年3月，美国三里岛核电站发生爆炸事故；1984年12月3日，美国联合碳化物公司在印度的一家农药厂发生了毒气泄漏事故；1986年，苏联乌克兰切尔诺贝利核电站发生的核事故……一系列重大事故，推动了风险管理在世界范围内的发展。

与此同时，在美国的商学院里出现了一门涉及如何对企业的人员、财产、责任、财务资源等进行保护的新型管理学科，这就是风险管理。

近年来，美国、英国、法国、德国、日本等国家先后建立起全国性和地区性的风险管理协会。1983 年，在美国纽约召开了风险和保险管理协会年会。来自世界各国的专家和学者共同讨论并通过了《101 条风险管理准则》，标志着风险管理的发展进入了一个新的阶段。

1986 年，由欧洲 11 个国家共同成立的“欧洲风险研究会”将风险研究扩大到国际交流范围。1986 年 10 月，风险管理国际学术讨论会在新加坡召开，风险管理已经由环大西洋地区向亚洲太平洋地区发展。

目前，风险管理已经发展成为企业管理中一个具有相对独立职能的管理领域。风险管理与企业的经营管理和战略管理一样，具有十分重要的意义。

4. 风险管理在中国的发展

中国对于风险管理的研究开始于 20 世纪 80 年代。一些学者将风险管理和安全系统工程理论引入中国，并在少数企业中试用。目前，中国大部分企业缺乏对风险管理的认识，也没有建立专门的风险管理机构。作为一门学科，风险管理学在中国仍旧处于起步阶段。

第二节　风险管理目标

风险管理是一项有目的的管理活动，只有目标明确，才能起到有效的作用。否则，风险管理就会流于形式，没有实际意义，也无法评价其效果。

风险管理的目标就是要以最小的成本投入获得最大的安全保障。风险管理包括风险识别、风险评估和风险处理，涉及财务、安全、生产、设备、物流、技术等多个方面，是一套完整的方案，也是一个系统工程。

风险管理目标的确定一般要满足以下几个基本要求：

目标的一致性。风险管理目标与风险管理主体（如生产企业或建设工程的业主）总体目标应一致。

目标的现实性。即确定目标要充分考虑其实现的客观可能性。

目标的明确性。即选择和实施各种方案，并对其效果进行客观的评价。

目标的层次性。从总体目标出发，根据目标的重要程度，区分风险管理目标的主次，提高风险管理的综合效果。

风险管理的具体目标与风险事件联系起来，可分为损前目标和损后目标两种。

一、损前目标

1. 经济目标

企业应以最经济的方法预防潜在的损失，即在风险事故实际发生之前，就必须使整个风险管理计划、方案和措施最经济、最合理。

2. 安全状况目标

安全状况目标就是将风险控制在可承受的范围内。风险管理者必须使人们意识到风险的存在，而不是隐瞒风险，这样有利于人们提高安全意识，防范风险，主动配合风险管理计划的实施。

3. 合法性目标

风险管理者必须密切关注与经营相关的各种法律法规，对每一项经营行为、每一份合同都加以合法性的审视，避免企业蒙受财务、人才、时间、名誉的损失，保证企业生产经营活动的合法性。

4. 履行外界赋予企业的责任目标

例如，政府法规可以要求企业安装安全设施以免发生工伤；企业的债权人可以要求贷款的抵押品必须被保险等。

二、损后目标

1. 生存目标

一旦不幸发生风险事件，给企业造成了损失，损失发生后风险管理的最基本、最主要的目标就是维持生存。实现这一目标，意味着通过风险管理使企业、个人、家庭乃至整个社会都能够经受得住损失的打击，不至于因自然灾害或意外事故的发生而元气大伤，一蹶不振。实现维持生存目标是受灾风险主体在损失发生之后，在一段合理的时间内能够部分恢复生产或经营的前提。

2. 保持企业生产经营的连续性目标

风险事件的发生会给人们带来不同程度的损失和危害，影响人们的正常生活和生产经营活动。

3. 收益稳定目标

只有保持企业经营的连续性才能实现收益稳定的目标，从而保证企业生产持续增长。对大多数投资者来说，一个收益稳定的企业要比高风险的企业更具有吸引力。稳定的收益意味着企业的正常发展，为了达到收益稳定目标，企业必须增加风险管理支出。

4. 社会责任目标

尽可能减轻企业受损后对他人及整个社会的不利影响。企业一旦遭受严重的损失，会影响到员工、顾客、供货人、债权人、税务部门，以及整个社会的利益。因此，风险管理人员必须能够有效地辨识风险、分析风险，并选择适当的应对风险损失的方法和措施。

第三节　风险管理职能与程序

一、风险管理职能

1. 计划职能

风险管理的计划职能是指通过对企业风险识别、估测、评价和选择处理风险的手段，设计管理方案并制订风险处理的实施计划。

2. 组织职能

风险管理的组织职能指为了达到风险管理目标和实现风险处理计划所必需的人、财、物的结合。风险管理组织职能的关键在于组织关系的确立：在风险管理部门处于企业主管部门位置的情况下，把执行权限下放给部门各成员；在风险管理部门处于参谋部门位置的情况下，风险管理则对生产、销售、财务、劳动人事等主管部门进行工作上的联系、建议和调整。

3. 指导职能

风险管理的指导职能是指对风险处理计划进行解释、判断并传达计划方案。

4. 管制职能

风险管理的管制职能是指对风险处理计划执行情况的检查、监督、分析和评价，也就是根据事先设计的标准对实际实施中不符之处予以纠正。管制职能的范围包括：风险的识别是否准确全面，风险的估测是否有误，风险处理技术的选择是否奏效，风险处理技术的组合是否最佳，自保和基金的留取是否恰当，控制风险技术能否防止或减少风险的发生，按制定的预算能否保证事故发生后相关部门得到及时补偿，等等。

二、风险管理的基本程序

风险管理的基本程序包括风险识别、风险估测、风险管理方法和风险管理效果评价等环节。

1. 风险识别

风险识别是指经济单位或个人对所面临的或潜在的风险进行判断、归类整理，并对风险的性质进行鉴定的过程。

2. 风险估测

风险估测是指在风险识别的基础上，通过对所收集的大量的详细资料进行分析，运用概率论和数理统计，估计和预测风险发生的概率和损失程度。风险估测的内容主要包括损失频率和损失程度两个方面。

3. 风险管理方法

风险管理方法分为控制法和财务法两大类，前者的目的是降低损失频率和损失程度，重点在于改变引起风险事故和扩大损失的各种条件；后者是事先做好吸纳风险成本的财务安排。

4. 风险管理效果评价

风险管理效果评价是分析、比较已实施的风险管理方法的结果与预期目标的契合程度，以此来评判管理方案的科学性、适应性和收益性。

第四节　风险管理的基本框架

美国COSO（反欺诈交易委员会）在委托普华永道开发的《COSO风险管理——整合框架》中指出，企业风险管理基本框架包括8个方面内容。

1. 内部环境

内部环境包括风险管理理念和风险容量，诚信和道德价值观，以及所处的经营环境。

2. 目标设定

必须先有目标，管理层才能识别影响目标实现的潜在风险。企业风险管理确保管理层采取适当的程序去设定目标。

3. 事项识别

必须识别影响主体目标实现的内部和外部事项，区分风险和机会，并将机会反馈给管理层。

4. 风险评估

分析风险的可能性，并以此作为决定如何进行管理的依据。风险评估应立足于固有风险和剩余风险。

5. 风险应对

管理者选择风险应对，如回避、承受、降低或者分担风险等一系列行动，以便降低风险。

6. 控制活动

制定和执行政策与程序，确保风险应对得以有效实施。

7. 信息的传递与沟通

有效的信息传递与沟通可以确保员工履行其职责。信息的传递与沟通包括向下、平行或向上的信息传递。

8. 监控

监控可以通过持续的管理活动和个别评价来完成，或者两者结合来完成。

在企业风险管理中，一个构成要素不仅会影响接下来的构成要素，而且会对每一个构成要素产生影响。

第五节 风险管理的意义

一、风险管理对企业的意义

（1）风险管理有利于维持企业生产经营的稳定。有效的风险管理，可使企业充分了解自己所面临的风险及其性质和严重程度，及时采取措施避免或减少风险损失，或者当风险损失发生时能够得到及时补偿，从而保证企业生存并迅速恢复正常的生产经营活动。

（2）风险管理有利于提高企业的经济效益。一方面通过风险管理，可以降低企业的费用，从而直接增加企业的经济效益；另一方面，有效的风险管理会使企业上下获得安全感，增强扩展业务的信心，提高领导层决策的正确性，降低企业现金流的波动。

（3）风险管理有利于企业树立良好的社会形象。有效的风险管理有助于创造一个安全稳定的生产经营环境，激发劳动者的积极性和创造性，为企业更好地履行社会责任创造条件，帮助企业树立良好的社会形象。

二、风险管理对个人与家庭的意义

通过有效的风险管理，可以避免个人与家庭遭受经济损失，或者使个人与家庭在遭受意外事件之后得以继续保持原有的生活方式和生活水平。

三、风险管理对社会的意义

风险管理可以提高企业、个人与家庭，以及其他经济单位的效益，从而使整个社会的经济效益得到保证或增加。同时，风险管理可以使社会资源得到有效利用，降低风险处理的社会成本。

第六节　风险管理的方法和过程

一、风险管理的方法

随着社会的发展和科技的进步，现实生活中的风险因素越来越多，无论是企业还是家庭，都意识到进行风险管理的必要性和迫切性。人们想出种种办法来对付风险，但无论采用何种方法，都需遵循风险管理的基本原则，即以最小的成本投入获得最大的安全保障。

对风险的处理有回避风险、预防风险、自留风险和转移风险 4 种方法。

1. 回避风险

回避风险是指主动避开损失发生的可能性。例如，考虑到游泳有溺水的危险，就不去游泳。虽然这种方法能从根本上消除隐患，但明显具有很大的局限性，因为并不是所有的风险都可以回避或应该进行回避的。如人身意外伤害，无论如何小心翼翼，这类风险都是无法彻底消除的。再如，因害怕出车祸就拒绝乘车，车祸是完全避免了，但却给日常生活带来极大的不便，也是不可行的。

2. 预防风险

预防风险是指采取必要的预防措施，以减小损失发生的可能性或损失程度。兴修水利、建造防护林就是典型的例子。预防风险涉及现时成本与潜在损失相比较的问题，若潜在损失远大于采取预防措施所支出的成本，就应采用预防风险手段。以兴修堤坝为例，虽然施工成本很高，但与洪水泛滥造成的巨大灾害相比，就显得微不足道了。

3. 自留风险

自留风险是指自己非理性或理性地主动承担风险。"非理性"自留风险是指对损失发生存在侥幸心理或对潜在的损失程度估计不足。"理性"自留风险是指经正确分析，认为潜在损失在可承受范围之内，而且自己承担全部或部分风险比购买保险要经济合算。自留风险一般适用于对付发生概率小且损失程度低的风险。

4. 转移风险

转移风险是指通过某种安排，把自己面临的风险全部或部分转移给另一方。通过转移风险而得到保障是应用范围最广、最有效的风险管理手段，保险就是其中之一。

二、风险管理过程

1. 风险识别

风险识别是指将不确定性转变为明确的风险陈述。它包括以下四方面内容，这些内容在执行时可能是重复的，也可能是同时进行的。

（1）风险评估。在项目的主要转折点或重要的项目变更时进行。这些变更通常指成本、进度、范围或人员等方面的变更。

（2）系统地识别风险。可采用下列三种方法进行风险识别：风险检查表，定期会议（周例会），日常输入（每天晨会）。

（3）将已知风险编写为文档。通过编写风险陈述和详细风险背景说明来记录已知风险。风险背景包括何事、何时、何地、如何及原因。

（4）交流已知风险。以口头和书面方式交流已知风险，同时将识别出来的风险详细记录到文档中，以便他人查阅。

2. 风险分析

风险分析是指将风险陈述转变为按顺序排列的风险列表。它包括以下内容。

（1）确定风险的驱动因素。为了更好地消除软件风险，项目管理者需要标识影响软件风险因素的风险驱动因素。这些因素包括性能、成本、支持和进度。

（2）分析风险来源。风险来源是引起风险的根本原因。

（3）预测风险影响。如果风险发生，用可能性和后果来评估风险影响。可能性被定义为大于0而小于100的5个等级；后果分为4个等级（低、中、高、关键）。采用风险可能性和后果对风险进行分组。

（4）将风险按照优先级别排序：优先级别最高的风险，其风险严重程度等于1；优先级别最低的风险，其风险严重程度等于20。对级别高的风险要优先处理。

3. 风险计划

风险计划就是将风险列表转变为风险应对计划。其内容包括以下两个方面。

（1）制定风险应对策略。风险应对策略包括接受、避免、保护、减少、研究、储备和转移等方式。

（2）制定风险行动步骤。风险行动步骤要详细说明所选择的风险应对途径。

4. 风险跟踪

风险跟踪包括监视风险状态及发出通知启动风险应对行动。其内容包括以下三个方面。

（1）比较阈值和状态。可通过项目控制面板来获取。如果指标的值在可接受标准之外，则表明出现了不可接受的情况。

（2）对启动风险进行及时通告。即在每天的晨会上，将要启动的风险通报给全组人员，并安排负责人进行处理。

（3）定期通报风险的情况。在定期的会议上向相关人员通告目前的主要风险及风险状态。

5. 风险应对

风险应对是指执行风险行动计划，以求将风险降至可接受程度。它主要包括以下几个方面的内容。

（1）对触发事件的通知做出反应。包括回顾当前现实及更新行动时间，并分派风险行动计划。

（2）执行风险行动计划。应对风险应该按照书面的风险行动计划进行。

（3）对照计划，报告进展。确定和交流对照原计划所取得的进展，定期报告风险状态，加强小组内部交流。小组必须定期回顾风险状态。

（4）校正偏离计划的情况。有时结果不能令人满意，就必须换用其他途径，同时将校正的相关内容记录下来。

第三部分

体　系　篇

第七章　体系概述

第一节　体系定义

一、体系的定义

体系是指一定范围内或同类的事物按照一定的秩序和内部联系组合而成的整体。我们还可以说，体系是指若干有关事物或某些意识相互联系而构成的一个整体，如工业体系、思想体系、作战体系等。

二、体系分类

一般来讲，我们以某一特定体系与外在环境的联系程度为标准，将体系分为三类。

（1）敞开体系。体系与环境之间既有能量转换，又有物质交换。

（2）封闭体系。体系与环境之间有能量转换，没有物质交换。

（3）孤立体系。体系与环境之间既无能量转换，又无物质交换。

第二节　管理体系构成

在《质量管理体系　基础和术语》（GB/T 19000—2008）中，关于管理体系的定义为：建立方针和目标并实现这些目标的体系，就是管理体系。一个组织的管理体系可包括若干个不同的管理体系，如质量管理体系、环境管理体系、职业健康和安全管理体系，等等。企业管理体系是一个有组织结构的系统工程。

企业有了组织结构，才能定职能；有了职能，才能定岗位；定好岗位，才能做岗位描述和评价，设计薪酬才有根据……这是一个完整的体系。目标管理贯穿整个体系，它的前提是确定管理流程，并通过目标管理进行考核，然后根据考核结果实行奖惩。于是，就有了管理体系建设的如下顺序。

（1）企业发展战略。包括企业的经营发展方向的制定、经营策略的制定、企业长期发展规划的制定等。

（2）组织结构设计。确定合理的组织形式，按照现代企业制度设置公司部门机构。

（3）职能设计。对公司的主要部门进行三级职能分解，使职能划分科学合理，明确公司各部门的职责任务。

（4）岗位设置。对公司各部门主要岗位进行合理的定员定编，并进行有效的分工，规范公司所有岗位设置及名称。

（5）岗位描述。编制岗位说明书，对公司主要岗位的指挥关系、职责范围、主要权限、沟通关系、任职条件给予定义说明。

（6）岗位评估。对各个岗位结合实际工作进行评估，用来评定该岗位人员的实际职能。

（7）薪酬福利设计。规划公司的薪酬和福利政策，按照现代企业制度规划员工工资及福利方案，使其具有竞争力和公平性，解决员工的后顾之忧。

（8）长期激励机制设计。针对企业发展不同阶段的需求和不同层次的人员，尤其是企业的高级管理人员，规划设计长期激励机制，如年薪制、股票期权制等。

（9）股权收益机制设计。为了激励员工，企业除了给予员工工资收入外，还应该让员工分享部分股权收入。

（10）人力资源开发。按现代企业管理原则编制企业的人力资源计划，包括企业的人员编制计划、人才更换和人才储备计划，以及员工的培训与教育计划、人才的职业生涯规划、员工的提案与建设制度等。

（11）管理流程设计。按照现代企业规范化标准，建立公司各系统的业务流程，以保证部门内及部门之间的工作衔接。

（12）管理标准设计。按照系统的业务管理流程，制定相应的管理标准，包括管理工作内容、要求完成的时限、责任人、要求传递的管理文件和表单等。

（13）管理表单设计。根据管理标准的要求，设计相应的管理表单，为建立企业管理信息化系统奠定基础。

（14）管理信息化系统设计。在管理流程设计、管理标准设计、管理表单设计的基础上，进行计算机管理软件设计，实现企业管理系统的信息化。

（15）目标管理。制定公司的目标体系和分解方法，设计目标管理应用表单，为绩效考核提供依据。

（16）绩效考核。设计考核政策、考核程序、考核指标体系和管理办法，设计考核应用表单，指导考核工作开展。

（17）奖惩兑现。设计奖惩兑现体系，以便结合绩效考核的结果，对员工进行合理的奖惩兑现。

第三节　企业管理体系建设

一、客观评估企业所处的生命周期

企业生命周期的不同阶段会有不同的挑战，所以先要明确企业现在处在生命周期的哪个阶段，然后再确定采取什么措施。企业如果处在“婴儿期”，那最重要的就是赶快赚钱；如果已经进入“学步期”，那么只需要把公司的核心模块架构起来就好；如果正好进入了“青春期”，就需要全方位地架构管理体系。但是在企业还没有赚钱之前，应先把业务做出来，把业绩拉上去。除非要进行的是一个大规模的投资，且母公司又希望资金一步到位，在这种情况下，可以先构建管理体系。

一般来讲，企业开始建立管理体系的时间是在“学步期”至“青春期”之间。

二、管理重点的选择原则

（1）优先挑选企业核心竞争力项目进行体系建设。

（2）对重复性特别高的经营项目要优先挑选进行体系化建设。

（3）会造成严重投诉的业务行为必须尽快标准化、体系化。

（4）内耗大的管理行为要尽快优化。

三、建立部门管理体系的 7 个步骤

1. 定义部门目的

找出某个部门存在的理由就是该部门存在的目的。管理层要能回答设置某个部门的目的是什么，某个部门存在的意义是什么，这是建立管理体系的必要条件。

寻找部门存在的目的要从上层、客户、横向需求三个方面入手。具体是要研究

这三个方面对部门有什么需求，从而为这个部门的存在原因作一个准确的定义。要达到的效果是：每个人都知道这个部门是做什么的。

与此同时，一个企业要想有竞争力，还必须要不断地有新的愿景和战略。企业内部的管理体系，也要与之相配套，并且能够随着时代的改变调整自身的角色，从而适应市场和企业内部的需要。

2. 制定管理项目

当部门目的清楚后，就要设法实现这个部门的目的。实现的具体方式就是制定管理项目，具体步骤如下。

（1）列出对该部门最有影响力的事项。

（2）根据部门目的，按照计划、行动、检查和实施的顺序制订具体实施方案。比如，集团法律事务部的目的是加强合同管理，那么，首先要对现有合同管理工作的内容、工作流程、工作制度，以及工作现状进行信息收集，制订信息收集计划，并具体实施信息收集、信息汇总、信息分析、信息加工等工作；其次要做检查和修正，万一信息有遗漏或不准确，就要进行相应的调整；最后，梳理出5～6个建立管理体系的管理项目，如合同管理制度体系建设项目、合同流程管理体系建设项目、合同管理组织体系建设项目等。

（3）从若干项目中选出重点管理项目，要保证只要处理好这几个重点管理项目，就能够实现该部门80%的职能。

（4）把这些重点管理项目写在一张管理表格上，就可以按照表格内容从容实施了。

3. 组织分工与权限划分

（1）组织分工就是将已经决定好的管理项目分配给部门的所有人，让每个人各司其职，有效地完成工作任务。组织分工就是为了明确整个部门员工的责任。

（2）权限划分是为了明晰部门员工的权力。

第一项是人事权，包括人员的任用、奖惩、选择等。必须使员工明确谁有权力做这些事。

第二项是事务权。比如说，谁能够召开股东大会，产品调价谁可以拍板，有人采访谁可以对媒体发言……这些都是事务权。

第三项是法律权。即谁可以代表公司签合同，谁可以代表公司处置财产，等等。

第四项是财务权。主要指预算、调拨费用或者是审批等。

4. 制定工作标准与方法

公司一定要有标准，建立管理体系必须要设立出一个清楚明确的数字化的指标。一般来讲，可以用质量、成本、交货、士气、安全和服务作为衡量指标。

5. 培训与实施

培训也是一种沟通。通过培训，让全体成员了解管理项目的目的、意义、实施步骤和方法，使他们能够积极主动地参与到管理项目建设中来。培训其实也是管理项目的实施，是实施管理项目计划不可或缺的一个关键环节。

培训也是统一思想的过程。通过培训，使团队成员能够凝聚在一起，能够按照管理体系的规章制度按部就班地工作。

6. 检查与修正

检查与修正是整个管理体系建设程序中非常重要的一个环节。因为每一个环节结束之后，都必须要经过检查，并将检查的结果记录在案。好的管理体系要能够用文本反映出来，从而客观地证明管理系统的完美。

7. 自主化管理

遵循上述的6把“金钥匙”，企业就会不断地迈上新台阶，事情就会越管越细，企业运作也会越来越稳定，最终就可以运转第7把“金钥匙”了，即建立管理体系中的自主化管理。

（1）自主化的意义。自主化就是全体员工，在不需要其他人督导、检查的情况下，就能够主动完成任务并达到标准。自主化管理是建立管理体系的最高境界。这是要经过全面的、长期的积累，不断地彼此磨合，不断地排除困难才能达到的一种境界。在这种境界里，大家愿意做事，也很会做事，目标和标准也都很明确，工作起来自然也是无比顺畅。

（2）自主化的程序。一个企业想要进入自主化的管理境界，在部门内应该做好如下程序。

首先要把过去操作的经验书面化；其次进行讨论，将不合理的剔除，将太烦琐的流程合并；再次进行修正，让其合理化、高速化；最后将其标准化。

标准化完成后，让所有的员工都按照标准程序来操作，这样就可以实现自主化管理的境界了。

（3）自主化的操作。首先列出自主化事情清单；其次将事情编组并且分块；最后进行培训及任务重组，让员工适应新的任务。

自主化管理使企业的各项业务都有众多的人会做，而且都可以做得很好，任何人离开都不用担心运转失灵。

按照上述程序和步骤，可以构建一个科学的管理体系。它可以帮助企业全方位实现科学化、制度化。这是一个系统工程，是企业管理由宏观到微观、由抽象到具体、由粗到细、由繁到简的统一过程。

第八章　法律风险管理体系

第一节　法律风险管理体系定义

法律风险管理体系是什么样的一个体系呢？不了解法律风险管理体系，就不知道该如何建立法律风险管理体系，当然也就不知道法律风险管理体系的标准和目标。有些企业聘请了专业管理咨询机构帮助建立法律风险管理体系，却不知道该如何验收，用什么标准验收；获得一套法律风险管理体系建设方案后，又不知道该如何组织推进，怎样才能有效发挥体系作用……白白花掉一大笔咨询费。

法律风险管理体系是一个系统性的工程，也是一个持续改进和发展的工程，是企业防范、控制、补救法律风险的各个子体系构成的体系总和，是企业根据法律风险的特性建立起来的有效规避经济损失或其他风险的制度、机制和方法的有机整体。

法律风险管理体系具有以下特点。

（1）法律风险管理体系是细分后的管理体系，应纳入企业管理总体系，属于企业管理学研究范畴。

（2）法律风险管理体系是以企业法律风险为管理对象而构成的特殊体系。

（3）法律风险管理体系是针对企业不同类型法律风险实施管控而形成的多个体系的总和。

建立企业法律风险管理体系必须具有针对性和可行性，要适合企业自身特点，能够起到事前预防、事中控制和事后补救的作用。当然，其重心应在“防”与“控”上，即对法律风险进行事前预防和事中控制。

第二节　法律风险管理体系构成三要素

既然知道了法律风险管理体系是一种特殊的管理体系，那么我们就有必要从管理理论入手，借用法律关系的构成要素理论去分析和了解法律风险管理的构成要素。

法律风险管理体系构成三要素包括主体、客体和内容。

一、法律风险管理体系的主体

法律风险管理的主体是指对法律风险实施管理，拥有管理主动权的人（本处所称的人是指自然人，不包括拟人化的法人组织。下同）和机构。

这是笔者参照法律关系的构成要素为法律风险管理体系主体所下的定义。由此可见，法律风险管理体系主体与前文中所表述的管理主体一样，都是指人或组织。与管理主体不同的是，在管理学理论中，管理主体是指社会组织中的全体成员，既包括高层管理者又包括最基层的员工。

本书中所称的法律风险管理体系主体仅指狭义上理解的管理主体，即那些肩负着某种法律风险管理职责的人和机构。

（一）具有法律风险管理职责的人

1. 法务人员

公司内部法务人员既是法律服务者，又是公司法律风险防控的管理者。表面看来，法务人员是在为公司经营事务提供法律支持与服务，但本质上是在指导公司决策、经营与管理活动，按照法律法规规定的要求进行。

企业法务人员是法律风险管理的主力，也是法律风险管理体系建设的重点内容，是公司法律风险管理工作的中坚力量。按法务人员的岗位不同，可将法务人员分为法务专员、法务主管、法务经理。他们的职责如下。

1）法务专员岗位的工作职责

（1）法务管理。

① 起草、审查和修改公司各类法律文件文书及合同。

② 负责对公司的规章制度进行审核并制定标准合同。

③ 负责集团总部及下属公司重大合同的审查、修订、备案，对各类合同提出法律意见。

④ 负责保管、年审或续期公司部分证件，包括营业执照、卫生许可证、税务许可证等。

⑤ 专利申请和处理知识产权相关法务问题。

⑥ 代表公司处理各类诉讼或非诉讼法律事务，维护公司合法权益。

⑦ 对集团及下属各部门违反法律法规的行为提出纠正意见，协助有关部门予以整改。

⑧ 统一办理集团法律授权工作。

⑨ 管理外聘律师、法律顾问。

(2) 法律服务。

① 协助组织集团重大经营决策的法律论证和法律保障。

② 为集团总部及下属公司的经营管理活动提供相应的法律咨询，并出具法律意见书。

③ 组织实施对集团员工的法律宣传及培训工作。

(3) 员工通用职责。

① 认真执行集团各项规章制度和工作程序。

② 服从上级指挥，接受有关人员检查监督，保质保量完成工作任务。

③ 做好记录及记录的保管和移交工作。

④ 按要求参加培训活动，主动提出合理化建议。

⑤ 定期向直接上级述职。

⑥ 保守集团秘密。

⑦ 完成上级交办的其他工作任务并及时复命。

(4) 对法务专员的任职资格及要求。

① 专业：法律及相关专业。

② 培训经历：经济法、合同法、文书写作等方面的培训。

③ 经验：法务管理经验。

④ 知识：法务管理知识。

⑤ 技能技巧：熟练使用 Word、Excel 等办公软件，具备基本的网络知识。

⑥ 个人素质：沟通能力、协调能力、执行能力。

2) 法务主管岗位的工作职责

(1) 服务于企业发展战略，组建高效的法务专项工作组。

① 确定专项法务工作目标和思路，搭建法务工作体系，建立健全相关工作制度。

② 按照“总体规划，分步实施”原则逐步展开专项法务工作，根据需要招聘法务专员。

③ 建立健全聘任外部专家制度，根据企业发展战略需要协助决策层选聘外部法律专家。

(2) 建设并完善公司规章制度体系。

① 建立健全公司规章制度体系，在法律许可的范围内最大限度地保障公司利益。

② 跟踪研究新出台的相关法律法规，及时对原有的规章制度进行改进完善。

③ 拟定、修订各部门、各岗位工作职责。

④ 对公司规章制度的实施情况进行监控，及时反馈员工意见。

（3）合同及合同档案管理制度体系建设。

① 负责合同事宜，包括起草、审核、修改公司各类合同。

② 建立健全合同和档案管理体系，全员参与，全流程防范法律风险。

③ 推行合同管理制度并实施监控。

④ 拟定常用类型的标准合同范本并推广应用，提高缔约效率，从源头防范法律风险。

（4）劳动合同管理。

① 负责对劳动合同的附件进行修改完善，规避企业风险。

② 跟踪并研究中央及地方政府对劳动合同的最新司法解释，为人事管理部门提供法律支持。

（5）对公司仲裁和诉讼案件进行处理。

① 对公司诉讼或仲裁案件进行调查，收集证据。

② 制订诉讼或仲裁方案并提交公司领导和外聘律师研究讨论。

③ 准备立案材料并立案。

④ 独立代理或协助外聘律师开庭应诉。

⑤ 跟踪诉讼或仲裁案件案情进展并及时向领导反馈信息。

⑥ 判决或裁定出具后，接洽法院和仲裁庭并执行庭审事宜。

（6）保护公司的知识产权。

① 确保公司的商标权、专利权、著作权、域名、技术秘密及商业秘密的安全。

② 对侵权案件进行调查取证并打击，向有关部门报案，维护公司权益。

③ 对不正当竞争行为进行监控并调查取证，提出处理建议以供领导参考。

④ 关注国外政策及反倾销情况，提出解决建议，保障公司利益不受损失。

（7）对疑难应收账款的催收。

① 配合、协助各部门对应收账款进行催收。

② 直接办理疑难应收账款的催收。

（8）对员工进行法律培训，提升员工法律意识，丰富相关法律知识，从源头上防范法律风险。

① 研究与公司业务相关的法律法规和政策，进行专题解读和宣讲。

② 通过日常工作宣传与部门业务有关的法律知识。

③ 对员工在工作生活中所遇到的法律问题进行解答。

(9) 协调企业与政府职能部门及企业内部各职权部门关系。

① 协调政府职能部门，建立良好关系，为企业的和谐发展创造良好平台。

② 协调企业内部各职权部门关系。

(10) 确保企业自身行为合法，有效防控、应对来自企业内外部的侵害行为，维护企业合法权益。

① 就企业日常经营行为中的法律问题，向企业领导及业务部门提供法律意见，评估合法性及合理性。

② 主导建立健全各项企业管理基本制度，以此为基础，推进各部门建立健全专项管理制度（如市场营销管理制度、采购管理制度、商务管理制度、品质管理制度、登记管理制度、财务管理制度等），确保企业日常经营行为符合法律规定。

③ 监控企业日常经营行为中的不合法及违反企业规章制度的行为，及时向企业领导提出纠正建议并协助有关部门和人员落实纠正措施。

④ 根据业务部门特点及需要，为各部门编制业务活动规范及防范法律风险的工作指南。

⑤ 监控各种损害企业利益的内外部行为，及时向企业领导汇报并提出解决方案，经领导授权采取适当措施维护企业合法权益。

(11) 从法律角度判断企业重大战略决策、经营决策的可行性，确保企业发展中的重大项目合法。

① 研究有关的国际条约、法律、法规及规定，为企业国际业务发展提供战略性法律建议。

② 对企业的投融资、并购、重组等重大决策做可行性分析，做好项目策划、项目谈判、合同起草、项目落实等工作；协助企业决策层选聘外部专家参加公司重大项目讨论，并负责管理外部专家。

(12) 积极、灵活应对各种非正常情况，维护企业合法权益。

① 对非正常情况进行跟踪，及时汇报并提出处理建议。

② 在突发事件中，协助有关部门处理各类对外新闻稿，以及申明、启事等，维护企业良好形象；协助企业领导及业务部门处理突发事件。

(13) 对法务主管的任职资格及要求如下。

① 教育水平：本科及以上学历。

② 专业：法学专业。

③ 职业经验：5 年以上法律相关工作经验，至少 3 年企业法务管理经验。

④ 职业技能：获得律师执业资格或通过国家司法考试；通晓所属行业法律法规及法律事务；具有良好的谈判能力及社会关系；具有良好的沟通、协调、语言文字

表达能力；具有较强的独立分析和综合判断能力；具有较强的组织协调能力和创新能力；具有良好的法律逻辑思维能力及分析、处理法律问题的能力；具有良好的中英文阅读、听说、写作能力。

⑤ 熟练使用办公软件及办公自动化设备，具备基本的网络知识。

⑥ 个人素质：沟通能力、协调能力、执行能力。

3）法务经理岗位的工作职责

法律事务机构（部门）负责人、法务总监、公司分管法务工作的领导（含总法律顾问和不设法律专业领导时的法律分管领导或公司总经理），在此统称为法务经理。他们的职责如下。

（1）法律事务机构（部门）负责人。

① 工作职责：

- 领导本部门履行职责，完成工作任务，加强内部建设；
- 对公司的经营、管理及决策提出法律意见；
- 负责审查重大经济合同及协议；
- 负责处理公司诉讼和非诉讼法律事务；
- 负责选聘公司的法律中介机构，并对其工作进行监督管理；
- 负责公司有关工商登记和商标注册、保护工作；
- 负责管理公司证照等有关法律文书，办理法定代表人授权委托手续；
- 负责公司的普法宣传和法律咨询工作；
- 参与起草、审核公司重要规章制度，监督法律文件的履行；
- 参与公司对外商务谈判，提出相关法律意见；
- 参与公司有关担保、资产转让、改制重组等经济活动，处理有关法律事务；
- 负责指导子公司或分公司法律事务工作。

② 任职资格及要求：

- 具有法学专业大学本科及以上学历；
- 获得律师执业资格或通过国家司法考试，具有企业法律顾问执业资格或者法律职业资格；
- 从事法律职业或法律管理工作 8 年以上；
- 熟悉现代企业管理知识，熟悉境内、境外能源行业的法律法规及法律业务，具有较强的处理企业法律事务的工作能力；
- 勤奋敬业，责任心强，工作积极主动；
- 具有较强的团队管理能力和团队协作精神；
- 具有较强的逻辑思维能力、语言表达能力和文字写作能力。

(2) 法务总监。

① 工作职责：

- 负责法务部的建设和管理工作；
- 全面负责公司整体的法律保障与高效实施；
- 全面负责公司的法律事务，维护公司的合法权益；
- 负责公司集团所有法务工作的统筹、协调；
- 处理与经营相关的法律合同，以及合同执行期间的法律事务；
- 帮助并指导各分部建立完善的经营法律支撑体系；
- 负责法律事务管理制度的完善、监督和执行，完成上级领导交办的其他工作。

② 任职资格：

- 正规院校法律专业本科毕业，具有法律职业资格证书或律师执照；
- 10 年以上公司内部法务工作经验，5 年以上法务管理工作经验；
- 参与过大型合同的设计及法务条款的释义和答疑，有过大型商务谈判经验；
- 具备扎实的民商法理论功底，熟悉公司合同管理体系和法律风险控制流程；
- 具有丰富的诉讼仲裁实践经验；
- 具有较强的协调能力；
- 英语熟练者优先。

(3) 公司分管法务工作的领导。

① 全面负责集团公司法律事务工作，统一协调处理集团公司经营、决策和管理中的法律事务。

② 参与集团公司重大经营决策，保证决策的合法性，并对相关法律风险提出防范意见。

③ 参与集团公司重要规章制度的制定和实施，确保集团公司规章制度合法有效。

④ 负责集团公司的法制宣传教育和培训工作，提高员工的法律意识和规范意识。

⑤ 指导集团公司所属子公司法律事务工作，对子公司的法律事务建设提出建议。

⑥ 对集团公司和子公司违反法律法规的行为提出纠正意见，并监督或协助相关部门予以整改。

⑦ 其他应履行的职责。

2. 外聘律师

外聘律师是指通过委托合同，接受企业方委托，代表企业利益，为其处理一定法律事务的专业法律人员。

外聘律师是企业法务工作不可或缺的有效补充。一个企业法务机构设置再齐全，法务人员配备再精良，也会有他们的短板和不足。外聘律师在为企业提供法律顾问服务时，应始终坚持以事先防范为主，事后补救为辅，通过参与企业经营管理决策，努力将企业在经营方面的法律风险降到最低限度。具体内容如下。

1）日常法律服务事务

（1）提供各类法律咨询，并根据企业需要，列席重大会议。

（2）根据企业需要，提供法律意见书及以法律顾问名义对外签发律师函。

（3）审核重大合同及协议。

（4）对集团法律风险防范体系提出意见；提出法律风险评估报告；提供合同范本的审核修改意见。

（5）为企业的重大经营决策提供法律依据，对其决策的可行性、风险性等问题出具法律论证文件。

（6）为企业草拟和修改劳动合同，协助调整劳资关系。

（7）根据企业的需要，提前介入企业各项投资活动，并提供有关的法律服务；参与谈判，并为企业提供谈判中的法律服务。

（8）根据企业提供的财务资料，对公司债权进行分析，对不良资产提出相应的法律处理方案。

（9）处理企业改制、关闭、破产等相关法律事项，出具法律意见书及必要时的律师函。

（10）提供招投标工作的法律服务，包括但不限于整体法律意见书及分项法律意见书。

（11）为企业的商标权、专利权、著作权、商业秘密和专有经营权的保护提供法律建议，并协助企业制订保密制度和保密协议。

（12）法制宣传和法律知识培训。

2）非诉讼法律事务

除了日常法律服务事务之外，外聘律师还可以为企业提供以下非诉讼法律服务。

（1）为企业进行有关的企业资信调查，并出具调查报告。

（2）为企业的法律行为和法律事实出具律师见证书。

（3）为企业的企业设立、股权转让、增资减资、招标投标、合并分立、清算注销、资产重组、改制上市等提供法律服务；为企业改制及上市提供辅导、谈判和论证，并出具法律意见书。

(4) 为关联交易、资产重组、收购兼并、配股增发等提供法律建议，并出具相关文件；出席股东大会并进行大会见证等。

(5) 就企业已经面临或者可能发生的纠纷，进行法律论证，提出解决方案，发表律师意见或按企业要求出具律师函。

3) 诉讼法律事务

在企业遇到诉讼事务时，外聘律师可以提供以下法律服务。

(1) 对发生的诉讼事务提出法律分析报告。

(2) 可应企业要求，推荐其他外聘律师承接诉讼。

由此可见，外聘律师似乎等同于企业内部法务人员，具有相同的法律服务内容。但是，外聘律师毕竟不是内部人员，其接受法律服务和法务工作的基础是委托（服务）合同，对其责任追究的依据也只是委托（服务）合同。应该说，该委托（服务）合同也是企业内部法律风险管理的对象之一。因此，对于外聘律师的选择，以及合同的起草与签订，与内部法务人员有着根本的不同，要严格加以区分和限制，并加强法律风险管理。比如：注意外聘律师与企业法务人员在独立性、专业性和有偿性等方面的区别，多发挥外聘律师的优势，以弥补企业法务人员专业知识与技能的不足，调剂企业法务人员的阶段性需要，提高企业法律工作的能力和水平。外聘律师主要处理那些需要具备相应的专业法律技能才能取得较好效果的法律事务，如一些新兴行业的法律事务，专业性较强的法律事务，涉外法律事务，以及法律法规、政策规定必须由律师办理的企业法律事务。对外聘律师的管理应坚持内外有别，兼顾全局与局部的原则，在分工上各有侧重，明确工作要求，建立赏罚分明的考核激励机制。在使用过程中，要求外聘律师定期通报工作情况，及时沟通重大法律事项，保守公司秘密。

3. 有一定法律风险管理职责的其他人员

根据不同类型的法律风险管理，需要赋予非法务人员一定的法律风险防控职责，如技术人员、安全生产总监、经营管理人员和财务人员等。在合同管理过程中，非法务人员按照专业分工对合同相应条款进行审核，以弥补法务人员专业知识的不足，避免专业疏忽而导致合同法律风险。

上述人员，包括他们的直接上级领导，虽不是法务人员，但同样肩负着一定的法律风险管理职责。

（二）被赋予法律风险管理职责的机构

特定法律风险管理职责的人员所在的部门或组织，就是被赋予法律风险管理职责的机构，其人员应列入法律风险管理主体之中。如规划发展部门负责政策研究，对企业经营决策的合法性具有防控职能；资产财务部对税收政策的掌握和运用，应确保企业资产处理、资金运作及账务处理不违法，税务缴付及时合规；技术部门对项目建设、设备及原材料采购标准，以及投产试车、生产运营等技术规范负责，确保相关合同中技术条款能满足要求，避免合同纠纷。

集团公司法律事务机构是集团公司及各下属单位法务机构的专业管理与服务部门，负有下列职责。

（1）参与经营管理决策，为决策提供可行性、合法性及法律风险分析。

（2）参与重大经济活动谈判，提出法律风险的防范措施和法律意见。

（3）负责工商登记、商标专利申请，起草和审查相关法律文件。

（4）开展资信调查、尽职调查，支持公司并购重组、改制上市、投融资。

（5）审查、修改、会签各类合同和协议，检查并督促合同履行。

（6）负责外聘律师的选聘、管理、监督和考核。

（7）收集并整理与集团公司经营管理有关的法律、法规和政策文件。

（8）对集团各下属单位法律事务机构进行业务指导和管理。

（9）协助集团总部各部门建立、健全、完善规章制度。

（10）协助查处集团公司及各下属单位员工严重违法、违纪行为。

（11）组织员工学习，更新法律知识，提高业务能力。

（12）开展普法宣传、教育和培训，增强风险防范意识。

（13）协助清理集团公司及各下属单位重大、复杂的债权债务。

（14）建立并维护与司法机关及政府部门关系。

（15）解答集团公司及各下属单位的法律咨询。

（16）管理客户资信，防范经营风险。

（17）集团领导交办的其他法律事务。

公司各下属单位应当设立专门法律事务管理机构，并配备专职法务人员。暂不具备设立条件的单位可设置法务岗，负责管理本单位法律事务。集团公司各下属单位的法律事务管理机构和法务岗在行政上隶属所在单位，业务上应接受集团公司法律事务部的指导和管理。

二、法律风险管理体系的客体

法律风险管理体系的客体是指法律风险管理的对象，也就是企业法律风险本身。根据《企业法律风险管理指南》（GB/T 27914—2011）的规定：企业法律风险是指基于法律规定、监管要求或合同约定，由于企业外部环境及其变化，或企业及其利益相关者的作为或不作为，对企业目标产生的影响。

企业法律风险主要表现在8个方面，分别是：企业设立、合并、分立的法律风险，企业合同法律风险，知识产权法律风险，人力资源管理法律风险，企业税收法律风险，内部人员失控法律风险，诉讼与仲裁法律风险和企业外部法律风险。2013年10月中国政法大学在开展的“企业法律风险管理调查”中，列举了10种企业法律风险。根据调查问卷统计，对企业的影响程度由大到小依次是合同法律风险，安全事故风险，市场营销风险，海外投资风险，重组并购、上市等资本运营风险，知识产权风险，纠纷诉讼风险，人力资源风险，税收风险，环境保护风险。

在上述调查中，包括81家国企和19家民企（外企），合计100家大型企业。其中，进入中国500强的有43家；有69家企业有境外业务。它们对企业面临的战略风险、法律风险、财务风险、市场风险、运营风险和政策风险六大类风险进行排序，得出法律风险为首要风险，其次是政策风险、战略风险，而财务风险、市场风险和运营风险因不足以致使企业彻底消亡，还可以通过经济收益来弥补而被排在后面。

可见，法律风险管理的客体其实就是企业所面临的全部法律风险本身，而了解法律风险并加以防控是法律风险管理的重要内容。

除了要明白法律风险管理对象是企业法律风险之外，我们还要了解法律风险管理的服务对象是谁，便于提供精准化的法律服务。这对集团公司法律事务部确定服务范围很重要。一般来讲，集团公司法律事务部是公司的一级法务机构，应保障公司各类法律业务的顺利开展，服务于公司的各职能和业务部门，包括但不限于集团公司管理层。同时，集团公司法律事务部是集团的法务总部，还应服务于集团所属各级公司，包括但不限于各级公司的法务机构和相关部门。

三、法律风险管理体系的内容

法律风险管理体系的内容是指法律风险管理主体对法律风险管理客体，按照科学有效的管理方法，对法律风险实施的防、控、救等措施和手段。有人将法律风险管理称作法律风险防控或法律风险管控，就是从法律风险管理内容的特色来直白表述的。

（一）法律风险管理的原则

根据《企业法律风险管理指南》（GB/T 27914—2011）的规定，为了有效管理法律风险，支持企业的决策和经营管理活动，企业进行法律风险管理时可遵循以下原则。

1. 以企业战略目标为导向的原则

企业法律风险管理的目的在于促进企业战略目标的实现。在企业法律风险管理活动中应充分考虑法律风险与企业战略目标之间的相互关系及相互影响。

2. 审慎管理的原则

由于法律风险的特殊性，对于法律风险应坚持审慎管理的原则。要在尊重法律、坚持诚信的前提下，开展法律风险管理活动。风险管理的策略和方法不应违反法律的强制性和义务性规定。

3. 与企业整体管理水平相适应的原则

法律风险管理是企业管理的有机组成部分，与企业战略管理、流程管理、绩效管理、信息管理等密切相关。法律风险的识别、分析、评价和控制等活动只有与企业整体管理水平相适应，才能取得良好的效果。

4. 融入企业经营管理过程的原则

法律风险发生在企业的经营管理活动中，因此其识别、分析、评价和控制都不可能脱离企业经营管理过程。法律风险管理必须融入企业经营管理过程，成为其有机的组成部分。

5. 纳入决策过程的原则

企业所有决策都应综合考虑风险，以便将风险控制在企业可接受的范围内。法律风险作为企业的重要风险范畴，应纳入企业决策过程，作为企业决策的重要因素。

6. 纳入企业全面风险管理体系的原则

法律风险管理是企业风险管理体系的组成部分，应与其他风险的管理相结合，以提高风险管理的整体效率和效果。

7. 全员参与、全过程开展的原则

法律风险存在于企业经营管理的各个环节，因此法律风险管理需要企业所有员工的参与并承担相关责任，特别是企业专职的法律管理部门（或人员）。因为只有这样，才能形成法律风险管理的长效机制。

8. 持续改进的原则

法律风险管理是企业内外部法律环境变化的动态过程，其各步骤之间形成一个循环往复的闭环。随着内外部法律环境的变化，企业面临的法律风险也在不断发生变化。企业应该对各种变化保持敏感并做出恰当反应。

（二）法律风险管理（防控）的可行性

企业自设立初始就存在着发生法律风险的可能性，并且随着企业不断地发展壮大，企业所面临的法律风险也日趋复杂多样。一个企业，即使制度再完善也不可能完全杜绝法律风险的存在。

从事物发展的一般规律来看，任何组织都无法脱离社会而独立存在，也必然受一般性社会规律的约束。企业作为一种社会组织形式，必然受到客观条件的制约。企业管理者只有为企业创造良好的发展条件，企业才能在人为创造的客观环境中获得正常发展。

企业法律风险的产生多是人为控制不力造成的。如果我们控制了企业发展的不利因素，改善并健全企业治理结构，加强法律风险防控制度建设，针对不同情况采取有效措施，防范内部人员失控，那么，我们就可以有效地防范与化解法律风险。

从国外企业构建法律风险防范制度的实践来看，一些跨国企业就是因为构建了比较完善的法律风险防控制度，才有效地解决了企业的众多问题。

鉴于防范与化解企业法律风险关系到每个企业的生死存亡，同时也关系到其所属国家的经济发展与社会稳定，很多国家都把企业法律风险提升到战略层面加以重视。

（三）法律风险管理的方法

法律风险管理包括风险识别、风险估计、风险驾驭、风险监控等一系列活动。对于现代企业来说，风险管理就是通过风险的识别、预测和衡量，选择有效的手段，尽可能降低成本，有计划地处理风险，以获得企业安全生产的经济保障。

可见，风险的识别、风险的预测和风险的处理是企业风险管理的主要步骤。

1. 风险的识别

风险的识别是风险管理的首要环节，只有在全面了解各种风险的基础上，才能够预测危险可能造成的危害，从而选择处理风险的有效手段。风险识别方法很多，常见的方法有以下几种。

（1）生产流程分析法。生产流程分析法是指对企业整个生产经营过程进行全面分析，包括各个环节可能遭遇的风险，并找出各种潜在的风险因素。生产流程分析法可分为风险列举法和流程图法。

风险列举法指风险管理部门根据企业的生产流程，列举出各个生产环节的所有风险。

流程图法指企业风险管理部门将整个企业生产过程系统化、顺序化，并绘制流程图，从而发现企业面临的风险。

（2）财务表格分析法。财务表格分析法是指通过对企业的资产负债表、损益

表、营业报告书及其他有关资料进行分析，发现企业所面临的风险。

（3）保险调查法。采用保险调查法进行风险识别有以下两种形式。

保险险种一览表：企业可以根据保险公司或者保险刊物的保险险种一览表，选择适合本企业需要的险种。这种方法仅仅对可保风险进行识别，对不可保风险则无能为力。

委托保险人或者保险咨询服务机构对企业的风险管理进行调查设计，找出存在的风险。

2. 风险的预测

风险预测实际上就是估算、衡量风险，即由风险管理人运用科学的方法，对掌握的统计资料、风险信息及风险的性质进行系统分析和研究，进而确定各项风险的频度和强度，为选择适当的风险处理方法提供依据。风险的预测一般包括以下两个方面。

（1）预测风险的概率。通过资料积累和观察，发现造成损失的规律性。例如：某个时期，1 万栋房屋中有 10 栋发生火灾，则风险发生的概率是 1/1 000。由此对概率高的风险进行重点防范。

（2）预测风险的强度。假设风险发生，预测企业的直接损失和间接损失。对于容易造成直接损失并且损失规模和程度较大的风险进行重点防范。

3. 风险的处理

风险的处理常见方法如下。

（1）避免风险。消极躲避风险。例如，为避免火灾可将房屋出售，为避免航空事故可改用陆路运输等。该方法因存在以下问题，所以一般不采用。

① 可能会带来另外的风险。例如，航空运输改用陆路运输，虽然避免了航空事故，但是却面临着陆路运输事故的风险。

② 会影响企业经营目标的实现。例如，为避免生产事故而停止生产，则企业的收益目标无法实现。

（2）预防风险。采取措施消除或者减少风险发生的因素。例如，为了防止水灾导致仓库进水，可采取增加防洪门、加高防洪堤等措施，大大减少因水灾导致的损失。

（3）自保风险。企业自己承担风险，有如下几种途径。

① 小额损失纳入生产经营成本，损失发生时用企业的收益补偿。

② 针对发生的频率和强度较大的风险建立意外损失基金，损失发生时用它补偿。这样做带来的问题是挤占了企业的资金，降低了资金使用率。

③ 对于大型的企业，可建立专业的自保公司。

(4) 转移风险。在危险发生前，通过出售、转让、保险等方法，将风险转移出去。

第三节 中国私营企业建立法律风险管理体系的现状

法律风险管理体系对于我国企业来说还很是陌生的。对于国内的中小微型企业来说，建立法律风险管理体系的更是寥寥无几。能在企业内部重视并建立法律风险管理体系的企业多数是上市公司，或者是在全国建有分支机构的大型集团企业。他们建立健全法律风险管理体系也多是聘请企业咨询管理公司帮助设计完成，基本上是照搬国外风险管理经验，很少能接地气。

对于国内的中小微企业，它们不能建立健全法律风险管理体系的原因，除了管理精力不足以外，更多的还是因为以下几个方面的原因。

一、资金困难

大多数中小微企业只重视抓生产经营，创造直接的经济效益，没有资金建立独立的法务机构，也不会为体系化建设聘请专业律师帮助企业完成法律风险管理体系建设。建立风险管理体系需要综合法律素质较高的专业律师，要求具备相当的法律事务经验，还需要具有一定的经营管理知识与实践经验，擅于处理企业各部门间，甚至企业各主要领导间的利益冲突。这样的律师在国内为数不多，散于全国各地更是凤毛麟角，收费自然不低。

二、人力资源缺乏

既然好律师不好找，企业内部设立总法律顾问或法务机构就成为相对较容易实现的方式。但在企业内部设立法务机构同样存在人力资源短缺的问题，直接体现为：能达到企业要求素质的人员很难接受企业提供给这一岗位的工资；能接受这一工资水平的人员往往又不具备建立企业法律风险管理体系的能力。

三、内部人员利益冲突

对于已经成立一段时间的企业来说，各部门之间已经形成了分工合作的惯例，各部门的责、权、利也形成了固定的模式。法律风险防范体系的建立必然会产生新的把关人员及新的审核部门，这必然会影响企业现有各部门之间的利益，造成企业内部人员对体系建立的抵触情绪。

四、企业员工对法律风险意识淡薄

大多数企业员工，特别是一线生产人员及销售人员，很难理解企业的法律风险，更难正视企业法律风险防范体系。他们往往认为这一体系的建立是对他们手脚的束缚。

五、特殊企业的困境

对于中小微型企业来说，法律风险无处不在，每个管理者在经营一段时间后都会意识到这一点。特别是发生在知识产权方面的法律风险，往往让经营者头痛不已。但是，由于企业规模及效益的限制，中小微企业难以负担一个完整的法律风险防范体系。

对于家族企业来说，企业管理层往往是家族成员，企业的各项管理职权往往分配在各家族成员之间，形成了一种动态的均衡。家族企业一方面想建立风险防范体系，另一方面却又顾及体系建立给家族成员之间的职权均衡带来冲击。

为了应对激烈的市场竞争及保障企业长远竞争力，我国很多企业在防范与化解企业法律风险方面已做了有益的尝试，也获得了一定的宝贵经验。有些出现严重亏损的企业，因及时采取了有效的企业法律风险防范与控制，重新走上了企业正常发展的快车道。

综上所述，企业法律风险管理的客体是企业法律风险本身，是客观存在且不容忽视的。在法律风险管理体系建设过程中，只有不断地进行法律风险意识培养和知识普及，才能提高广大干部员工对企业现有或将有的法律风险的认识。企业法律风险管理的主体是企业内外部具有法律风险管理职责的组织和人员，尤其是法务机构和法务人员。加强法律队伍建设，强化组织管理体系，学习法律业务知识，也是法律风险管理体系建设的重要内容。

正是因为法律风险管理内容在法律风险管理体系建设中的实务工作比重较大，因此法律风险管理实务方面的书籍也较多。相比而言，真正谈法律风险管理体系及体系化建设的书籍则是少之又少。因此，本书将尽可能少谈具体法律风险的管理措施和方法，多谈系统化的管理内容和管理主体建设。

第四节　企业法律风险管理体系组成

一、组织体系

企业内部管理法律风险的人和机构形成的体系叫作组织体系。以法务机构为例，要先设置法务机构或者法务工作岗，并界定其职责范围，明确工作内容，规定工作流程。如果是集团化的公司，还要定位上下级法务机构间的关系。

通过调查了解，我们发现许多企业上下级的法务机构只是业务指导关系，很少有上级法务机构对下级法务机构有人事任免权的。当然，有没有人事任免权并不会影响两者间的指导与被指导关系，对法律事务工作也不会产生太大的干扰。但是，企业内部上下级法务机构间的人事关系，在一定程度上是与法务工作的集团化管理权限形成正相关系的。上级法务机构对下级法务机构有人事任免权，有利于法务管理工作的统一运作。

构成法务机构的“细胞”是法务人员。法务人员管理也是组织体系的主要内容。我们在谈组织体系建设时，通常会涉及人员管理问题，包括岗位设置、职责要求、任职条件、在职培养、业务提升等内容。落实到法务管理工作，如人员招聘前，需要提出岗位需求，按“因事设岗”报告人力资源部门，界定岗位职责、任职要求；入职后要进行业务培训；任职过程中要进行知识更新和业务提升等。

除法务机构和人员外，组织体系中还应包括其他相关部门的相关岗位成员。如财务部门的合同审查人员，应按照合同会签（也有叫“会审”的）规定，对合同中财务条款进行审核，以确定计算的准确、合理，以及支付的可行性等。业务经办部门在合同风险管理过程中，应对合同中的商务条款的可行性负责。业务部门要确保商务条款客观、真实、准确、及时、可执行。

二、制度体系

制度体系对应的是法律风险管理体系中的内容，是法律风险管理体系的核心部分。按照法律风险管理要求，将具体风险管理业务形成文字，编入企业管理制度中，以便标准化使用。

法律风险管理体系中的制度体系是企业内部管理法律风险的规范总和。它可能是独立的法务管理工作制度，也可能是法务管理工作规范，散见于其他企业制度之中。比如，企业常有的《合同管理规定》，就是一个独立的专门法律风险管理制度，但《项目工程建设管理办法》中有关项目法律风险管理的条款，就是散落在其他制度中的法律管理规范，都应纳入法律风险管理制度体系中来，全盘梳理，整体对待，综合评估。

制度体系还有另一种表现形式，那就是流程。有人认为，流程是制度的图文化表现，而制度是流程的基础。无论是先有流程还是先有制度，都只在制度体系建设中有意义。对于已经确定的制度和流程，就只是制度体系的静态表现形式了。

三、保障体系

任何体系的运行都要有强有力的保障。法律风险管理体系运行也一样，需要一套行之有效的保障体系，才能确保整个体系的有效运行。

保障体系是制度执行人力保障、资金保障，以及检查监督保障体系的总和。

第九章　企业风险管理体系建设

第一节　设置法律风险管理主体

法律风险管理体系的主体是指法务机构和法务人员，以及其他在企业法律风险管理工作中有一定管理职责的部门和人员。法律风险管理体系主体建设的主要内容就是法务机构建设和法务人员培养，即企业的法律队伍建设。

那么，如何搞好企业法律队伍建设呢？

一、法务机构建设

法务机构是指企业内部为管理法律风险而设立的法律事务部门或法律事务岗位。

1. 法务机构的内涵

法务机构是指企业内部为管理法律风险而设立的组织，如法律事务部、法律事务岗或者法律事务科等。

2. 法律机构的外延

企业内部法律风险管理不是一个部门、一个组织所能完成的，因此需要其他相关部门的配合。与法律事务部门配合，且按照制度分工履行一定法务管理工作职能的部门或岗位也是法务机构。例如，企业在各职能部门或经营单元设置的专职或者兼职合同管理员就属于法务机构。

3. 法务机构设置

根据企业内部法律事务的多寡，可设立法律事务部（含二级部门）或法律事务岗位，还可以设立专兼职合同管理员，以保障和服务企业的经营活动，控制法律风险。

法律事务多的企业应当设置法律事务部。目前，法律事务部的人员设置没有量化标准，大多由领导根据个人的管理取向来定。笔者认为，一个企业的法律业务如

果发展到必须由三名以上的法务人员才能完成时，就要考虑设置法律事务部了。当然，也可以先设为二级部门。

如果企业的法律业务交由两名以下的法务人员便可完成，就没必要设置独立的部门，直接设法务岗位即可。但要说明的是，这样的企业，管理层要加强法律意识，要充分认识法务人员在企业经营管理中发挥的作用。

企业一旦设立法务机构，成立法律事务部门，就必然要设置法务管理岗位。法务管理岗位是指法务机构内的组织管理工作，包括对法律业务的管理和对法务人员的管理等。

如果法律事务部足够大——当然是在法律业务足够多的前提下，就有必要对法律业务进行专业分工。初级分工直接对法务人员进行工作安排，但高级分工应具有组织管理的内涵，需要设立法务主管或者二级法务经理，进行系统地组织与管理，向下直接领导法务人员开展相应工作，对上接受法律事务部经理的领导。

当企业经营业务延伸较快，而法务人员力量又不足时，可以在生产经营管理末梢设立专职或者兼职的合同管理员。合同管理员在行政上接受所在部门的管理，但在与合同法律风险管理相关的业务上，接受法务机构的指导。法务机构要定期组织合同管理员开展业务学习，指导合同管理员开展法律风险管理工作。

根据以上分析可以得出：法务机构包含了法律事务部（含二级部门）、法务管理岗位、法律业务岗位和专兼职合同管理员岗位。

二、法务人员配置

按照“因事设岗”的原则，合理配置法务人员。当专业法务人员不足时，可建立专兼职合同管理员队伍来补充。相关岗位职责和任职要求前文已经有所叙述，此处不表。

三、法务机构管理

法务机构管理的方式和权限受限于法务机构的定位。法务机构在企业内的定位多是以领导人的主观意识为基准的。大多数企业总经理或者执行总裁都认为，内部法务机构就是为企业打官司、解决企业法律纠纷。其实不然。企业既然设置法务机构，就要充分发挥其“事前预防，事中控制”的作用，只要求其当“消防员”，解决已经发生的法律风险是对法务机构的职责与作用了解不足的表现。

当然，法律工作表面看来是在提供法律服务，但其本质仍应定义为法务管理。

要让法务机构充分发挥作用，做到“法律业务全覆盖，法务工作无盲点”。只做“事后救济”的工作是远远不够的，这个观念要不得，一定得改变。

法律事务部，或者说法务机构是企业内部的一个职能部门，与其他业务监督管理部门一样，应发挥“事前预防”的功能。企业领导人不懂法律知识不要紧，但绝对不能没有法律风险意识；要重视法务机构，帮助其树立管理权威，带头尊重法务人员，尊重法律意见。

法务人员和法务机构也要认识到这一点，不能“人云亦云”，随波逐流；要有所作为，“大处着眼，小处着手”开展法务管理工作，提供优质法律服务。要学会组织领导法律事务，包括“向上领导”和“向下领导”。“向上领导”要求法务机构和法务人员，多向企业中高层领导灌输法律知识，强化风险意识，培养“依法治企”理念，提出法律风险管控措施与方案，引领他们重视法务工作，取得领导人对法务工作的支持与配合，强化法律风险预防，将法务工作重心从“法律救济”转向法律风险预防与控制上来。“向下领导”要求法务机构和法务人员，普及法律知识，搞好法律宣传，增强全员法律风险意识，培养守法观念，营造重视法律的工作环境，建立“法治文化”，以提升法律工作地位，尊重法律意见，塑造“依法、重法、守法”企业风气，取得员工的信任和支持。

1. 企业对法务机构的管理

在企业内部，对法务机构管理的前提是对法务工作的定位。如果想发挥法务工作监督管理控制法律风险的作用，就应该把法务机构置于一级职能部门地位；如果只是想让法务机构发挥事后补救作用，则可以不设为一级职能部门，甚至可以完全外包。

将法务机构置于企业一级职能部门，就得充分发挥其“事前预防，事中控制，事后救济”的综合作用，通过企业制度确定其法律风险管理职责，明确管理权限，发挥法务机构的专业创新能力和自主管理能力。

2. 法务机构的内部管理

法务机构的内部管理主要是指在集团化公司中，不同层级的法务机构间的管理关系和管理职责范围。

各级法律机构人员的组成和素质通常是参差不齐的，这必然会导致个别法务机构业绩突出，而有些又无法发挥应有作用的现象。总部法务机关应多给予地域偏远、法务人力不足的机构帮扶，在人员招聘、薪酬待遇、业务培训、工作指导等方面予以倾斜，从而充分调动法务人员的工作积极性，为进一步发挥法务工作的职能提供有利条件。

第二节　梳理法律风险管理客体

法律风险管理客体是指企业所面临的法律风险，包括现有风险和将来可能会面临的法律风险，是法律风险管理的对象。当然，不是所有企业都面临同样的法律风险，不同的企业所面临的法律风险会有所不同。这就要求企业法律风险管理的重点是本企业自身所特有的法律风险，不可千篇一律，也不可照本宣科。

那么，如何确定本企业法律风险管理重点呢？笔者认为，梳理与排查企业法律风险管理客体就是确定本企业法律管理的重点，包括法律风险排查和法律风险评估。

一、法律风险排查

（一）明确法律风险环境信息

进行法律风险排查前，要先明确法律风险环境信息。我国《企业法律风险管理指南》定义法律风险环境信息是：应用适当的方法，对企业内外部环境中与法律风险相关的信息进行收集、分析、整理、归纳的一系列过程。同时，明确法律风险环境信息是后续法律风险管理活动得以顺利实施的必要基础。明确法律风险环境信息是一个动态的过程，应保持法律风险环境信息的持续更新。

1. 外部法律风险环境信息

外部法律风险环境信息是指与企业法律风险管理相关的政治、经济、文化、法律等各种相关信息。

企业应根据本行业和企业业务经营管理的特点，具体分析明确外部法律风险环境信息的收集范围和分析方式，为法律风险评估和应对提供充分的信息保障。外部法律风险环境信息包括但不限于以下各类。

（1）本行业的业务模式及特点。

（2）国内外与本企业相关的政治、经济、文化、技术及自然环境等。

（3）国内外与本企业相关的立法、司法、执法和守法情况及其变化。

（4）与本企业相关的监管体制、机构、政策及执行等情况。

（5）与本企业相关的市场竞争情况。

（6）本企业在产业价值链中的定位及与其他主体之间的关系。

（7）企业主要的外部利益相关者及其对法律、合同、道德操守等的遵守情况。

（8）与企业法律风险及管理相关的其他信息。

地区间的环境差异是普遍存在的。对于跨区域经营的企业，在进行外部法律风险环境调查时，应特别关注不同地区间可能存在的环境差异。

2. 内部法律风险环境信息

内部法律风险环境信息是指与企业法律风险及其管理相关的各种信息，包括法律风险和法律风险管理的历史及现状。内部法律风险环境信息包括但不限于以下各类。

（1）企业的战略目标。

（2）企业盈利模式和业务模式。

（3）企业的主要经营管理流程及活动、部门职能分工等相关信息。

（4）企业在法律风险管理方面的使命、愿景及价值理念。

（5）企业法律风险管理工作的目标、职责、相关制度和资源配置情况。

（6）企业法律事务工作及法律风险管理现状，其中对法律风险管理现状可从方针、组织职能和资源配置、制度和流程内控、沟通和报告、法律风险管理文化和技术手段等方面分析。

（7）内部利益相关者的法律遵从情况和激励约束方式。

（8）企业签订的重大合同及其管理情况。

（9）根据企业发生的重大法律纠纷案件或法律风险事件的情况，建立相关的法律规范库和法律风险库。

（10）企业知识产权管理情况。

（11）与法律风险及其管理相关的其他信息。

以上法律风险环境信息的收集范围和内容，应根据企业的法律风险状况变化及企业的管理需要进行补充调整。

3. 企业法律风险管理准则

企业法律风险管理准则是衡量法律风险重要程度的标准，应体现企业对法律风险管理的目标、价值观、资源、偏好和承受度。企业法律风险准则应在法律风险管理工作开始实施前制定，并根据实际情况进行相应调整。确定法律风险准则时要考虑但不限于以下因素。

（1）企业法律风险管理的范围、对象，以及法律风险的分类。

（2）法律风险发生的可能性、影响程度，以及法律风险的度量方法。

（3）法律风险等级的划分标准。

（4）利益相关者可接受的法律风险或可容许的法律风险等级。

（5）重大法律风险的确定原则。

（二）法律风险排查

法律风险排查是一项具体且细致的工作。开始法律风险排查前，应制订好排查

方案，不仅要让所有人明确排查的目的，还要讲明排查的方法，让各相关单位有据可依。案例9－1是某集团公司法律风险排查和防控实施方案，供大家参考与理解。

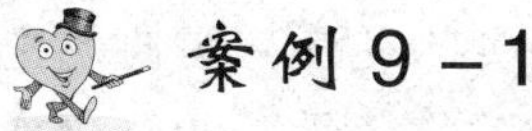

案例9－1

某集团公司法律风险排查和防控实施方案

为了深入扎实推进法律风险排查和防控工作，进一步建立健全集团公司法律风险防范体系，有效防范和控制法律风险，集团公司特制订方案如下。

1. 法律风险排查和防控的意义

（1）公司法律风险排查和防控是法律风险管理的基础性工作，法律风险排查是法律风险管理工作的基本出发点。

（2）通过法律风险排查和防控，可以全面了解企业面临或潜在的法律风险，可以有的放矢地进行风险管理和防控，从而达到“防患于未然”的目的。

（3）通过法律风险排查和防控，可以有效保障股东资产保值增值，防止股东资产流失，保障公司稳定经营。

（4）通过对企业经营管理全过程的法律风险排查和防控，可以进一步强化法律顾问的职能，为集团公司下一步建立法律风险管理体系打下坚实的基础。

2. 工作目标

（1）全面掌握公司法律风险基本情况，摸清存在或潜在的法律风险，做到情况清楚，风险可控、在控，对排查出的法律风险进行有效治理和防控，全面降低公司经营过程中的法律风险，提升公司法律风险管控能力和水平。

（2）提高认识，明确方向，强化责任，牢固树立守法意识、风险意识和防范意识，不断增强运用法律手段解决实际问题、驾驭和化解风险的能力，从被动承办具体法律事务向主动参与经营管理转变，将工作的重心调整到事前防范和事中控制上来，实现法律业务从事务型向管理型转变。

3. 法律风险排查和防控的基本原则

（1）合法合规原则。法律风险多数是由于违法、违规、违约引发的，防控法律风险首先要避免不当措施引发的新风险。

（2）预防为主原则。忽视潜在的法律风险可能导致严重后果和无法挽回的损失，必须从源头上进行防控，以事前预防、事中控制为主，事后补救为辅。

（3）全面覆盖原则。法律风险防控应当贯穿企业经营管理的全过程，触及所有部门和岗位，由决策层、企业法律顾问、全体员工共同参与。

（4）动态调整原则。法律风险应当定期评估，并根据内外部环境的变化，及时调整工作方案，实现动态管理。

(5) 综合治理原则。不同风险之间存在重叠与转化，法律风险与其他风险关联最密切。防控法律风险必须加强部门之间的合作，形成合力，多管齐下，标本兼治。

4. 法律风险排查和防控的组织领导

为保证集团法律风险防控和检查工作的顺利进行，取得实际成效，集团决定成立法律风险排查和防控领导小组，组织领导法律风险排查工作，研究并解决在法律风险排查工作中出现的问题。领导小组下设办公室，负责法律风险排查和防控工作的具体推进和落实。领导小组办公室设在集团法律事务部。小组成员如下所示。

组　长：×××总裁

副组长：×××副总裁（分管法务工作的集团领导）

成　员：集团公司有关部门负责人

各单位要成立相应的法律风险排查和防控领导小组，具体负责本单位的法律风险排查和防控工作。

5. 法律风险排查和防控的工作内容和范围

(1) 排查内容。本次法律风险排查和防控是集团成立以来的首次“体检”，是对集团公司经营管理进行的一次全方位法律风险排查。内容主要包括：公司章程、资产、合同、知识产权、财务税务、保险、人事劳资、行政管理、生产安全、招投标、工程项目等方面。此次排查对以上方面存在或可能存在的法律风险进行梳理，对发现的法律风险问题及时跟进、监测，并最终制订出防控、化解风险的措施。

(2) 排查范围。集团总部及二级和三级子公司、在建重大项目、集团国际贸易有限公司、北京招投标代理分公司。

(3) 具体分工。在集团公司法律风险排查和防控领导小组领导下，集团法律事务部负责集团总部、集团国际贸易有限公司、北京招投标代理分公司的法律风险防控和排查。

在各公司法律风险排查和防控领导小组领导下，各公司法律事务部门负责本公司及其下属一级公司的法律风险防控和排查。

6. 具体安排

(1) 准备动员阶段。各下属公司应按照文件要求，及时成立法律风险排查和防控领导小组，明确工作重点，落实人员责任，在充分消化吸收法律风险排查和防控相关资料的基础上，制订排查工作计划和工作方案，切实将各项准备工作落实到位。

本阶段实施时间为××××年××月××日至××××年××月××日。

(2) 排查阶段。

各下属公司要结合自身实际，严格按照《某集团公司法律风险排查指引》的要求，在实际排查工作中，如实填写《法律风险排查分类账目表》。对排查出的法律风险要按照风险发生的可能性大小及其对企业生产经营影响的严重程度进行风险排序，确定风险等级，明确风险治理节点，形成《法律风险排查与治理报告》，并提交给

各自公司领导层作为决策参考，同时将该报告上报集团公司法律风险防控和排查领导小组。

本阶段实施时间为××××年××月××日至××××年××月××日。

(3) 防控治理阶段。各公司要依据《法律风险排查与治理报告》，结合工作特点及工作实际，客观诊断和甄别生产经营和公司管理中的法律风险，为风险排查治理提供准确、及时和专业的法律意见，对梳理排查出的法律风险分阶段进行整改，促进公司依法经营水平的整体提升。对能够及时治理、整改的法律风险，应马上治理；对一些因客观条件，近期无法治理的法律风险，要做好相关法律风险防范预案，并对其进行跟踪和监测，同时力促公司抓紧解决。

本阶段实施时间为××××年××月××日至××××年××月××日。

(4) 总结阶段。

各公司在前一阶段法律风险排查和防控工作的基础上，将排查过程中发现的问题进行登记汇总，并将普遍存在的法律风险、化解风险的措施，以及取得的成效进行总结，对其中具有普遍性的法律风险在全集团范围内进行警示。同时，推广好的经验和做法，不断完善机制、优化工作流程，对在此次排查过程中做出突出贡献的单位和个人予以表彰。

本阶段实施时间为××××年××月××日至××××年××月××日。

7. 工作要求

本次法律风险防范和排查工作覆盖面广、任务重，各公司要统一思想，积极组织做好各项工作。

(1) 加强领导，精心组织。各公司要高度重视本次法律风险防范和排查工作，切实加强领导，按要求成立本公司的法律风险排查和防范领导小组；组织有关人员认真学习，集中人力认真落实法律风险排查，确保各项排查工作全面、深入、有效展开。

(2) 明确分工，责任到人。各公司要统筹本公司的法律风险排查工作，做到分工明确，责任落实到人，确保法律风险排查工作“按时保质”完成。

(3) 认真对待，严肃纪律。在排查过程中，各公司要坚持实事求是原则，认真排查、仔细梳理，如实反映经营管理过程中的法律风险，确保无一遗漏，切实完善防控治理措施。

(4) 加强督导，认真总结。各公司要加强对本公司法律风险排查工作的监督指导，及时向集团公司领导小组反映排查工作进展情况，对存在的法律风险问题，一定要提出治理措施，建章立制，不断提高法律风险防范能力。同时集团公司领导小组要对各公司的法律风险排查工作进行监督检查，对排查工作中领导不重视、组织不到位、排查不细致的单位予以通报批评，同时，对在排查工作中优秀的单位予以表彰。

(5) 健全档案，严加保密。各公司要建立完善的法律风险排查档案，完整保存排查工作进展的记录、文件和与法律风险事项相关的合同、法律文件及所有相关证据资料；增强保密和防范风险意识，对排查中涉及的法律风险问题、事项应严加保密，严密保管排查过程中所取得或制作的文件，防止排查工作及其报告本身变成现实法律风险。

为搞好法律风险排查，了解集团公司的法律环境，确定法律风险源及风险类型，该集团还制订了法律风险排查指引（如案例9－2所示）。

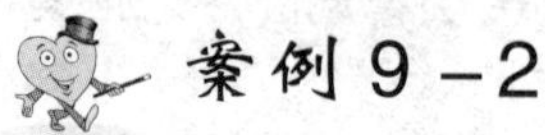

案例9－2

某集团公司法律风险排查指引

一、重要提示

（1）各公司应按照集团公司法字〔2013〕9号文件通知，在全面分析本公司法律风险状况的基础上，对公司从章程到各项制度，再到各项合同进行全方位的梳理，从存在或潜在的法律风险入手，针对各自的实际情况制订切实可行的全面排查计划与工作方案，认真落实和组织实施。排查应全面细致，工作到位，责任到人，做到一步一个脚印，工作不留死角。

（2）对排查过程中发现的法律风险问题（含以往发现或法务、审计监察部门曾予指出的）应持续跟进、监测，分析其演变情况，及时调整防控和化解风险的措施。

（3）投资、重大交易项目、公司股权、重要资产应当注意前后合同文件、证照、登记等的相互衔接、完整、正确，并检查证照、批复、登记有无逾期情形。

（4）严格检查是否已办妥由于法律、法规、司法解释、规章、政策变化导致的的更新，如换领、补领证照、批文，补签相关协议等。

（5）有关资料必须向公司主管、财务、法务、档案管理部门核实，确保资料准确、完整、真实，对合同、证照、其他法律文件应保证持有原件，并借此提示相关部门做好完善、更新工作。

（6）各公司在《法律风险排查分类账目表》中不能完整表述检查情况的项目，请另附书面报告。

（7）排查过程中发现可能构成集团公司或其他各级公司法律风险隐患的，应及时向集团公司法律事务部和其他各级公司通报，并提供相关资料，配合解决。

（8）各公司需建立完善的法律风险排查档案，完整保存排查工作进展的记录、

文件和与法律风险事项相关的合同、法律文件及其他所有相关证据资料。

(9) 排查过程中务必注意工作方式，增强保密意识和风险防范意识，做到内紧外松，对排查过程中发现的法律风险问题或事项应严加保密，严密保管排查过程中所取得或制作的文件。特别是对于税务问题、专利权、软件著作权等方面可能涉及的侵权问题，应当认真依法自查，发现问题及时整改。对部分敏感问题及解决的措施，应以保密形式另行汇报，勿在总体排查报告中陈述。

二、排查要点

(一) 公司章程和公司基本情况

排查目的：厘清公司的组织架构及基本情况，检查公司的章程是否完备，基本法律文件是否齐全，相互是否妥善衔接，是否已经依法（针对变化了的法律法规）及时做了必要的修订；是否全部办妥相关的登记（包括但不限于变更登记、注销登记等）、备案、年检等，并对条款、手续不完善的，予以完善；检讨公司的组织架构是否有利于运作，是否有利于化解、排除法律风险。

(1) 公司组织架构（上至最终控股股东，下至子公司、分公司）是否清晰；公司股东名称和股东持股比例与公司章程、股东名册、工商登记是否一致，登记的公司名称和股东名称是否准确；是否建立股东名册，与工商部门备案是否一致（注：公司股权结构、组织架构请另附表明示）。

(2) 公司章程历次修订情况，是否到工商行政部门进行备案；涉及公司股权变动的股东协议、转让合同、补充协议、合资合同、合作合同及其相关文件，是否合法和适当，相互有无抵触；涉及政府审批的文件是否齐全，工商登记变更手续是否完善、齐备并相互衔接。

(3) 公司的实际经营情况是否与公司证照登记内容相符，涉及特许经营项目是否按照国家相关规定的要求取得相应的资质证书、许可证或批文，包括但不限于产品生产许可证、安全许可证、特许经营许可证、授权证书等。是否按照要求进行相关证照的申领、换发和年审，是否尚在有效期内，有无无证经营、超期经营、超范围经营的情形，有无潜在风险及其他特别注意事项。

(4) 公司成立以来的董事会决议和会议记录、股东大会决议和会议记录，以及公司股东之间签订的意向书、协议书、备忘录是否完备、齐全、规范；历届董事会成员及其任免是否按公司章程规定的程序及时进行工商登记（备案），文件是否齐备。

(5) 公司成立后股东、股权比例、注册资本有无变化，如有请附相关文件。

(二) 公司资产状况

排查目的：按照《法律风险排查分类账目表》所列排查项，清理公司资产，检查公司各项资产的权属是否清晰，有关资产是否已经依照相关规定领取产权证书、办妥相关的权属登记，相关权利证书所载具体内容有无错漏、不当，证照有无逾期；是否真实、完整地反映各公司资产状况、财务状况和经营成果。

(1) 核查公司资产状况，包括：土地、房屋及构筑物（包括在建工程）等的占有使用和权属情况；房屋、土地等资产出租、出借、出售和担保抵押情况；公司盈亏及其他需要清查的重大事项等。

(2) 清查要做到账实相符、不重不漏，查清资产来源、去向和管理情况。要保证清查工作结果全面、真实、可靠。

(3) 排查过程中要重点查找经营过程中是否存在漏报、瞒报或不按规定程序擅自处置资产的行为，是否按规定填报登记，是否存在清理结果不实、资产流失的情形。查清资产的基本状况，了解企业的经营能力和风险调控能力。

(4) 有无其他需特别关注的事项（如有无保全，有无担保、抵押及有无其他债权债务纠纷等）。

（三）合同、协议及其履行状况

排查目的：全面清理公司的合同、协议，以及作用相当于协议的其他文件；仔细检查各类合同、法律文件的签署、履行，以及文本和相关证据资料保存情况。结合公司各项投资、经营的实际情况，分析合同、法律文件是否存在漏洞，是否符合投资和经营实际情况，是否相互衔接、完整、正确、便于履行，在理解上是否会产生分歧、争议。通过排查找出经营管理中法律风险易发生的环节和关键点，及时采取适当的风险防范措施。

(1) 检查公司现行有关合同管理方面的规章制度及其执行情况。

(2) 检查公司自 2011 年至今的重大项目，如股权转让项目、资产转让项目的法律手续是否齐备；合同是否存在风险点，相关合同、价款支付单证、交接证明及资料原件等是否齐全。

(3) 自 2011 年至今仍在履行中的标的额 100 万元以上的合同清单，包括但不限于合资、合作合同、贷款类合同、抵押合同、质押合同、土地使用权出让合同、租赁合同、业务经营合同、资产处置合同、对外投资合同、土建施工合同、监理合同、设计合同，以及其他由公司所签订的重大合同或可能引起重大责任的协议等。

(4) 各合同条款、合同日期是否填妥，是否已过有效期，合同履行情况有无争议，以及拟采取的解决措施和获取的经验教训。

(5) 合同样式文本及其使用情况，存在的问题及经验教训，修改设想、意见，以及新的合同样式文本的需求及制作计划。

（6）检查合同是否存在潜在的法律风险，包括合同漏洞、履行中存在的问题等，并提出修订、抗辩、中止、终止、解除、其他补救等化解法律风险的措施。

（四）公司债权、债务状况

排查目的：全面梳理公司的债权、债务状况，提出清收债权的措施，分析债务的成因，化解潜在的法律风险，切实保护公司合法权益。

（1）公司应收款和应付款状况。

（2）公司债权有担保的，是否已依《中华人民共和国物权法》和《中华人民共和国担保法》办妥相关法律手续。

（3）公司债权如已到期，对方还款情况如何；逾期的，是否超过诉讼时效或索赔期限，说明采取的清收措施。

（4）公司应付账款情况分析，拟拒付、缓付的，说明理由和应对措施。

（五）公司的诉讼、仲裁情况

排查目的：全面掌握公司的诉讼、仲裁案件情况，研究采取妥善的诉讼、仲裁、调解、和解的执行方案和措施，化解法律风险，切实保护公司合法权益。

（1）公司现有未结的民事诉讼、仲裁、刑事、行政诉讼或行政处罚等案件，请说明诉讼案件名称、索赔的数额或其他诉求、诉讼进展、诉讼难点，以及目前我方的应对策略和胜诉概率分析等。

（2）公司现有未结的或可能发生的政府、行政及监管机构的调查和程序，并说明事项的解决、应对措施和状况。

（3）自2012年以来有关生效裁判、调解协议的履行和执行情况。

（六）知识产权状况

排查目的：梳理公司的知识产权状况，完善知识产权权属或授权许可使用手续，加强对公司商标、专利、著作权、无形资产、商业秘密等合法权益的保护。

（1）检查公司拥有或授权许可使用、许可他人使用的所有注册商标、服务标志、专利，以及其他知识产权的清单、注册证和有关申请表；检查商标、专利的注册状况、有效期限、范围等，研究哪些商标需再扩展注册范围或地域；申请著名商标或驰名商标的情况或可行性和准备情况等。

（2）公司所拥有或许可使用的所有专有技术的清单，以及证明上述专有技术的所有权资料。

（3）公司就其经营业务而需支付的专利费、许可使用费或其他费用的详情。

（4）有关知识产权转让或许可的合同履行状况，法律手续办理状况。

（5）是否发现侵害公司商标、专利、名称权、商业秘密的行为，公司的应对措施和解决效果。

（6）有无侵犯他人知识产权的情况或嫌疑。

（七）财务税务状况

排查目的：检查公司的财务税务状况，确保合法经营，合理避税，依法纳税。

(1) 公司税收申报文件、纳税凭证是否齐备。

(2) 近三年来所有未付清或尚在交涉中的税务责任，包括但不限于企业所得税责任、由公司代缴的员工所得税状况，以及其他税务情况。

(八) 人事劳资状况

排查目的：检查公司执行《中华人民共和国劳动合同法》(以下简称《劳动合同法》)的状况，劳动合同签署、履行、安全生产、职业危害防护、工伤保险及社保情况，避免劳动争议、安全事故及赔偿等风险。

(1) 是否按照《劳动合同法》的规定与所有员工签订劳动合同，劳动合同的签订及合同文本送达是否完备，包括劳动合同的备案情况和履行情况，加班、休假、考勤制度及其执行情况，安全生产、职业危害防护和受劳动监察部门监察情况。

(2) 执行《劳动合同法》及公司有关制度的难点和解决办法。

(3) 未结的劳动争议及其解决情况。

(4) 员工的工伤保险及其他社保是否按法律法规规定办理，社保费用是否按规定缴纳。

(5) 其他潜在的可能引起劳动纠纷及其赔偿的情形。

(九) 公司财务会计状况

排查目的：排查公司财务会计制度、财务报告、账册、记账凭证、单据的状况及其存在的法律风险，加强财务收付管理，确保资金安全、有效运行。

(1) 财务核算是否符合会计准则的规定，财务报告是否按法定要求编制并上报，对外报送的报表与对内报表是否一致，是否存在虚假账目的情况。

(2) 记账凭证附件是否完整，附件内容是否与记账凭证一致。

(3) 是否建立完备的票据管理制度，公司取得票据是否手续完备，背书情况是否符合法律规定，票据的收、兑是否按制度要求审批，是否每月核对票据及其贴现、背书转让的情况。

(4) 清查获取的银行保函及对外开具的保函，审核其是否有效。

(十) 财产保险状况

排查目的：排查公司财产保险存在的法律风险，保险批单办理状况，财产定期申报情况，保险事故索赔状况，研究改进保险投保、索赔工作新措施、新办法，化解财产保险法律风险，切实实现财产保险保障。

(1) 资产是否足额投保。

(2) 出险时是否按约定向保险公司报案。

(3) 保险保费是否按时缴纳。

(4) 保险公估公司是否指定，保险事故索赔状况，已发生损失的索赔或准备索赔的进展情况。

（十一）行政管理情况

排查目的：检查公司行政、档案管理、保密、交通车辆、印章管理的状况，查找管理漏洞，规范和完善管理流程和制度，杜绝法律风险的发生。

(1) 公司有无档案管理制度和保密制度，档案的建立、保存和使用是否符合有关规定，档案是否标示了密级；同涉密员工之间有无保密协议，协议中是否约定了涉密员工离职后保密事项和期限，是否建立员工离职审查制度。

(2) 公司有无印章管理制度和印章审批流程，是否指定专人保管，印章使用是否规范，是否存在部门印章。

(3) 公司有无车辆管理制度，有无车辆管理档案，车辆和司机证照是否齐全，是否按照国家规定投保，是否发生过赔偿并向保险公司索赔。

（十二）招投标情况

排查目的：检查公司招标过程中是否遵守招投标法律法规，是否符合集团招标管理制度，研究改进招标工作的新措施、新办法，化解招标法律风险。

(1) 是否有公开的招标采购管理制度，采购的最优化能否实现。

(2) 招标文件的编制是否符合国家法规及公司有关规章制度，项目是否存在未立项或未经批准即开始招标，资料来源是否落实到位等。

(3) 投标单位和中标单位是否具备相应的资质条件，是否存在中标人非法转包、违法分包的情形。

(4) 招投标过程是否规范，是否存在向他人透露已获取招标文件的保密信息；是否存在投标者之间、投标者与招标者之间串标情形。

(5) 投标单位是否存在挂靠现象，主要表现：通过转让或者租借等方式从其他单位获取资格证书或者资质证书投标；没有资质的施工企业或资质等级低的企业以资质等级高的企业名义承揽工程；项目经理为挂名或者主要技术人员不是本单位人员等情形。

(6) 招标过程中投标人是否存在围标的情形；招标人是否存在与中标人按照招投标文件签订合同后，又签订与中标合同实质性内容不一致的合同；招标人、中标人订立的合同是否符合招标文件及投标文件的要求，订立的合同是否背离合同实质性内容；是否存在“黑白合同”。

(7) 评标过程是否公正、客观，是否满足公司利益最优的原则，是否存在低价中标（低于成本报价）及虚假招投标的情形。

（十三）物资采购及管理情况

排查目的：排查物资采购、使用和生产过程中的法律风险。

(1) 物资采购的制度、流程及其审批权限是否明确具体，是否符合公司物资采购的需要；采购供应商的选择原则及审批权限是否严格按照规章制度执行；是否建立了物资采购询比价制度。

(2) 价格的确定、款项的结算及支付方式，以及物资的验收，是否符合公司利益的要求。

(3) 是否有物资采购的监督检查制度和定期审计制度，是否定期对物资采购制度的执行情况进行检查。

(十四) 在建工程

排查目的：检查新建、扩建、技改工程项目在审批、建设、验收及项目实施管理过程中的法律风险。

(1) 是否对在建工程项目的合同主体进行了必要的资质、履约能力、资信、关联关系及过往业绩的审查和调查。

(2) 是否按照公司有关制度和程序的规定，进行了必要的招投标和评标程序，程序是否公开、公正。

(3) 新建、扩建、技改工程项目按照有关规定是否已通过有关部门的行政审批或立项，土地、规划、环评等手续是否齐备，是否取得了施工许可等有关许可文件。

(4) 在建项目施工过程中双方是否严格按照合同条款的约定执行，合同履行过程中对合同内容的修订（包括图纸的修改、工程量的变更、预算的增加等）是否按照权限履行了必要的审批手续，并签订补充协议；对合同修订内容的履行是否保存了相关资料；工程的分包、转包是否严格按照双方的约定执行；工程的交付是否逾期。

(5) 在工程项目建设、验收过程中，工程质量是否符合合同约定的标准，工程款的支付是否按照合同执行，是否存在诉讼风险，预估会造成何种损失及相应的解决方案。

(十五) 其他情况

排查目的：清查公司存在的其他法律风险，检查公司遵守法律法规和集团管理制度的状况，加强公司的法制管理和内部制度管理。

(1) 各公司针对投资、经营、资产、权益等情形，检查其是否存在其他法律上的风险，是否完全遵守与其经营行业相关的所有法律法规（包括但不限于投资、经营、质量保证、环境保护、反不正当竞争等）。

(2) 各公司是否按规定办理有关财务、法律、行政上的审批、备案手续。

(3) 新近颁布的法律法规对公司或对公司业务有无重大影响，有无法律疑难，如有，需提交公司解决方案。

(4) 各公司法务人员队伍建设及实际发挥的作用，是否符合企业的需要，法务人员的配备、使用、监督、考核、培训、激励等制度是否健全。

(5) 各公司自2012年以来进行法律培训和参加法律培训的情况。

(十六) 各公司对集团法律风险防控、法制建设、集团法务部工作的意见和建议

排查目的：希望听取各公司的意见和建议，以提高公司法务工作的效率、质量和效果，提高法务工作管理水平和防控法律风险的能力。

(十七) 各公司选择的专项重点排查项目

排查目的：各公司应根据自身实际情况，有计划、有步骤，分期分批选择若干项作为近三年排查的重点。仔细研判风险大小、发生概率，制订防控、化解和解决风险的措施，总结经验教训，明确仍须注意的问题和应采取的措施，维护公司合法权益。

为方便各单位记录排查情况，统一排查报告形式，现提供《法律风险排查分类账目表》(见附录D)。

二、法律风险评估

法律风险评估包括法律风险识别、法律风险分析和法律风险评价三个环节。

(一) 法律风险识别

法律风险的识别，首先是查找企业各业务单元、各项重要经营活动、重要业务流程中存在的法律风险，其次是对查找出的法律风险进行描述、分类，对其形成原因、影响范围、潜在的后果等进行分析归纳，最后生成企业的法律风险清单。

法律风险识别的目的是全面、系统和准确地描述企业法律风险的状况，为下一步的法律风险分析明确对象和范围。进行法律风险识别时要掌握最新的信息，特别是法律法规的变化信息。除了识别可能发生的法律风险事件外，还要考虑其产生的原因和可能导致的后果。

识别法律风险需要企业所有相关人员的参与。

1. 构建法律风险识别框架

为保证法律风险识别的全面性、准确性和系统性，企业应构建符合自身经营管理需求的法律风险识别框架。该框架应提供的识别法律风险的角度包括但不限于以下几个方面。

(1) 根据企业主要的经营管理活动识别。即通过对企业主要的经营管理活动(如生产活动、市场营销、物资采购、对外投资、人事管理、财务管理等) 进行梳理，查找每一项经营管理活动可能存在的法律风险。

(2) 根据企业组织机构设置识别。即对企业各业务管理职能部门和岗位的业务管理范围和工作职责进行梳理，查找各机构内可能存在的法律风险。

(3) 根据利益相关者识别。即通过对企业的利益相关者（如股东、客户、供应商、员工、政府等）进行梳理，查找相关的法律风险。

(4) 根据法律风险源识别。即通过对法律环境、违规、违约、侵权、怠于行使权利、行为不当等的梳理，查找企业存在的法律风险。

(5) 根据法律风险发生后承担的责任梳理。即通过对刑事法律风险、行政法律风险、民事法律风险的梳理，查找不同责任下企业存在的法律风险。

(6) 根据不同法律领域的识别。即通过对不同的法律领域（如合同、知识产权、招投标、劳动用工、税务、诉讼仲裁等）进行梳理，查找不同领域内存在的法律风险。

(7) 根据法律法规识别。即通过对与企业相关的法律法规的梳理，查找不同法律法规中存在的法律风险。

(8) 根据以往发生的案例识别，即通过对本企业或本行业发生的案例进行梳理，查找企业存在的法律风险。

企业可以根据自身的不同需要，选择上述不同的角度或组合，构建法律风险识别框架。

2. 进行法律风险识别

根据构建的法律风险识别框架，可采用问卷调查、访谈调研、头脑风暴、德尔菲法、检查表法等方法进行法律风险识别，并确定分类和命名规则，对每个法律风险设置相应的编号或名称。

以法律风险源分类和企业经营管理活动两个角度构建的法律风险识别框架为例，此阶段需要逐一判断每项经营管理活动中是否可能存在某种法律风险源或法律风险事件，并尽可能地列举这些事件。同一经营管理活动中同一种类的法律风险事件可归属于同一法律风险类别，并据此确定该法律风险的名称，如××违规风险、××侵权风险等（××为某一经营管理活动的名称）。

3. 形成法律风险清单

在法律风险事件及法律风险名称确定后，应将这些事件统一列表，并在列表中补充每一项风险事件的风险原因、可能产生的后果、相关的案例、适用的法律法规、法律分析意见及其涉及的部门、经营管理流程等信息，最终形成企业的法律风险清单。

（二）法律风险分析

法律风险分析是指对识别出的法律风险进行定性、定量的分析，包括法律风险源或导致法律风险事件的具体原因、法律风险事件发生的可能性及其后果，以及影响后果和可能性的因素，为法律风险的评价和应对提供支持。

根据法律风险分析的目的、可获得的信息数据和资源，法律风险分析可以是定性的、半定量的、定量的分析，也可以是这些分析的组合。在实践中经常采用定性分析以了解法律风险等级和揭示主要法律风险。在可能和适当的时候，应当进一步进行更具体的定量法律风险分析。

对于法律风险事件发生的可能性和影响程度的分析应综合采用建模、专家意见，以及经验推导来确定，要注意与企业内外部相关利益者的沟通，同时也要考虑建模和专家意见本身的局限性。

1. 法律风险可能性分析

对法律风险发生可能性进行分析时，可以考虑但不限于以下因素。

（1）外部监管执行力度，包括企业外部相关政策、法律法规的完善程度，以及相关监管部门的执行力度等。

（2）内控制度的完善与执行，包括企业内部用以控制法律风险的规章、制度的完善程度及执行力度等。

（3）相关人员法律素质，包括企业内部相关人员对相关政策、法律法规、企业规章制度，以及对法律风险控制技巧的掌握程度等。

（4）利益相关者的综合状况，包括利益相关者的综合资质、履约能力、过往记录、法律风险偏好的表达等。

（5）所涉及工作的频次，即与法律风险相关的工作在一定周期内发生的次数。

对于不同类型的法律风险来说，影响其发生的可能性因素也会有所不同。

2. 法律风险影响程度分析

对法律风险影响程度进行分析时，可以考虑但不限于以下因素。

（1）后果的类型，包括财产类的损失和非财产类的损失等。

（2）后果的严重程度，包括财产损失金额的大小、非财产损失的影响范围、利益相关者的反应等。

法律风险与其他风险在一定条件下具有伴生性和相互转化性。企业要对法律风险与其他风险之间的关联性进行分析，明确各风险事件之间的影响路径和传递关系，以及法律风险与其他风险之间的组合效应，从而在风险策略上对法律风险和其他相关风险进行统一的管理。

（三）法律风险评价

法律风险评价是指将法律风险分析的结果与企业的法律风险准则相比较，或在各种风险的分析结果之间进行比较，确定法律风险等级，帮助企业做出法律风险的应对决策。

在法律风险分析的基础上，综合考虑法律风险管理的目标、成本、收益和资源的投入安排等因素，对法律风险进行不同维度的排序，包括法律风险事件发生的可能性和影响程度的大小及风险水平的高低。

在法律风险水平排序的基础上，对照企业法律风险准则，可以对法律风险进行分级，具体的等级划分可以根据企业的管理需要设定。

在法律风险排序和分级的基础上，企业可以根据其管理的需要，确定重点关注和优先应对的法律风险。

第三节　规范法律风险管理内容

法律风险管理内容是指法律风险管理主体对法律风险管理客体，按照科学有效的管理方法实施防、控、堵、救的措施和手段。

法律风险内容的建设就是塑造这些措施和手段的过程，包括工作流程、管理制度和保障措施等。

法律风险管理内容主要包括法律风险应对、检查和监督、沟通和记录，以及法律风险管理的实施。

一、法律风险应对

法律风险应对是指企业针对法律风险或法律风险事件所采取的相应措施，并将法律风险控制在企业可承受的范围内。法律风险应对包括选择法律风险应对策略、评估法律风险应对现状、制订和实施法律风险应对措施三个环节。

1. 选择法律风险应对策略

法律风险应对策略包括规避风险、控制风险、转移风险、接受风险和其他策略等。选择法律风险应对策略应考虑但不限于以下几方面的因素。

（1）企业的战略目标、核心价值观和社会责任等。

（2）企业对法律风险管理的目标、价值观、资源、偏好和承受度等。

（3）法律风险应对策略的实施成本与预期收益。

（4）利益相关者的诉求和价值观、对法律风险的认知和承受度，以及对某些法

律风险应对策略的偏好。

选择几种应对策略，将其单独或组合使用。

2. 评估法律风险应对现状

如果企业对某些法律风险采取了规避、控制或转移的应对策略，则应该对这些法律风险的应对现状做进一步的评估，以了解目前的法律风险应对策略存在哪些不足和缺陷，为制订法律风险应对计划提供支撑。评估法律风险应对现状至少应考虑以下几方面的因素。

（1）资源配置。企业内部的相关机构设置能否满足法律风险应对需要，用于法律风险应对的人员配备是否充足，以及用于法律风险控制的经费是否充足等。

（2）职责权限。明确与风险应对相关的职责和权限。

（3）过程监控。按要求对持续性业务或管理活动进行定期或不定期的监控、证据资料保留、信息沟通、告警等。

（4）奖惩机制。对相关工作人员、管理人员在法律风险应对工作中的表现、成绩是否设立了奖惩机制等。

（5）执行者能力要求。企业对与法律风险应对相关的内部执行者（公司内部领导、员工）是否有明确的资质、能力要求（业务资质、业务技能、法律素质等）。

（6）部门内法律审查。要求业务部门内部对一般性的法律问题进行审查（一般性法律问题指从事某项业务必须掌握的基础性、常识性的法律问题，各部门人员可以通过培训掌握相关内容）。

（7）专业法律审查。要求法律部门或律师对专业性法律问题进行审查或提供相关法律意见。

（8）风险意识。工作人员、管理人员对风险的存在、风险将会造成的后果，以及如何开展风险应对等方面是否认识和理解。

（9）外部法律风险环境。相关法律环境是否完善、稳定，社会守法状况，执法力度和司法方式等。

3. 制订和实施法律风险应对措施

（1）应对措施通常包括以下几种类型。

① 资源配置类：指设立或调整与法律风险应对相关的机构、人员，补充经费或风险准备金等。

② 制度、流程类：指制订或完善与法律风险应对相关的制度、流程。

③ 标准、指引类：指针对特定法律风险，编撰指引、标准类文件，供业务人员使用。

④ 技术手段类：指利用技术手段规避、控制或转移某些法律风险。

⑤ 信息类：指针对某些法律风险事件发布警告或预警信息。

⑥ 活动类：指开展某些专项活动，规避、控制或转移某些法律风险。

⑦ 培训类：指对某些关键岗位人员进行法律风险培训，提高其法律风险意识和法律风险管理技能。

（2）在法律风险应对措施确定之后，就应该制订应对措施的实施计划。实施计划中至少应该包括以下信息。

① 实施法律风险应对措施的机构及人员安排，明确责任和奖惩。

② 应对措施涉及的具体业务及管理活动。

③ 报告、监督和检查的要求。

④ 资源需求和配置方案。

⑤ 实施法律风险应对措施的优先次序和条件。

⑥ 实施时间表。

法律风险应对是一个递进的动态过程，需要根据内外部法律风险环境变化对制订的措施进行评估调整，以确保措施实时的有效性。企业在制订法律风险应对措施后应评估其剩余风险（剩余风险是指预期采取法律风险应对措施后的法律风险）是否可以承受。如果不可承受，应调整或制订新的法律风险应对措施，并评估新的措施效果，直到剩余风险可以承受。执行法律风险应对措施会引起组织风险情况的改变，需要跟踪、监督有关风险应对的效果和组织的环境信息，并对变化的风险进行评估，必要时重新制订法律风险应对措施。

二、检查和监督

企业应实时跟踪内外部法律风险环境的变化，及时监督和检查法律风险管理流程的运行状况，以确保法律风险应对计划的有效执行，并根据发现的问题对法律风险管理工作进行持续改进。法律风险管理的监督和检查环节使得法律风险管理流程形成可持续运转的闭环，是法律风险管理能够持续改进的不可缺少的组成部分。

企业法律风险管理监督和检查的内容应包括但不限于以下内容。

（1）内外部法律风险环境的发展变化，如法律法规、相关政策的出台和变化，司法、执法及社会守法环境的变化，企业自身战略的调整改变等。

（2）监测法律风险事件，分析趋势及其变化，并从中吸取教训。

（3）对照法律风险应对计划与实际检查进度，修正偏差，确保风险应对措施的设计和执行有效进行。

（4）报告关于法律风险变化、风险应对计划的进度和风险管理方针的遵循情况。

（5）实施法律风险管理绩效评估。

企业还可以根据自身的需求和资源状况，选择建立重大法律风险预警制度，即根据对内外部法律风险环境变化的监控结果，及时发布法律风险预警信息，并制定相应的应急预案。应急预案要明确应急处理的相关组织机构、处理流程、沟通机制、

应急措施和资源的配置保障，确保企业对突发法律风险事件的快速反应，从而降低企业风险。

三、沟通和记录

1. 沟通

企业在法律风险管理过程中的每个阶段都应当与内外部利益相关者进行有效沟通，以保证实施法律风险管理的相关人员和利益相关者能够充分了解企业面临的法律风险及其给企业带来的影响。

由于企业各层级人员的价值观、诉求、假设、认知和关注点不同，造成其法律风险偏好和对法律风险管理的期望不同，而这些差异会对法律风险管理的决策和执行产生重要影响。因此，企业在法律风险决策和管理执行过程中应与内外部利益相关者进行充分沟通，并保存相关记录或档案材料，尤其是要与监管机构及立法、司法机关等外部利益相关者建立顺畅的沟通渠道。

2. 记录

在法律风险管理过程中，记录是实施和改进整个法律风险管理过程的必要工作。建立记录应当考虑以下方面。

（1）出于管理的目的而重复使用信息的需要。

（2）进一步分析法律风险和调整风险应对措施的需要。

（3）法律风险管理活动的可追溯要求。

（4）沟通的需要。

（5）法律法规和操作上对记录的需要。

（6）企业本身持续学习的需要。

（7）建立和维护记录所需的成本和工作量。

（8）获取信息的方法、读取信息的容易程度和储存媒介。

（9）记录保留期限管理。

四、法律风险管理的实施

法律风险管理的实施需要一个法律风险管理体系，具体内容如下。

1. 确定方针

法律风险管理方针应明确下列事项。

（1）法律风险管理理念。

（2）最高管理者对法律风险管理的承诺。

（3）法律风险管理的目标。

(4) 企业的法律风险偏好。

(5) 法律风险管理目标与企业的目标及其他风险管理目标的关系。

(6) 法律风险管理目标的层次分解和细化。

(7) 持续改进的承诺。

2. 明确组织职能

企业可以根据现有的组织结构和风险管理职能设置原则，明确法律风险管理的组织架构、职责和内容。

(1) 法律风险管理的组织结构和人员组成，如外部法律顾问、企业内部法律顾问（或法律部门、法律岗位等）的构成关系。

(2) 内外部法律风险管理资源的分工和合作方式。

(3) 明确法律风险管理体系的制订、实施和维护人员的职责。

(4) 明确执行法律风险应对措施、维护法律风险管理体系和报告相关风险信息人员的职责。

(5) 明确全体员工在其本职工作中有关法律风险管理方面的职责。

(6) 建立批准、授权制度。

(7) 建立考核方法和奖惩制度。

3. 建立制度和流程

企业可以根据法律风险管理的目标，建立适当的配套制度和行为规范，完善法律风险管理的工作程序，同时结合企业内部控制管理工作，将法律风险纳入流程控制中，使法律风险管理工作切实融入企业的日常管理工作中，确保法律风险管理在企业内部的统一理解和执行。其具体内容要考虑以下各项。

(1) 企业法律风险管理工作的范围和内容。

(2) 企业法律风险管理制度和规范的制订要充分考虑企业现有的制度管理体系，确保一致性，提高效率。

(3) 对制度规范要定期更新和修订，确保其时效性。

(4) 对可纳入流程管理的法律风险进行分析，明确其管理措施与其他风险管理的嵌套关系。

4. 配置资源

企业需根据法律风险管理计划，分配适当的配套资源。具体内容可考虑下列各项。

(1) 法律风险管理相关人员的技术、经验和能力要求。

(2) 法律风险管理过程中每一阶段所需要的人力、资金及其他资源。

(3) 法律风险管理目标、成本和收益的关系。

(4) 根据企业内部条件和管理需求，可引入信息和知识管理系统，以提高信息沟通和管理的效率。

5. 沟通和报告机制

（1）企业要建立内部沟通和报告机制，以保证下列各项的实施。

① 在企业内部充分报告法律风险应对计划实施的效果和效率。

② 在适当的时间提供法律风险管理的相关信息。

③ 建立与内部利益相关者协商的程序。

（2）企业需建立与外部利益相关者沟通和报告的机制，以保证下列各项的实施。

① 企业的对外报告符合法律法规和公司治理要求。

② 企业与外部利益相关者保持有效的信息沟通。

③ 在外部利益相关者中建立对组织的信心。

④ 在发生突发事件、危机和紧急状况时能及时与利益相关者沟通。

⑤ 为企业提供外部利益相关者的报告和反馈。

企业法律风险管理信息的沟通和报告机制要考虑与其他风险信息报送的衔接关系，以保证相关部门信息的互动沟通，有助于对风险信息的综合分析，提高管理效率。

6. 完善管理文化

企业应当注重法律风险意识和风险管理文化的培养，从而促进法律风险管理的贯彻实施，保障法律风险管理目标的实现。具体内容应考虑以下各项。

（1）树立法律风险管理是企业全体员工共同的责任理念，即在不同岗位上履行防范法律风险的职责。

（2）法律风险管理专业机构应当制订系统化的法律风险管理培训计划，包括一般的普法宣传和专项的法律知识培训，从而提高全体员工知法、守法和用法水平。

（3）加强法律风险管理机构专业人员的法律实务水平和风险管理水平，提高他们的业务管理水平和服务能力，促使他们积极主动地为企业的经营决策和管理活动提供法律支持。

（4）通过多种途径加强对企业法律风险管理理念、知识、方法和流程的培训，便于企业上下达成共识。

（5）企业应当加强对内部违法违规行为的惩处力度，形成良好的法律风险管理文化。

（6）重视企业领导层对法律风险管理工作的态度和管理理念，以及管理承诺。

综上所述，法律风险管理体系是一个错综复杂的体系，包括了组织体系（含法律队伍建设，但又不仅仅是法律队伍建设）、制度体系（含流程建设）、检查监督体系（含保障体系建设）、普法宣传培训体系（含中高层管理者法律风险意识培训；法律队伍建设，含法务人员业务技能培训）和管理体系（含内外部法律资源利用及相关部门间职责分工）等。

第四部分

体系建设实务篇

第十章　组织体系建设综述

组织体系是法律风险管理体系的重要组成部分。协调组织内部主体间的活动和力量，同时也协调组织与外部主体间的活动和力量，以实现组织共同目标，是组织体系建设的主要内容和任务。因此说，法律风险管理组织体系建设是关系到法律风险管理体系建设成败的关键，是法律风险管理主体职责定位、机构设置、人事编制、工作原则和工作程序等约束机制的综合。

中国电子信息产业集团有限公司（以下简称“中国电子”）法律事务机构由处级单位升级为独立的部门，同时增加了专职法律顾问，并把总法律顾问制度写入公司章程。“中国电子”下属16家重要子企业全部建立了总法律顾问制度，并普遍设立独立或者相对独立的法律事务机构。9家非重要子企业和10家三级企业也建立了总法律顾问制度。总法律顾问郎加同志还创造性地提出“地区法律工作中心”的概念，即在北京、南京和深圳分别设立了地区法律工作中心。每个中心由一家企业牵头，该区域企业的总法律顾问和法律工作人员统一纳入中心管理。从2008年开始，“中国电子”开始创建法律工作业务流程，将法律审核植入企业各项经营审批流程中，最终实现了“中国电子”的法律管控。2010年，“中国电子”细化法律工作职责，界定总法律顾问与法律事务部工作分工与权限，明确规定公司重大决策、重大案件、重要规章制度、知识产权等事项必须经总法律顾问审核，进一步加强了总法律顾问对重大事项的把关作用。“中国电子”注重法律队伍建设，通过形式多样的内部培训机制，培养专职法务人员。近年来，“中国电子”全系统的企业法律顾问从2007年的20多人增加到现在的124人，“中国电子”法制工作组织体系基本形成。

中国中煤能源集团有限公司（以下简称“中煤集团”）建立了以总法律顾问制度为核心的企业法律管理制度体系。截至2011年6月30日，中煤集团所属的子企业中有12家已设立独立法律机构，10家中等规模子企业配备了专职法律人员。全集团专职法律人员140人，其中有企业法律顾问执业资格的98人，占总人数70%以上。中煤集团全面梳理并制订了法律流程44项，涉及11项法律工作业务，先后制订、修订了合同管理等8项法律事务管理办法，进一步完善了全集团法律管理制度体系。截至2011年6月，中煤集团共授权专利总数465项，申请商标145个，已注册商标91个，其中国外注册35个；制订的《中煤集团知识产权十二五规划》也通过了包括国家知识产权局在内的专家论证会评审。

中国水利水电建设股份有限公司（简称“中国水电”）明确法律工作职能，准确定位法制工作是以“保障企业法律风险充分防范，促进企业经营管理持续规范”为核心目标，体现了法制工作的预防、控制、补救和评价功能。通过对法制工作基础业务的梳理，设计完善了法律人员参与重要经营决策、重大项目法律评审跟进、合同审核流程、重大风险过程管控、法制宣传培训常态开展、专业人才队伍建设持续推动6项基本业务流程。为完善组织机构，强化集团法律事务部组织管理地位，“中国水电”先后在28家子公司聘任总法律顾问，22家子公司独立设立法律事务部，集团专职法制工作人员达115人。

中国东方航空集团公司（简称“东航集团”）和中国东方航空股份有限公司（简称“东航”）在2009年设立独立的一级职能部门法律部，认真履行总法律顾问职责，通过直接参与总经理办公会、公司投资管理委员会会议，以及重大项目决策，为公司“东上重组”系列项目提供了客观、准确的法律意见和建议，将法律工作与企业管理紧密结合，为企业经营、决策、管理提供了有效法律支撑。总部法律人员编制增设至37人，全面负责集团公司、东航股份公司，以及集团其他各投资公司的法律事务工作。在法律部专设合同管理中心，负责合同法律管理工作，全面提升了东航集团的合同管理水平，有效地防范了合同类法律风险，为合同的合规审查、文本审核谈判、履约监控全程闭环管理打造了坚实的系统平台。

中国航天科工集团公司（简称“航天科工”）按照国资委要求，积极推动集团总法律顾问制度体系建设，制定并印发了《关于建立健全航天科工集团公司总法律顾问制度体系的通知》《中国航天科工集团公司法律顾问工作管理办法》等规章制度。在集团公司和二级单位全部配备了总法律顾问（含在国资委备案的14家重要子企业），部分三级单位配备总法律顾问或副总法律顾问（48家）。集团公司设立了法律事务部，二级单位设立了法律事务机构。专职法律顾问持证上岗率超过70%。

第十一章　制度体系建设

制度体系通常是指公司所有制度的总和，不仅包括了法务工作制度，而且也包括财务工作制度、经营管理制度等。

法律风险是企业风险之一，也是企业风险管理的重点。

法律风险管理体系建设实施的第一步，除了法务机构设置和法务人员配置之外，还要进行制度体系建设。制度就是“运行规则”，是依法治企的前提，是企业运营与管理的行为准则与规范。

常言道：没有规矩，不成方圆。无论是正式组织还是非正式组织，都必须有自己特有的一套组织制度，以确保有序运行。这是依法治国的要点，也是依法治企的精髓。

有一位做企业的朋友讲了一个故事：他读大学的时候，有一个宿舍（暂且称其为A宿舍）的同学从合住之初便制订了较为严密的“舍规”，选举产生了“舍长”，安排了宿舍值日生，轮流负责宿舍内的卫生维护、生活起居等公共事务，并讨论通过了集体活动支出AA制的规定，每次消费由参与者共同平均分摊，并及时兑付。同时还约定了惩罚方式，并严格执行，如不履行值日生职责，将罚值日一周，如熄灯后影响舍友休息，将被罚请舍友吃早点等。而另一个宿舍（暂且称其为B宿舍）的同学没有这样做，他们认为大家都是大学生了，都是有知识、有素质的文化人，不需要繁文缛节。

在大学生活中，A宿舍的同学从最初的抵触到自觉遵守规定，直到毕业后很多年，都保持着良好的共同行为习惯，而且关系密切。而B宿舍呢？当初虽少了些约束，但由于各自我行我素，在校期间就已经形成了小团体，彼此心存芥蒂，毕业不久便“老死不相往来”了。

由此可见规矩的重要。那么，企业应该如何建立自己的法律事务管理“规矩”呢？

首先，应制定《法律事务管理规定》，界定清楚法律事务的定义、范围、职责，以及明确职责部门（管理主体）等；其次，明确法律事务管理模式、管理原则和管理方法；最后，要就具体的法律事务，分项制订管理办法，如《合同管理办法》《法律咨询办法》《诉讼案件管理办法》《授权管理办法》《争议处理办法》《外聘律师使用规定》等。

因此，建立企业法律风险管理制度体系的首要任务就是要确定法律风险管理模式。

第一节　确立企业风险管理模式

一、法律事务管理模式

鉴于企业在经营管理过程中面临着众多法律风险，为了保证法律风险事务得到及时有效的处理，防范与化解企业法律风险，大中型企业大都设有相对独立的法律事务处理机构或人员，负责企业内部的法律文件的起草或审核、对外解决或处理有关的法律纠纷、提供专项法律意见、参与商业谈判、进行法律法规的信息收集或整理等各项企业法律事务。总结起来，有如下几种法律事务管理模式。

（1）设法律事务处理专员并外聘法律顾问，由外聘法律顾问负责公司重大或较大法律事务处理，由法律事务处理专员负责部分法律事务的处理，并与公司法律顾问进行联络与沟通。该种模式多运用于中型或中型偏小企业。

（2）设法律事务处理机构并外聘法律顾问，由外聘法律顾问负责公司重大或较大法律事务处理，由法律事务处理机构负责部分法律事务的处理，并与公司法律顾问进行联络与沟通。该种模式多运用于中型或中型偏大企业。

（3）设置风险监督管理委员会或类似机构，由类似机构作为企业法律风险管理事务的权力机构，负责重大或较大法律风险事务的决策、组织处理，以及风险事务的审批；设立公司法律事务承办部门作为公司法律事务经办的常设机构，负责诉讼事务的处理；在集团所属公司设立法律事务联络专员，协助法务机构开展法律事务工作。该种模式多运用于大型企业。

但是，很多企业内部的法务机构部门或法务人员多处于从属和被动的地位，法务人员的岗位职责及激励机制不完善，很难发挥他们对其他部门的监督和制衡作用，只能对所属企业的违法违规行为或外部纠纷进行一定程度上的事后补救，几乎不能主动发现，及早处理和整治，无法构建“事前预防、事中控制、事后补救”的动态机制。因而一些企业虽已设立专门的法律事务处理机构，但内部违法违规及外部纠纷事件仍时有发生，甚至本来是小的违法违规事件，却因为处理不当而演变成大的恶性事件，企业最终蒙受了本该可以避免的损失。现代企业如何构建与自身情况相符的风险管理体制，实现对损害企业利益的危机行为做到“事前防范、事中处理、事后救济”的目的，从而更好地实现企业内部的制衡和监督作用，成为法律风险管理制度构建的一个重要命题。

二、企业法律风险管理制度的构建

不同企业的具体情况千差万别，每个企业法律风险管理体制构建也不可能完全一致。

笔者强调法务机构的独立性，不提倡将法务机构或法务人员定位在从属或被动地位。

管理者可以换掉没有独立法律职业资格的法务人员，但不能因此而忽视其独立的法律事务处理能力，更不能人为干扰或影响法务人员发挥法律监督与风险控制的职能。

具体来说，一个现代化大中型企业的法律事务处理模式的构建主要包括：风险事务决策、审批机构的设立、风险事务处理机构设立及外聘法律顾问制度的创建。结合企业的具体情况，还可以建立风险监管委员会或类似机构。风险监管委员会或类似机构对公司决策机构负责，由公司决策机构负责人、法务机构负责人、部分法务机构工作人员及外聘法律顾问组成。风险监管委员会负责公司重大或较大事务的审核批准工作。

风险监管委员会或类似机构作为风险事务的领导及审批机构，主要履行以下职责。

（1）提交全面风险管理年度报告。

（2）审议风险管理策略和重大风险管理解决方案。

（3）审议重大决策、重大风险、重大事件和重要业务流程的判断标准或判断机制，以及重大决策的风险评估报告。

（4）审议风险管理组织机构设置及其职责方案。

（5）审查重大诉讼仲裁案件并提出风险监管意见。

（6）办理公司决策机构授权的有关风险管理的其他事项。

风险监管会议由风险监管委员会或类似机构执行主任负责召集并主持；执行主任无法召集或主持的，由执行主任指定人员召集或主持。有 2/3 以上成员参与的，才可召开风险监管会议。一般事项经参加会议成员 2/3 有效表决即可通过；重大事项经参加会议成员全体表决同意始得通过；主任或执行主任否决的应另行召开风险监管会议。委员会主任参加的会议以主任的意见为最终决定。

企业法务机构作为企业处理法律事务的职能部门，主要负责公司风险事务审查、合同审查、制度与函件管控、内部人员违法违规事件调查，以及协助人力资源管理部门进行离职人员处理与分析，同时承办部分诉讼与仲裁案件及其他法律事务。企业可根据自身法律事务的处理需要，配备相应岗位及人员。一般来说，中型与中型偏小型企业可设法务经理1名，负责法务机构人员的管理及较大法律事务处理；合同审查员1名，负责合同的审查草拟；法制专员1名，负责制度、函件、风险事务管控及劳动争议处理；诉讼专员1名，负责公司诉讼与执行事务处理；内审专员1名，负责公司违法违规事件的查处。大型与中型偏大型企业，可在上述岗位职责的基础上增加人员编制数量。

此外，鉴于现代企业经营管理的复杂程度及其法务机构的有限性、局限性和偏私性，企业法务机构必须借助外聘法律顾问所提供的专业性服务，帮助企业避免法务机构及其他相关人员隐瞒潜在法律风险的可能性，提升法律事务处理能力。为保障与规范外聘法律顾问有效处理所交办法律事务，发挥外聘法律顾问的作用，应制定外聘法律顾问管理制度，对法律顾问的任职条件、聘用与解聘、具体职责、监督与制约做出明确规定。通常来说，企业应与审查合格的法律顾问签订服务合同，并对法律顾问具体处理事务及应承担的义务加以明确。根据法律顾问服务合同的总体安排，与外聘法律顾问就委托事务另行签订委托代理协议，对委托代理的薪酬、监督及考核做出具体安排。公司每年根据法律顾问提交的工作报告及述职，对外聘法律顾问进行总评，并根据总评议决定是否续聘法律顾问。

第二节　制定企业规章制度管理规定

一、规章制度管理概述

企业法律风险防范体系作为防范企业法律风险的经营管理系统，既是跨学科的理论研究成果，又是实践经验的科学总结，必须将二者有机结合起来。企业法律风险防范体系是以防范企业法律风险为基本目标的经营管理系统，不论是起因于违法行为、自甘冒险的法律风险，还是起因于法律的不确定性、法律环境的不完善性及法律监控活动的不规范性的法律风险；也不论是属于外部环境的法律风险，还是属于企业内部的法律风险，都会因企业内外资源状况的变化而变化。因此必须不断调整企业的制度、流程、表单和文本，即企业法律风险防范体系，以适应和满足企业所面临的新的形势。

企业风险管理制度作为公司规章制度的重要组成部分，不仅是贯彻公司规章制度的要求，也是加强企业法律风险防控的要求。所谓规章制度管理，就是实现公司对各项规章制度的草拟、检查、审查的制度化和常态化，对公司各种业务进行动态监督，保证规章制度在公司经营管理的实践中不断完善创新，进而构建全方位、多层次制度管控体系。充分发挥各部门、各经营公司的资源，保障公司规章制度符合法律法规及国家政策的要求，符合国际惯例。

企业规章制度管理一般包含如下几个方面。

（1）指定部门，落实人员专职负责规章制度管理工作，实现规章制度管控的常态化、规范化、程序化。

（2）实现对公司规章制度的分类管理，实现重大制度的事前送审、全部规章制度的事后备案、部门规章制度与公司规定制度的定期更新。

（3）建立健全公司规章检查制度，确保规章制度的有效落实，及时跟进执行制度不力的部门或公司的整改工作。

二、规章制度管理规定的构建

1. 建立健全规章制度的拟定与咨询制度

规章制度一般由业务承办部门或经营公司进行拟定，但经企业规定负责人交办或当事单位提出申请，经企业规定负责人批准或法务机构审查同意的，可由法务机构进行草拟。

业务承办部门或经营公司提出申请的，应填写制度草拟申请表报单位负责人批准后提交法务机构，并同时提交相关背景材料。法务机构应于接到草拟申请当日进行审查，决定是否受理草拟申请。对专业知识要求较高的，认为由业务承办部门或经营公司起草较为适当的，应即时告知；必要背景材料欠缺并直接影响草拟工作的，予以退回。法务机构决定予以受理的，一般性制度且材料齐全的应于合理期限内草拟完毕；属一般性制度但需进一步调查或补充材料的应于合理期限内草拟完毕；重大制度或涉及面较广的制度应提交风险监管委员会或类似机构或风险监管员，在合理期限内草拟完毕。业务承办部门或经营公司负责草拟的规章制度需要法务机构出具法律意见的，经企业规定负责人交办或当事单位提出申请，符合条件与程序的由法务机构出具法律意见。对专业知识要求较高的由业务承办部门或经营公司起草较为适当的，法务机构在退回的同时，可出具制度草拟法律意见书。

2. 建立健全规章制度送审制度

规章制度的送审指将已经草拟完成的规章制度依一定的程序与条件报送法律事务机构审查并出具法律意见的程序与行为。

送审规章制度明细规定：涉及公司治理结构的、涉及公司合同风险防范体系的、涉及公司知识产权保护体系的、涉及公司人力资源法律保障体系的、涉及公司重大重组项目风险防范体系的、涉及公司法律风险预警机制的、涉及公司法律风险救济机制的、企业规定负责人交办的、业务承办部门或经营公司认为需要法务机构审查的、其他依规定应送审的规章制度，凡属于上述规章制度，应填写制度审查通知书报单位负责人批准后报法务机构审查，并同时报送必要的背景材料。

法务机构应于接到草拟申请当日进行初审，材料明显不足的，说明理由退回补充相关材料。一般性制度且材料齐全的应于合理期限内审查完毕；属一般性制度但需进一步调查或补充材料的应于合理期限内审查完毕；重大制度或对专业知识要求较高的或涉及面较广的制度应提交风险监管委员会或类似机构或风险监管员在合理期限内审查完毕。以上期限不含调查日期，因特殊原因需延长时间的，经法务机构部门负责人批准可以适当延长。法务机构制度审查意见书仅作为企业规定负责人审批规章制度的参考；没有制度审查意见书，不得报批，但企业规定负责人同意的除外。

3. 建立健全规章制度备案制度

规章制度的备案是指将已经审批通过的规章制度依一定程序报法务机构备案，法务机构进行日常性审查，对于可能存在一定法律风险的规章制度，向企业规定负责人报告并提议修订的制度。报送备案的制度，必须是依正常程序与条件报一级机构以上负责人审批通过的制度。本条规定范围内的所有规章制度都应报法务机构备案，但不备案不影响规章制度的效力，因制度存在法律风险造成公司损失的应由当事单位承担责任。法务机构应在接到备案规章制度之日起的合理期限内对规章制度进行初审，存在明显法律风险的，应于合理期限内向企业规定负责人出具制度风险报告书。法务机构对所有生效备案规章制度进行年度审查，并于每年的规定月份向企业规定负责人提出制度修订意见书。

4. 建立健全规章制度的检查

规章制度检查是指法务机构经企业规定负责人批准对指定部门或经营公司的特定规章制度执行情况进行检查并提出整改意见的制度。法务机构依具体情况认为需要进行制度检查并报企业规定负责人批准的，或者企业规定负责人认为需要进行制度检查的，法务机构应当制订检查工作计划书报企业规定负责人批准后，按计划进行检查。制度检查应成立检查小组，一般应保证至少有一名公司法律顾问参与，相关事宜由法务机构职责人员在法务机构部门负责人及所属科室领导下具体经办。检查小组有权调取反映规章制度执行情况的资料，有权向部门负责人提供制度情况汇报，有权向相关人员进行调查询问。被检查单位应当予以配合。

检查小组应于检查结束前向被检查单位出具检查情况通知书，听取被检查单位意见并要求被检查单位负责人签字确认，但拒不签字不影响检查的进行。检查小组应于检查结束后的规定期限内向企业规定负责人出具报告书，需要整改的，应同时提供整改意见。经批准的整改意见，被检查单位应当予以执行，法务事务机构负有督促职责。

在公司规模较大的集团化公司，还可以制订规章制度，用以指导公司各相关职能部门及时废、改、立各类规章制度。

第三节　建立人力资源风险管理制度

人力资源管理作为企业管理的重要组成部分，属于企业行政的范畴，但由于涉及劳动者权益的保护，无论是人员的招聘与培训，还是薪酬、离职人员处理，都受到法律法规的调整与约束。可以说，离开了劳动法律法规，人力资源管理根本就无法实施，一个不懂法律的人力资源管理者也根本无法成为一个合格的管理者。尽管劳动法律法规侧重于保护劳动者的权益，但并不意味着企业无法利用法律法规维护自身的合法权益。随着《中华人民共和国劳动合同法》的颁布实施，企业原有人力资源管理部门模式将面临巨大挑战，建立健全符合劳动法律法规的人力资源风险防控制度显得尤为重要。

劳动纠纷产生的原因是多方面的，但对法律法规不了解，未建立健全行之有效的人力资源风险防控制度，则是重要原因。如何利用广告合法招聘员工，如何办理用工手续、管理劳动合同，如何利用担保规避履约风险，如何规定试用期，如何进行合同工资发放，如何有效处理违约离职人员，如何追究违法违规员工法律责任……都必须借助制度加以规范和引导。

本节内容着重于法律事务人员处理人力资源管理事务时的风险防控，对于专属人力资源管理制度构建不做详述。

一、人力资源风险管理制度概述

构建违规违法人员处理与分析制度，可以在公司移送仲裁人员名单及材料时，明确各自的职责分工，保障公司能够以仲裁形式有效地维护自身的利益，同时加强对离职人员的监控。

违规违法人员处理与分析，主要包括发函、通报、申报仲裁和仲裁四个方面内容。

1. 发函

所谓发函，是指人力资源管理部门对符合条件的违规且不到岗的人员以邮寄形式发出告知函，要求上述人员到公司接受处理或补办请假手续或解除劳动关系的的制度。

发函是企业履行告知义务，催促违规员工回公司办理离职与交接手续的重要形式，涉及企业的保安、人力资源等管理部门。保安部门应将所有不到岗上班达到规定天数的人员汇总制表，于规定日期上报人力资源管理部门，由人力资源管理部门经办人员签收。

人力资源管理部门对保安部门报送的异动人员名单应进行初步审查，确定是否属于无正当理由，不请假或者虽然请假但未经批准而擅自不出勤的情形。如果劳动者异动（旷工）天数达到用人单位事先规定的解除条件的，可以依据《劳动合同法》第39条第（二）项规定直接解除劳动合同，无须通过仲裁，但要通知劳动者。

经办人员根据情况可通过电话、公司通信系统或其他形式，向业务承办部门或公司询问并要求报送当事员工的相关资料，业务承办部门或公司应在人力资源管理部门要求的期限内及时查清并反馈。对属于确有原因未办理补办请假手续的人员，人力资源管理部门应在合理期限内发出补办请假手续告知函，要求当事员工于一定期限内补办请假手续。对于其他情形的人员，人力资源管理部门应在合理期限内发出到公司接受处理告知函，要求当事员工于一定期限内到公司接受处理。

所有公司致函人员，一般应于告知函规定期限届满后一周内电话联系当事员工，进一步督促其尽快到公司接受处理，并做好电话联系情况的记录工作。人力资源管理部门对于所有到公司接受处理的员工，应视情况及时办理相关手续。经业务承办部门或公司同意且人力资源管理部门审查可准予回公司上班的，应办理到岗上班手续；经面谈无挽留必要或可能的，人力资源管理部门应尽快为其办理离职、交接或其他手续。当事员工依法依规定应当承担违约责任或给予处罚的，人力资源管理部门应要求当事员工签订接受处罚或给付违约金的承诺书。此外，人力资源管理部门应做好告知函回执的回收和保管工作，确保回执的不缺少、不遗失。

2. 通报

通报是指人力资源部门对公司违规、违纪人员进行劝诫、处理的结果向公司全体人员公示的行为。通报是实现规范作用的手段。规范作用包括：评价作用，即对行为人正确、恰当与否的评论；指引作用，即对个体行为的引导；强制作用，即对行为人违规违纪行为的惩处；教育作用，即对行为人也对其他员工的警示。

因此，通报必不可少，绝对不可秘而不宣，尽量避免拖延通报。

3. 申报仲裁

所谓申报仲裁是指对于符合劳动仲裁受理案件范围规定的违规违纪员工，公司所属各部门在各自的职责范围内相互配合，依规定程序由人力资源管理部门向法务机构移送违规违纪人员并进行仲裁的制度。一般来说，所有违反规章制度与劳动合同约定的员工，只要符合规定的条件，人力资源主管部门都可向法律事务承办部门申报仲裁。人力资源管理部门作为仲裁证据材料收集的承办部门，负有仲裁材料收集、暂存、核实、移送职责；法律事务承办部门作为仲裁证据材料的协助部门，负有仲裁证据材料的协助收集、审查职责。仲裁证据材料包括但不限于：劳动合同书及相关协议、培训协议及培训费用单据、当事员工的身份证明材料、欠款证据、费用单据、个人政审报告、个人简历、工资收入证明、社保证明、出勤签到表、调查笔录等调查材料、给公司造成损失的单据及其他依据情形需要调取的证据材料。人力资源管理部门对于职权范围内的证据材料，可自行收集证据或交办其他经营公司或部门收集，或委托集团外单位代为收集；超过职责范围内的，报企业规定负责人批准后自行收集证据或交办其他经营公司或部门收集，或委托集团外单位代为收集；经企业规定负责人特别授权的无须报批。对证据材料负保管职责的经营公司或部门，应在人力资源管理部门要求的期限或合理期限内完成证据收集及移送工作，不得推诿、拖延。人力资源管理部门对劳动仲裁证据材料目录上的证据，负有核实责任，并确保收集证据的真实性与完整性。根据具体情况需要，可通过电话或其他情形进行核实；对于客观存在的证据材料，应全面收集，未经法律事务承办部门协商同意，不得对证据材料进行筛选。人力资源管理部门应在移送仲裁名单的同时一并移送证据材料，并制作证据材料清单交法律事务承办部门签收。法律事务承办部门对人力资源管理部门所移送的证据清单进行审查，认为证据材料收集不足的，有权退回法律事务承办部门补充收集，人力资源管理部门应在法律事务部要求的期限内将材料补充收集完毕；法律事务承办部门认为需要时可在职权范围内自行交办或委托收集，超过职权范围的报企业规定负责人审批后收集或调阅。

人力资源管理部门应于规定日期前完成对违规离职人员的分析，并出具离职人员分析及处理意见。认为需要申报仲裁的，填写移送仲裁通知书或多人仲裁通知书，连同移交清单、证据材材料复印件、离职人员处理意见书一同移送法律事务承办部门，法律事务承办部门应于移交当日对移交材料进行形式审查，证据材料与材料清单一致的，由法律事务承办部门法制专员签收移交清单；不符合的，应当场说明原因予以退回。法律事务承办部门应在规定期限内进行审查，并出具书面审查意见书，由法律事务承办部门负责人签字后，传人力资源管理部门备案。法律事务承办部门认为有必要的，有权向人力资源管理部门或其他相关公司或部门进行调查询问，被调查询问部门应当予以配合。法律事务承办部门经审查，已超过仲裁时限的或不符合申报仲裁条件的，不予受理；经审查符合申报仲裁条件的，决定予以受理。经受理的移送仲裁名单，法律事务承办部门于受理之日起在规定期限内出具审查意见书，决定最终移送仲裁人员名单。审查意见书应抄送人力资源管理部门签收备案。

4. 仲裁

劳动仲裁是指由劳动争议仲裁委员会对当事人申请仲裁的劳动争议居中公断与裁决。在我国，劳动仲裁是劳动争议当事人向人民法院提起诉讼的必经程序。按照《劳动争议调解仲裁法》规定，提起劳动仲裁的一方应在劳动争议发生之日起 1 年内向劳动争议仲裁委员会提出书面申请。除非当事人是因不可抗力或有其他正当理由，否则超过法律规定的申请仲裁时效的，仲裁委员会不予受理。

在公司内部，参与劳动仲裁是法务机构的职责。在收到人力资源部门移送的仲裁申报后，法务机构应指派专业法务人员申请或参加仲裁程序；承办人员接收移送案卷后，应区分主诉与被诉案件，并全面核实仲裁当事人身份信息，确定争议是否符合规定的仲裁范围，确认仲裁时效，选择符合法定的地域管辖和级别管辖。承办人员应按出庭要求，提前办好出庭手续，安排出庭时间，避免缺席；撰写代理词，做好开庭准备，不仓促出庭。开庭时间冲突或准备不充分时，可以事先与法官沟通，顺延开庭日期。仲裁活动中，承办人员应遵守仲裁庭纪律，尊重仲裁员，适时提交法律文件，按出庭规定着正装，举止文明礼貌，不使用侮辱、谩骂或诽谤性语言。庭审质证时，应按要求查验证据原件，围绕证据真实性、合法性、关联性，以及证明力大小进行质疑和辩驳。庭审认为可能和解的案件，承办人员应及时报请人力资源部门批准同意，然后进入调解程序。和解方案也应事先征得人力资源部门的同意。

劳动仲裁裁决书送达后，应及时会同人力资源部门讨论，结合案情，全面评价。认为有必要起诉的劳动争议案件，法务人员应书面建议人力资源部门提起诉讼，经人力资源部门报请公司领导批准后执行。

二、人力资源风险管理制度分述

1. 构建办理仲裁案件制度，维护公司的权益，加强对违规员工的管控，防范或化解在处理违规员工方面的法律风险

所有依规定程序与条件准予仲裁的案件，统一上报法律事务承办部门负责人批准。法律事务承办部门应于批准的当天指定案件承办人，符合一定情形的，可聘请律师并同时指定协办人。如案件事实情节复杂或重大，又无以往类似案例可供参照的，争议数额达规定数额以上的，企业规定负责人或法律事务承办部门负责人确认需要聘请律师代理的，被指定的承办人应填写案件承办表，与人力资源管理部门移送的材料、告知函等相关材料一同归档。承办人应于规定日期内拟制或填写好申诉书，并于规定日期内予以立案。需要发函的，应于发函期满后的一定期限内予以立案；如需聘请律师的，立案时间可适当延长。所有与仲裁有关的对外文书或函件，需经专职风险监督员审核后方可行文；专职风险监督员外出的或经专职风险监督员指定，可由兼职风险监督员审核。所有证据材料按移送仲裁的规定，原则上应于立案前收集完毕，但符合规定情形的可在立案后予以补充证据。承办人应及时与劳动仲裁委员会沟通，于第一时间领取相关案件材料并听取劳动仲裁委员会的意见，及时将上述材料归档防止遗失。对方当事人有和解意向的，应及时与其沟通，向专（兼）职和解员汇报登记，由专职和解员接受委托与其协商和解内容；如果达成口头和解协议的，应及时填写和解审批表；经批准和解的，应及时督促对方当事人在

和解申请书与和解协议书上签字。调解流程参照和解程序的规定。建立和解、调解逐级审批制度，由法律事务承办部门负责人初审，并由企业规定负责人最终审批，但企业规定负责人可以授权法律事务承办部门负责人代为行使职权的除外。对方当事人在约定时间内完全履行和解协议的，应拟制撤诉申请书并报法律事务承办部门负责人、企业规定负责人逐级审批，并于获得批准后，及时向劳动仲裁委员会申请撤诉。对于重大疑难案件，应及时向法律事务承办部门负责人汇报，经其批准后提交风险监督委员会评议，确定出庭策略与重点。在出庭前应拟制出庭说明书，报送法律事务承办部门负责人并听取其出庭指示。应按照出庭时间及时出庭，并积极谨慎的发表案件意见，做好出庭情况的记录工作。接到领取裁决书或调解书通知后，应及时领取并审核上述文书的内容，如发现问题应及时告知劳动仲裁员沟通更正。无须起诉的案件，应拟制结案说明报法律事务承办部门负责人审批，并整理好相关材料且及时按规定程序归档。经批准需起诉的案件，按照劳动争议诉讼规定执行。

2. 建立内部违规违法人员预防与追究制度（内审处理），保护公司财产利益，预防和打击内部职务犯罪和外部财产侵占

所谓内审处理是指集团公司对内部操作出现违规违法行为或外部人员对我公司财产有非法侵占的行为予以取证调查并协同公安机关进行处理和追究的行为。一般来说，内审处理行为由法律事务承办部门作为内审事务经办部门，负责举报的受理与调查。公司可实行奖励制度，保护并鼓励所有员工对侵占、挪用公司资产行为、公司员工收受他人贿赂（包括擅自接受他人回扣不主动上报的、与他人合谋利用公司政策骗取公司财产的或其他有损公司利益的）的行为进行举报。

3. 建立公司业务异常现象报告制度

公司业务发生异常现象时，应立即向主管领导进行汇报；主管领导在接到汇报后应向事业部或部门领导进行汇报，并及时安排人员进行核实。法务机构接收移送材料或事件举报后，应在规定日期内安排人员进行调查核实，各相关部门应积极配合，并如实反映所知悉的情况。法务机构应设置专人负责内审案件处理，对接收案件应进行交办并进行相应授权。法务机构内审专员在接到交办后的规定期限内完成初步调查，涉及企业管理的，内审专员有权申请企管人员进行协办。初步调查应附调查报告及相关调查材料。根据初步调查情况，法务机构可组织人员进行案件沟通评议，对符合犯罪行为构成要件的，应立案处理，不符合犯罪构成要件的，应做好台账登录，移交企管人员进行处理（职工违规操作）或相关部门进行处理。法务机构承办案前沟通评议，沟通评议会形成案件处理建议，经与会人员签字后报法务机构审批。法务机构负责人根据评议建议，指派专人负责案件，对于案情重大的案件可提交企业规定负责人处理，并根据实际情况交办律师处理。

4. 建立健全调查报案和案件跟踪制度

内审专员在接到案件当日，应整理调查材料，形成案件卷宗，明晰案卷档案目录，并负责处理过程中的档案归档和保管。内审专员应参考评议建议，对案件相关材料予以补充，需继续调查的，申请调查授权书进行案件调查。授权内容包括：交办相关部门对相关事实进行说明并提交指定材料，交办行为适用集团公司交办单管理制度；调阅或复印与案件相关的档案；有权对相关责任人或其他相关人员进行质询；对相关责任人进行通报。内审专员应在规定期限内完成调查工作，并协调公安机关进行报案，负责报案所需材料和证明的提供，做好公安审核和侦查的服务工作。内审专员应及时沟通并督促公安机关办案，并将案件侦查进程及时汇报，保障公司损失尽快追回。内审专员需随同公安人员与涉案当事人或其家属进行协调沟通，对予以赔偿并接受公司处理的涉案当事人，报部门领导进行和解，并协调公安机关结案；对态度恶劣或案情严重的嫌疑人应积极协调公安机关进行通缉，协助公安机关进行抓捕，并督促公安机关追回公司财产或所受损失。对公安机关侦查结束后仍不能返还公司财产或赔偿损失的，应督促公安机关移送检察机关予以公诉，并对公司损失提起刑事附带民事赔偿，协调法院予以判决并执行。内审案件处理完毕后，内审专员应做出案件总结并归档，备案移交档案室，并确保档案的完整。对重要案件或特殊案件，结案后或案件发生后，承办机构应进行分析，并结合实际情况出具法律意见书，对公司相关制度流程提出整改建议，并协助督促整改。对影响重大的案件，法务机构应安排人员收集相关材料，根据公司实际情况，开展集团法制宣传，预防和警戒类似案件的再次发生。

第四节　建立合同全流程管理制度

一、现代企业合同管理制度概论

企业合同是企业在生产经营过程中，与具有平等主体地位的其他企业法人、组织或自然人就设立、变更、终止民事权利义务达成的协议。在市场经济条件下，合同是连接各经济主体、处理经济关系的重要法律依据和经济纽带，同时也是产生纠纷的根源。因此，合同管理制度是企业在社会经济活动中适用范围最广、最频繁的法律制度。

企业合同的顺利签订与履行，是企业得以发展的前提和基础，是企业经营目标得以实现的重要保证，也是一种为了取得经营效益的经济行为。随着我国市场经济体制的建立，内容完善、履行良好的合同管理制度是企业运用法律手段维护合同权益，防止财产流失，提高经济效益，增强市场竞争力的重要手段与保证。合同管理在企业的生产经营和管理制度中发挥着越来越不可替代的作用。

但是，在实践中，大多数企业的合同管理意识淡薄，不熟悉合同法的一般规定，基本上没有把合同管理纳入经营管理之中。主要表现在：企业的公章、介绍信和空白合同等重要法律文书管理混乱；对业务人员的授权不明，盲目轻信口头承诺的“君子协议”；合同签订行为不规范，约定不明确，合同履行监控制度不完善；对违约行为采取的措施既不及时也不适当，等等。合同管理制度的缺失，给企业带来了不必要的风险及损失。

二、构建合同法律风险管理制度体系

企业合同风险管理是企业法律事务的基本组成部分。构建完善的企业合同风险防范制度体系对每一个企业都具有至关重要的意义。从合同动态管理角度来讲，企业合同管理包括合同草拟、审查、签订、履行、合同违约责任追究、合同检查等内容；从合同静态管理角度来讲，企业合同管理包括合同专用章使用管理、合同文本管理、合同档案管理等。由于合同管理涉及内容众多，所以合同管理制度包括合同草拟与审查制度、合同相对人审查制度、合同专用章管理制度、合同履行管理制度、标准合同文本管理制度、合同违约审查追究制度等。

一般来说，企业可结合自身情况制定合同工作管理制度作为本企业合同管理的基本制度。合同管理基本制度可对企业合同基本事务处理做出一般性规定，包括合同事务处理的目的、宗旨、基本原则、合同事务处理体制、合同审查与批准、合同签订、合同履行、合同检查与考核，重在对上述事务提供框架性依据。

在通常情况下，合同风险管理由法务机构主导，由各业务部门协助管理，而合同业务则由业务经办部门主导，法务、财务部门监督审查。合同事务较多的公司集团，一般在法律事务承办部门设立专职合同审查员，负责合同审查、交办合同草拟、合同检查、合同培训并参与合同谈判；在所属子公司或分公司设立合同专员负责合同签订、签约文本的前期管理等，并负责在各自的业务范围内进行合同谈判、草拟与履行。

现代企业的合同文本，一般分为企业通用文本与合同临时用文本。现代企业在合同基本管理制度的指导下，以企业合同文本为核心，构建合同文本的草拟、审查、批准、签订、履行、归档及检查制度。对企业因日常经营管理事务而经常使用的文本，可由合同审查员制定统一文本，经规定审批人批准后要求各业务承办部门统一使用，并确保常用合同文本的统一印制、统一编号、统一发放、统一使用、统一归档，防止新旧合同文本同时并用情况的发生。

除了标准文本外，合同文本原则上由各业务部门草拟，特殊情况下经业务部门申请由合同审查员进行草拟，但所有的非标准文本都应提交法律事务部审查。未经审查不得加盖合同专用章。

为了确保对公司合同的有效管理，需要建立合同检查及监督考核制度，对公司合同事务处理情况进行有效评估并提出整改措施。合同检查也需制订检查计划，定期或不定期做好统一安排，并按计划的要求成立检查小组。检查小组由企业法律顾问、其他专业人员与合同事务具体承办人员共同组成。在进行合同检查时，应着重于合同条款是否完整、合同签订是否适用统一文本、是否严格按照合同约定主张权利并履行义务、合同管理是否严格按照规定程序进行等方面内容。根据合同检查出现的情况，应及时提出整改意见，修订合同文本，并进行合同管理的培训与宣传。

第五节　建立诉讼风险管理制度

一、企业诉讼风险概述

所谓企业诉讼风险是指企业在处理诉讼事务过程中可能存在的利益受损，既包括企业诉讼事务承办人员在处理诉讼事务时违反规定而致损的可能性，也包括企业因对基本法律常识和诉讼规则不了解，导致诉讼缠身、诉讼策略失误或诉讼证据材料缺失等致损的可能性。重大涉诉风险一旦处理不当，可能会导致企业的重大损失或对企业正常经营管理活动造成重大冲击，甚至会导致企业破产。如何从制度角度加强诉讼事务风险防控，确保企业诉讼风险的最小化，是每一个现代企业必须关注的重大命题。

诉讼事务管理是指在企业规定负责人的领导下，由法务机构对于起应诉、证据收集、开庭、执行及诉讼资料归档等诉讼事务处理的各阶段加强控制的活动；也只有对企业起应诉、证据收集、开庭、执行和诉讼资料归档等各个环节加强控制，才可能让企业诉讼风险防控落到实处。

加强诉讼风险防控需遵循如下指导思想与原则。

（1）实行诉讼风险评议与监管制度，对于一般性案件应经过评议会评议始得立案处理；重大或较大案件提交风险监督员审查或风险监督会议讨论通过始得立案处理。

（2）建立健全调解、和解及撤诉分级审批制度，对于一般性案件或规定权限范围内的较大案件，报法务机构部门负责人审批后始得调（和）解、撤诉；对于权限范围外的较大案件或重大案件经法务机构部门负责人审核后报企业规定负责人批准始得调（和）解或撤诉。

（3）实施诉讼事务时限管理、预警及疑难案件移交制度，诉讼事务承办人应在规定或指定时间内完成承办事务处理，未完成的给予预警，经过两次预警的案件或重大疑难案件应上报法务机构部门负责人提交风险监督员或风险监督委员会或类似机构处理。

二、企业诉讼风险管理制度概述

1. 建立健全诉讼申报与分配制度

公司与外部单位发生的财产、经济等纠纷，通过非诉讼程序无法解决问题的；外部单位因特定事由以公司为被告或第三人而主动提起诉讼并致函公司应诉的，符合规定条件参与诉讼的，当事单位特定事务承办人填写诉讼案件申报表，报当事单位负责人批准后，移送法务机构。相关责任人员接到材料后，应及时上报法务机构部门负责人。法务机构负责人对申报材料进行审核，符合受理条件的，报企业规定负责人最终审批；不符合受理条件的，予以退回，企业规定负责人可授权法务机构部门负责人代行最终核准的权力。

对符合下列情形的案件，公司可聘请律师并同时指定协办人办理。

（1）案件事实情节复杂或重大，又无以往类似案例可供参照的。

（2）争议数额达到规定数额以上的。

（3）企业规定负责人或法务机构负责人认为需要聘请律师代理的。

2. 建立健全立案制度

被指定的承办人应填写案件承办表，随同案件申报材料一同建立承办案件卷宗，原则上一案一卷，但两个案卷当事人相同且证据材料存在交叉的除外。承办人认为需组织评议会的，可主持召开评议会，对案件事实、法律及起诉或者应诉策略进行讨论。评议会会议纪要作为承办人承办案件的参考，不具有强制约束力。承办人根据案情并参照评议会会议纪要于立案之日起合理期限内出具承办意见书，报法务机构负责人审核；法务机构负责人对承办意见书的可行性进行审查，不具有可行性的予以退回重拟。

对于进行报送审批的起诉名单需进行最终核准；需要协调的，经企业规定负责人确认通知相关责任部门。法务机构负责人在审查承办意见书时，认为需要提交风险监督员进行风险审查并出具风险审查意见的，可移交风险监督员。风险监督员出具的风险审查意见书，承办人认为可行的予以采纳并执行；有不同意见的，应及时向法务机构负责人报告，经其审批同意可予以变更。承办人应于承办意见书合理期限内，制作起诉书并准备授权委托书、双方身份证明材料及待提供的主要证据目录。依法律或当地法院要求需要加盖公章的，应于合理期限内填写用章申请报批盖章。

承办人在规定期限内准备好完整的立案材料并到有管辖权的法院进行立案。在特殊情况下因立案材料不全导致材料被退回的，应于法院规定期限内完成立案材料的补充工作，并确保立案时限不超过相应规定期限。一般应于立案当日领取受理通知书与缴费通知书，并依据受理通知书与缴费通知书到指定缴费单位进行诉讼费预交并保存好诉讼费发票。诉讼费申报报销参见公司相关制度规定。

3. 建立健全庭前准备制度

案件承办人应于立案之日起合理期限内联系立案法院，取得承办法官的姓名、联系方式，并及时与承办法官进行沟通联系，仔细回答承办法官的询问；如果需要，可以协助法官进行文书的送达或处理其他诉讼事务。开庭前应与对方当事人进行电话或函件联系，确定其债务清偿能力及是否有和解意向。口头就争议事项达成初步协议的，应及时填写和解审批表，并注明双方已达成的初步和解内容，报法务机构部门负责人审批，按规定需要报企业规定负责人审批的应按程序报企业规定负责人最终核准。承办人按照和解审批表审批内容与对方当事人进行谈判，确需变更的应参照和解审批程序进行；最终达成和解协议的，应于当天与对方当事人签订和解协议书；如果需要对方当事人出具承诺书，应于签订和解协议的同时，一并出具承诺书。对方当事人提供证据材料的，应于开庭前向承办法官申请调阅复制，并作为案件卷宗不可或缺的材料。起诉案件应于开庭前拟制代理词、开庭说明书报法务机构负责人审批，应诉案件应于开庭前拟制答卷辩状、开庭说明书报法务机构负责人审批；法务机构负责人对报送材料的合法性、可行性进行审查，不具备可行性、合法性的退回重拟。法务机构负责人认为需要提交风险监督员进行风险审查的，可移送风险审查。风险审查意见，承办人应当予以执行，确有不同意见的，可报法务机构负责人审批后变更。

4. 建立健全证据处理制度

案件承办人应自接到承办案件之日起，需在合理期限内完成对案件事实及涉及法律的审查，并制作收集证据材料责任明细表。待收集证据材料涉及多个单位，且材料众多，承办人可申请证据材料调取与调查授权，经法律事务负责人审批后，报企业规定负责人核准；经授权的案件承办人有权向档案室调取与案件相关的档案，到有关部门或关联公司调查，有权要求向相关部门或经营公司对相关证据材料进行协助收集，有权督促证据材料责任单位及时收集并移交责任证据材料，有权向法院申请调查取证。

业务承办部门或经营公司负责人负有配合、协助法务机构处理案件中的相关问题、收集和提供案件的原始证据及相关依据的责任。公司所有员工在经营管理活动中发现公司的利益可能或正在受到损害，都有义务及时向有部门报告并做好相关证据材料的保管工作。当事单位应保管好在处理涉诉事务过程中所形成的调查材料、费用凭证，并于案件申报时限或法务机构要求的当日及时向法务机构移送上述证据材料。

案件承办人认为责任单位移送责任证据材料不全需要补充证据的，有权予以退回；责任单位应于要求期限内予以补充，特殊情况经法务机构同意可以适当延长。

案件承办人因证据材料所在地较远或时间有限无法自行收集证据材料的，经批准有权委托证据材料所在地集团公司协助收集；受托单位应当接受并在要求期限内完成证据材料收集，有特殊情况经法律事务同意可以适当延长。对于需法院依职权调取的证据材料，承办人应尽可能找到证据材料存放地，并于法定的期限内及时向法院申请调查取证。根据案情及法定举证责任，承办人应对收集到的证据的真实性、合法性、关联性进行审核，并按照举证期限的要求按时向法院提供证据目录项下的全部证据。在公司的经营、管理或其他活动中，被其他组织或个人起诉而被动参与（包括可能涉及）诉讼活动的，当事人、有关责任人和所在部门、单位应及时以诉讼事务申报书的形式向法务机构说明案情并提供相关材料，以备应诉工作的顺利开展。由公司法律顾问代理的，则由经办人协助专职律师调查收集相关资料。收集的资料应该包括下列内容：当事单位关于有关事实的报告和公司领导的批示；当事各方主体情况资料；有关事实的证据材料；其他与法律事务处理有关的资料。承办责任人认为需要组织评议会对收集到的证据材料进行评议的，可组织评议会。评议会意见作为承办人处理案件的参考。

5. 建立健全庭审制度

案件承办人应按时出庭，遵守庭审纪律并听从审判长或审判员指挥，避免有损公司名誉的任何言行，避免法院工作人员的投诉。参与法庭调查，认真听取对方当事人的质证意见，并根据事实与法律法规发表己方的质证意见，确保重点突出、意见精确。参与法庭辩论，围绕庭审争议点积极谨慎地发表意见，并做好庭审的记录工作，确保所阐述事实有证据依据，所主张理由有法律根据。根据授权，本着维护公司利益的原则以庭前确定的诉讼策略参与庭审调解；享有调解特别授权的，根据事前审批的调解方案与对方当事人达成调解协议；没有调解特别授权但与对方当事人达成调解意向的，应于庭审结束后当日填写调解审批表报法务机构负责人批准，需报企业规定负责人最终核准的报企业规定负责人审查，但企业规定负责人授权法务机构负责人代为行使的除外。庭审结束后，应仔细核对法院庭审记录，发现错误应及时纠正；当庭宣判的，应于审判庭确定领取日领取裁判文书；未当庭宣判的，应于审判庭确定的宣判日领取裁判文书。领取裁判文书或调解书当日，应进行仔细核对，发现文字性错误的，应及时与承办法官沟通予以纠正；判决内容或判决理由有悖事实或有违法律规定的，应于当日向法务机构部门负责人报告，并提出上诉建议。根据当地的法院实际操作习惯，判决书需加盖生效章或需领取生效通知书的，应当于上诉期满后，及时加盖生效章或领取生效通知书。自判决书生效之日起，必须在合理期限内进行总结，提出书面结案报告，分析发生原因及责任分担，并提出纠正和预防措施，报法务机构部门负责人批准；需报企业规定负责人审批的，报企业规定负责人最终核准。对于案件处理进程中所需要的必要条件和关系协调，案件关联单位及相关人员应积极、主动配合法务机构开展针对性工作，保证案件处理的顺利进行。

6. 建立健全执行制度

在案件审结后，依据人民法院的生效判决，法务机构应继续做好执行阶段的工作。对方当事人逾期不履行生效协议、裁决、判决时，承办部门或承办人应及时向法务机构负责人汇报。需申请强制执行来维护公司合法权益的，于判决书生效之日起在规定期限内，向人民法院申请强制执行，但特殊情况需报法务机构负责人批准的除外。决定申请强制执行的，法务机构部门负责人应于合理期限内指定执行案件承办人。被指定执行承办人应于接到执行案件之日起出具承办意见书，报法务机构部门负责人审批；法务机构部门负责人对意见书的合法性、可行性进行审查，不符合条件的，予以退回重拟。法务机构负责人认为需要提交风险审查的，可提交风险监督员进行风险审查，风险审查意见承办人应当予以执行；有不同意见的报法务机构负责人批准后更改。执行案件承办人应自承办意见书被批准之日起合理期限内草拟强制执行申请书，同时准备授权委托书、双方身份证明材料及其他资料，并于合理期限内予以立案。执行承办人应于接案之日起合理期限后与立案法院取得承办法官的姓名及联系方式，并协助承办法官查找被执行人房屋、存款、汽车等财产；对已经查到的财产，应于当日申请法院采取查封、冻结等强制措施；对于已经查封、扣押的财产，应及时与承办法官沟通联系评估机构进行评估，并及时协助承办法官对已经评估的财产进行拍卖、变卖。自执行款项划到法院账户之日起，在规定期限内出具划款申请，及时将上述款项划回公司账户。在执行过程中，与当事人达成和解协议的，可向法院申请执行中止。具体程序参照和解审批的规定。通过执行获得清偿的案件或者确无财产被裁定执行中止的案件，应于合理期限内整理相关材料并制作结案报告向法务机构负责人申请结案。

7. 建立健全调解与和解制度

调解是指在法院的主持下双方当事人就争议事项达成协议并由法院制作调解书的制度；和解是在立案前，或在诉讼与执行过程中双方当事人就争议事项达成协议的制度。诉讼事务承办人认为与对方当事人有和解或调解可能的，可与对方当事人协调谈判；达成和解或调解意向的，按授权范围逐级报批。法律事务承办人对于存在和解或调解可能的案件，应于立案前或开庭前与对方当事人积极联系，争取协调解决纠纷；在协调解决纠纷过程中，应本着公司利益最大化的原则与对方当事人进行谈判，谈判不可能达到效果的，应及时要求法院判决。所有与对方当事人达成和解或调解的案件，应与对方当事人签订和解协议或由法院出具调解书，并同时要求对方当事人出具承诺书。

8. 建立健全撤诉制度

经和解或调解双方达成协议的案件，且对方当事人在约定时间内完全履行和解协议的，应拟制撤诉审批表并报法务机构负责人批准，依规定需由企业规定负责人最终核准的案件应报送企业规定负责人审批，但企业规定负责人授权法务机构部门负责人代行职权的除外。经批准的撤诉案件，自批准之日起合理期限内制作撤诉申请书并填写用章申请，按照用章管理规定的程序进行报批盖章；涉及债权清偿的案件，财务承办部门在核实债权确已清偿之后须盖章。自盖章之日起合理期限内，案件承办人应向法院申请撤诉；撤诉退费应及时划入公司账户。

9. 建立健全诉讼档案管理

对于在申报、立案、庭前准备、庭审各阶段形成的案件材料，案件承办人应于材料形成的当日及时归档。所有诉讼档案需按照公司文件资料安全管理规定的要求，建立案件承办台账和案件文件资料目录，经所属负责人审核后于合理期限内将目录项下的资料移交公司档案室。结案材料中未包含经审核的档案移交目录不得批准结案。

此外，案件处理完毕后，由法务机构负责对全案情况进行总结，形成材料向公司领导汇报，并向有关部门酌情通报，条件允许的可作为法制宣传教育材料加以运用。经营业务范围类似案件数量众多、性质相同的，可适当简化相应程序，具体简化适用办法由相关处理部门或科室拟定报法务机构部门负责人审批后实施。二审、再审案件的申报、立案、庭前准备及庭审，参照一审相关规定执行。

第六节　制订普法宣传与培训规划

一、现代企业法律知识与培训制度概述

对于现代企业而言，公司人员的整体素质决定了企业存在的自身价值和未来的竞争地位。企业所需求的人才，不仅要掌握财务、审计和运营知识，而且还要拥有一定法律知识水平。企业可以在不违反法律的前提下，利用法律提供的运作空间实现其利益的最大化，但若放弃了守法经营的基本理念，那么受到法律的惩罚和制裁便成为迟早的事情。企业由于侵权或违约行为而丧失企业诚信所带来的潜在损失，可能会对企业造成更大的不利。企业只有树立起守法经营的理念，不做侵权或违约的事情，才是企业发展的长久之计，才可能最大限度地规避企业存在的法律风险。

通常，企业通过设立内部法律顾问或者聘请律师担任常年法律顾问，或者采取二者结合的方式来防范企业法律风险。实践证明，上述方式在防范法律风险，为企业保驾护航方面起到了积极作用。然而，由于企业经营者的法律风险防范意识淡漠或出于控制企业经营成本的考虑等原因，目前设置内部法律顾问或者聘请律师担任法律顾问的企业并不多。

有效防范企业法律风险，必须强化企业领导人和员工的法律风险意识。企业领导人的法律风险意识，是有效防范企业法律风险的关键。相当部分企业领导人的法律风险意识仍然滞后，在决策时往往忽视或者轻视了法律风险的存在，更注重于速度和效率。这样做不但达不到决策的预期目标，而且会造成不必要的损失，甚至给企业生产经营带来严重危害，导致企业走向衰落。企业员工由于工作岗位的不同，发生的法律风险原因和结果也不尽相同。所以，对不同工作岗位的员工，必须有针对性地培养法律风险意识。只有企业领导人和全体职工都建立起了法律风险意识，企业在生产经营活动中才可能减少和避免发生潜在的法律风险。

目前，企业法务人才培养需求极为紧迫，最好的办法是对一些企业经营管理人员进行系统的法律专业培训。这里之所以要强调“系统的法律专业培训”，是因为法律是专业性很强的学科，仅仅懂一些法律知识、看几部法律条文是不够的，只有经过系统的基础理论学习才可能培养起法律思维能力，才有可能为企业提供专业服务。所以，对经营管理人员也要进行法律素养培育。

二、企业法律知识与培训制度的构建

为提高公司管理人员的管理水平和员工的法律意识与风险防控能力，加强集团公司法律知识培训和法制宣传工作，公司经营管理人员必须学习和掌握必要的法律知识，努力提高运用法律手段管理公司的本领，对企业所涉及的相关专业法律要有必要的了解和合理运用的能力。公司员工应学习和掌握岗位工作所涉及的相关法律知识，以保证业务行为的合法性。一般来说，公司人力资源主管部门负责组织安排相关的培训与宣传活动，法务机构作为法律知识培训与宣传的承办部门，负责根据实际情况制订相关的培训计划或宣传计划，编制培训与宣传资料，并负责培训与宣传的讲解。

法律知识学习采用集中培训和自学相结合的方式，并确保每一位员工有与其职位相应的学习时间。一般员工法律知识培训要贯彻“贵在中长期、学在平常时”的精神，鼓励员工自主学习。对新进员工应安排一定时间的法律知识培训课程，并对相关培训内容进行测试，作为员工考核的重要依据。法务机构每月根据公司实际情况，通过内部网络、报纸等宣传工具，向全体员工公示学习资料，供员工自主学习，各公司（部门）负责对员工的学习情况进行监督和考核。人力资源主管机构根据公司（部门）各岗位职责和在岗人员建议制订岗位知识需求，报法务机构备案；法律事务部负责对新进人员进行岗前法律知识培训，并指定专人负责后期自主学习的辅导。公司重要岗位，如合同签订人员应定期培训学习，不断提高认识风险和防控风险的能力。新的法律、法规和规章颁布后，法律事务部应当及时组织部门人员学习培训，并结合公司经营特点和实际需要对公司领导干部和业务骨干进行培训。部门内部培训应在颁布后的合理期限内完成，对外培训也应在相应的合理期限内完成。此外，法务机构可结合公司实际经营管理状况，组织专项或综合法制宣传，提高员工的遵纪守法意识，防止员工职务违规违法行为的发生。

法律知识培训应保障形式灵活多样，注重学习效果。本着“集中学习与自学相结合，专人辅导与专家授课相结合，系统学习与专题讲座相结合，组织培训与学习交流相结合”原则，把学习效果真正落到实处。对法律知识培训重点岗位，应将法律学习作为重要内容列入每月考核，每月应有学习计划与学习笔记，每季度由法务机构组织法律知识测评，作为考核和人力资本的重要依据。集团公司每年举办1~2次系统法律法规知识竞赛，对成绩优异者给予一定的物质和荣誉奖励。法务机构组织承办培训或组织学习考核及其他培训活动，各相关公司（部门）应给予全力配合，法律事务部有权根据配合情况做出处罚建议报企业规定负责人核准。

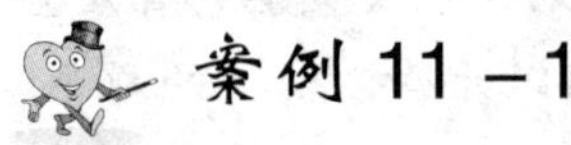

案例 11－1

中国庆华集团普法宣传工作标准

1. 普法宣传工作目标

通过长期开展法制宣传教育和实践，增强集团全体员工，尤其是领导班子成员及科级以上经营管理人员的法律意识和法律素质，建立法治文化，增强诚信意识和法治观念，进一步提高依法决策、依法经营和法律风险管控能力；建立健全集团特色的法律风险防范体系，不断完善和规范集团内部经营管理机制；提高公司法务工作管理水平和解决实际问题的能力；推动庆华集团学法、知法、守法、用法的法治文化氛围；培养全员“学法、懂法、用法、守法”热情，实现依法治企。

2. 普法宣传工作原则

（1）坚持“保经营、促管理”，服务大局。按照集团“十二五”期间经营战略规划要求，深入开展法制宣传教育，保证集团经营平稳较快发展，维护集团和员工利益。

（2）坚持学用结合，学以致用，普治并举。坚持法制宣传教育与法治实践相结合，突出宣传法治实践的重要作用，不断提高法制宣传教育的实际效果。用法制宣传教育引导法治实践，在法治实践中加强法制宣传教育，深入推进合规经营，依法管理。

（3）坚持改革创新，与时俱进，形式多样。把握法制宣传教育工作规律，创新工作理念，拓展工作领域，完善工作机制，改进方式方法，体现法制宣传教育的时代性、规律性和创造性。

3. 普法宣传工作对象

普法工作原则是“重在中高层，贵在中长期，学在平常时”。

根据集团公司经营管理特点，建议在做好全员普法的同时，根据工种、职能的不同，对重点人群，如管理人员、技术人员、生产人员、采购人员和销售人员等，进行有计划、有组织、有针对性地培训。

4. 普法宣传工作要求

（1）正确认识普法宣传工作的重要性，领导重视，系统组织。集团总部成立普法工作领导小组。集团分管法务工作领导是普法工作领导小组组长，各公司分管法务工作领导是副组长，负责领导普法宣传教育工作；集团总法律事务部负责人是集团普法工作领导小组秘书，负责组织各级法务机构开展普法宣传培训工作；各法务机构是普法宣传计划的组织执行部门；各法务机构负责人是普法宣传计划的执行责任人。

（2）强化全员法律风险意识，抓好“三个层次”的普法培训。即按照公司管理决策层、经营管理层和普通员工“三层次”细分普法宣传对象。

管理决策层是各公司领导班子成员，这是普法宣传工作重点，也是难点。管理决策层应充分发挥表率和带头作用，自觉坚持学好法、用好法。对管理决策层的普法宣传教育工作，按“集团总部组织开展为主，集团所属各公司组织开展为辅”的原则，通过发放学习资料、看视频资料、集中组织专题培训等形式进行。

经营管理层是各公司部门科室负责人，是公司中坚力量，也是普法宣传工作重心。对经营管理层的普法教育工作，按“集团各公司法务机构分别组织为主，集团总部法律事务部集中组织为辅”的原则，通过发放学习资料、看视频资料、参与培训等形式进行。

庆华员工是事务工作的执行者和实施操作者，是每件经济事务能否实现经济目的的关键。对广大员工的普法宣传与教育，要突出“贵在中长期，学在平常时”，以各单位自主组织为主，采用集中、细分工种，多形式、多途径，有系统、有组织，引导个人自学等方式组织实施。

（3）设定普法达标考核标准，加大对中高层管理者普法频率。各单位每年安排集体学习不少于 4 次，凡国家、自治区出台新的法律、法规和规章时，都应及时组织集体学习。

按培训对象，设定不同的受训标准。各法务机构要保证各公司管理决策层每年学法时间不少 24 课时；经营管理人员每年学法时间不少于 20 课时；普通员工每年学法时间不少于 16 课时。

在开展普法宣传教育的基础上，还将组织全员进行法律法规考试，确保考试合格率达 100%。加强普法工作组织、检查和督促，建立普法宣传激励机制。

总部法律事务部是集团普法宣传工作的组织、检查监督责任人，负责制定中高层管理者普法宣传工作计划，确认各法务机构普法宣传计划，并组织落实；建立集团普法宣传工作可量化的标准，负责组织考核、检查和专项督查。加大对中高层管理人员的普法宣传力度，借助现代化信息工具，创新普及宣传形式。总部法律事务部要发挥顶层设计职能，强化组织管理，从集团高度整体规划、全盘设计，统一资源，有效组织，彼此借鉴，长期坚持。

（4）建立普法联络员机制，编制年度普法宣传经费预算。各法务机构应指定专门机构或人员负责普法工作，明确职责和任务，分解落实公司普法规划、年度计划；做好与总部普法领导小组、地方政府普法机构的联系与沟通；及时向普法领导小组报告普法宣传工作计划实施情况。

普法工作领导小组将按各单位普法工作计划，编制年度普法经费预算，并分解列入各单位每年的财务预算中，保证普法工作的有效运转。对计划中可由集团统一组织的部分活动，可列入总部法律事务部普法经费预算，由总部统一组织、统一安排、统一采购。

充分利用全国法制宣传日和法律法规颁布实施纪念日，采取普法联动机制，针对员工关注的热点难点问题，实行"普学结合、以虚促实、以虚做实"的方法，开展有针对性的专项法制宣传教育活动，引导集团干部员工依法表达利益诉求，依法维护正当权益，促进合法经营，依法管理，创建新常态下的法治文化。

第七节　建立法律风险防控方案

一、企业法律风险防控概述

随着现代企业经营业务的扩张及组织机构的日益复杂，只对已发生的法律风险进行事后补救，不仅无法从根本上杜绝相关法律风险的再次发生，也无法全面有效地防止企业因法律风险而造成的损失。建立企业法律风险"事中控制、事前预防"机制，成为每一个企业最大限度地防范与化解企业法律风险的必然选择，也成为现代企业法律风险防控制度的标志。

所谓企业法律风险防控管理是指企业法务机构或人员对各种法律风险进行识别、收集、报告，并对存在法律风险的职能部门或集团所属经营公司进行提示、预警，对于法务机构的内外事务依职权申请进行风险评议的企业风险防控活动，包括但不限于企业风险提示、预警、报告及评议制度。

为了加强公司对企业法律风险的认识、评估、管理能力，防范与化解公司在事务处理过程中可能存在的法律风险，有效构建企业风险的"事中控制、事前预防"机制，每一个现代企业都必须对法律风险环境进行系统地评估，对各种法律风险制订预防性措施和突发事件管理预案，按要求制订法律风险管理战略，尽一切努力预防法律风险，减少法律风险，预防诉讼，减少诉讼，以切实减少企业的损失。法务机构或人员定期或不定期地对企业的全部或者某一领域的业务进行审查，指出存在的法律问题，预测潜在的法律风险，提出排除风险的方案。严格地讲，它强调的是对企业的全部或某一领域的业务进行审查，而非仅对某一单一事项诸如一份合同的审查。当然，它也不排除仅就单一事项的审查。

一般来讲，审查的内容包括但不限于：企业主体资格状况、对外投资及分支机构的状况、企业的经营状况、企业的财产状况、知识产权状况、纳税情况、合同、对外担保状况、债权状况、正在进行中的诉讼或仲裁案件的状况、有无行政违法行为等。

法律风险防控既着重于对风险事项的事前审查、提前预防，又着重于对已经发生的事实进行事后判断，指出潜在的法律风险，提供排除风险的方案。

为了确保法律风险防控目标的实现，现代企业应指定部门并落实专人负责法律风险报告、提示及预警管理工作，以实现法律风险管控的常态化、规范化、程序化，实现对公司法律风险的多层次管理，实现对一般法律风险及时提示。对重大法律风险应进行有效预警，并对公司年度经营管理活动中存在的法律风险进行汇总和报告。

二、企业风险防控方案的构建

1. 建立健全企业风险提示制度

所谓风险提示制度是指法务机构在处理职能范围内诉讼事务、非诉讼法律事务及其他事务过程中，对于发现的一般性法律风险，依规定对当事单位或部门进行风险提示的制度。法务机构在合同、制度、函件审查或检查过程中发现集团职能部门或所属经营公司的事务处理存在不规范、不合理的地方，可能存在一般性法律风险隐患，但无须进行风险预警的，可以向当事单位发出风险提示。一般来说，法律事务承办部门的承办人员在处理职责事务的过程中，若发现一般性法律风险，且在合同期限内，应出具风险提示通知书报法务机构部门负责人批准后送达当事单位。当事单位接到风险提示通知书后，报单位负责人审核；单位负责人认为确实存在风险的，应当指定相关责任人进行整改。

2. 建立健全风险预警制度

风险预警制度包括内部风险预警与外部风险预警。所谓内部风险预警，即法务机构依规定程序向事务处理责任人发出预警，从而督促其改善工作的制度；所谓外部风险预警，即法务机构在处理职能范围事务过程中，发现集团其他职能部门或所属经营公司在经营管理过程中存在重大法律风险的，依规定程序向当事单位发出预警并督促其整改的制度。部门内事务处理责任人超过规定、指定或合理时限未完成交办或职责任务的，或者责任事务处理严重违反公司程序或具体规定的，所属领导或指定人员依职权或经批准也可向其进行预警，并要求在指定期限整改或完成；未完成的，给予二次预警；经二次预警的责任人，给予扣分处罚并由所属领导决定是否更换承办人。法务机构在合同、制度、函件审查或检查过程中发现集团职能部门或所属经营公司的事务处理，违反国家法律法规或公司风险监管制度，存在重大风险隐患需要纠正的，可向当事单位发出风险预警通知书。一般来说，法律事务承办部门承办人员在处理职责事务的过程中若发现重大法律风险的，应在知道或应当知道重大法律风险之日的合同期限内，出具风险提示通知书，经法务机构部门负责人批准后报规定负责人审查后送达当事单位。当事单位接到风险预警通知书后，应当按照风险预警通知书及企业规定负责人指示内容进行整改。整改完毕后，应出具整改报告报法务机构审核，通过审核后报企业规定负责人最终批准。

3. 建立健全年度风险报告制度

所谓年度风险报告制度是指通过全面调查和梳理公司经营所涉及的法律事项，就公司年度商业安排制定出法律风险防范重点，并提出防范预案的制度。法务机构应广泛收集国内外企业忽视法律法规风险、缺乏应对措施导致企业蒙受损失的案例，重点收集员工道德操作遵从性、重大法律纠纷案件等信息，对收集的初始信息应进行必要的筛选、提炼、对比、分类、组合，并进行风险评估。结合收集风险案例及相应的风险评估，法务机构指定专人草拟年度风险报告并提交风险监督委员会或类似机构讨论。年度风险报告的内容包括但不限于公司治理结构、公司合同风险防范体系、公司知识产权保护体系、公司人力资源法律保护体系、公司重大重组项目风险防控体系、公司风险预警、公司风险救济机制等内容。经风险监督委员会或类似机构讨论通过的年度风险报告经法务机构审查后于每年年底提交企业规定负责人审批，经审批的风险年度报告，法务机构应单独或联合当事单位制定风险防控预案，经企业规定负责人批准的风险防控预案，法务机构负责监督落实。

4. 建立健全法律风险职能评议制度

所谓法律风险职能评议制度是指法务机构和人员在处理职能范围内诉讼事务、非诉讼事务及其他事务过程中，经承办人提出申请或由部门负责人交办，对待处理事务的法律风险进行分析与评估的制度。法务机构在处理一般诉讼事务的过程中，依规定或者承办人认为需要进行风险评议的，可组织所属科室内外的工作人员进行评议。风险评议纪要作为承办人办理诉讼案件参考，评议参加人对所发表的评议意见不承担事务处理责任。其他事务承办人在处理承办事务的过程中，依规定或认为需要时可组织风险评议，可参照上述论述执行。针对法务机构职责范围内的疑难事务，经承办人提出申请或者法务机构要求可组织部门评议会议对所涉事务进行分析与评估，经部门负责人审批的部门评议会纪要，承办人应当予以执行。对于部门外的事务处理，法务机构人员在履行职责的过程中认为可能存在风险的，参照风险提示或预警管理规定执行。

5. 建立健全法律风险提请评议制度

业务承办部门或经营公司在处理事务过程中，认为存在一定的法律风险，需提交法务机构进行风险评议和分析的，或企业规定负责人在处理或审批公司事务认为需要由法务机构进行风险分析和评估的，可提出风险评议要求。业务经办部门或经营公司提出申请的，应填写法律风险评议申请表报，经单位负责人批准后提交法务机构，并同时提交相关背景材料。法务机构应于接到风险评议申请当日进行初步审查，决定是否受理风险评议申请。必要背景材料欠缺并直接影响风险评议工作的，予以退回补充材料。法务机构决定予以受理的一般性法律风险评议且材料齐全的，应于合理期限内评议完毕，一般性法律风险评议但需进一步调查或补充材料的应于合理期限内评议完毕，重大事务或涉及面较广的事务或依规定属于较大或重大风险级别类的事务，应提交风险监督委员会或类似机构或风险监督员在合理期限内评议完毕。法律风险评议人认为材料不足或需进一步了解待评事务具体情况的，可向提交单位或当事单位进行问询或要求进一步补充资料，被询问或被要求单位应当积极配合。企业规定负责人交办事务的风险评议，法务机构应当受理；风险评议意见经法务机构部门负责人审核后报企业规定负责人最终批准。依规定属于较大风险事务的，评议承办人将草拟完审查意见书报法务机构部门负责人审查后，始得移送申请部门。属于重大风险事务的，评议承办人报法务机构部门负责人审查后，应提交企业规定负责人核准。风险评议意见供当事单位参考，但未予以采纳的由当事单位负责人承担法律风险责任；企业规定负责人审批的评议意见书应当作为当事单位处理所涉事务的行动方案。

6. 建立健全风险咨询管理暂行规定

加强公司对企业法律风险的认识、评估、管理能力，防范与化解在公司事务处理过程中可能存在的法律风险。风险咨询管理指为实现公司对法律风险咨询的制度化、常态化，经企业规定负责人批准或依规定，或由当事单位提出申请，经法务机构审查同意，由法务机构指定专人、风险监督员或组织风险监督委员会或类似机构对日常事务（不包括正在处理的具体事务）进行法律风险分析与评估的制度。业务承办部门或经营公司在日常经营管理过程中认为可能存在一定法律风险需提交法务机构进行风险分析的，或企业规定负责人在处理日常事务过程中认为需要由法务机构进行风险分析和评估的，可提出风险咨询要求。由业务承办部门或经营公司提出申请的，应填写法律风险咨询申请表报单位负责人批准后提交法务机构，并同时提交相关背景材料。法务机构于接到风险咨询申请当日应进行初步审查，决定是否受理风险咨询申请。必要背景材料欠缺并直接影响风险咨询工作的，予以退回补充材料。法务机构决定予以受理的，一般性法律风险咨询且材料齐全的，应于合理期限内完成咨询事务处理；一般性法律风险评议但需进一步调查或补充材料的，应于合理期限内完成咨询事务处理；重大事务或涉及面较广的事务或依规定属于较大或重大风险级的事务，应提交风险监督委员会或类似机构或风险监督员在合理期限内完成咨询事务。申请部门进行口头咨询的，法务机构一般可当场给予解答，但认为必要时可在合理期限内给予解答。法律风险咨询承办人认为材料不足或需进一步了解待询事务具体情况的，可向提交单位或当事单位进行问询或要求进一步补充资料，被询问或被要求单位应当积极配合。企业规定负责人交办事务的风险咨询程序可参照上述操作。业务承办部门或经营公司提请的风险咨询事项属较大风险事项的，咨询承办人出具的咨询意见应由法务机构部门负责人批准后始得报送提交单位；风险咨询事项属重大风险事项的，咨询承办人出具的咨询意见经部门负责人批准后，报送企业规定负责人最终批准；企业规定负责人交办事务的风险咨询，咨询承办人出具的咨询意见经法务机构部门负责人审核后报企业规定负责人最终批准。

第八节　其他法律风险管理制度

企业法律风险监管制度涉及公司经营管理的各个方面，由于各个企业的具体情况的不同，企业各自应制定的法律风险监管制度的范围也有所不同。本节重在以企业法律事务处理为主线对部分重大法律风险监管制度进行简单勾勒，对上述章节未能重点加以论述的监管制度，在本节予以罗列，以确保本书内容的完整性。

例如，构建企业商标、专利和商业秘密管理制度。企业应积极注册申报商标和专利，重视对企业无形资产的开发、经营和保护。又如，企业商业秘密保护规定，目前虽没有专门适用法律，但还是可以得到一定的法律保护，关键是取决于企业自身是否采取了适当的保密措施。因此建立商业秘密保护制度，为员工设立严格的保密义务，可以有效防止员工出具不利于企业的证词，泄露不利于企业的经营和技术信息，从而维护企业经营管理的正常秩序。

另外，各类法律风险管理制度的贯彻实施保障制度，也是企业法律风险管理制度体系中不可或缺的重要制度。这类制度可以单独制定，也可以并于具体管理制度之中。

当然，不同生命周期的企业，可以根据企业不同发展现状及需要，制定差异化的制度体系，可繁可简，也可多可少，但应以适用、实用，能实现有效管理为设置原则。

第十二章　中国庆华能源集团组织体系建设情况

第一节　中国庆华集团简介

中国庆华能源集团有限公司（以下简称中国庆华）是一家以生产煤基清洁能源及煤基精细化工产品为核心的大型专业化、现代化加工企业，承担着国家首批“煤制天然气”和国家首个“煤炭分质综合利用”示范工程任务。集团总部设在北京，下辖内蒙古庆华集团有限公司、青海庆华矿冶煤化集团有限公司、宁夏庆华煤化集团有限公司、新疆庆华能源集团有限公司、庆华集团国际贸易有限公司、香港庆华投资有限公司等 50 多家全资及控股公司（图 12－1 为中国庆华能源集团清洁能源产业分布图，图 12－2 为中国庆华能源集团组织结构图）。

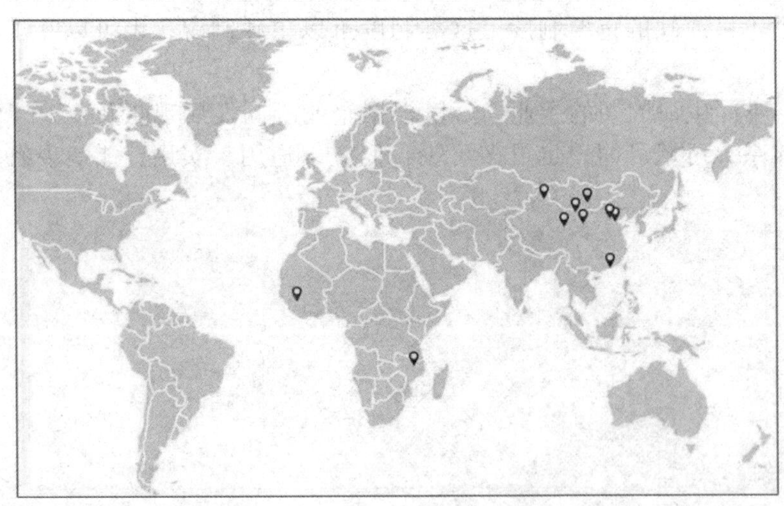

图 12－1　中国庆华能源集团清洁能源产业分布图

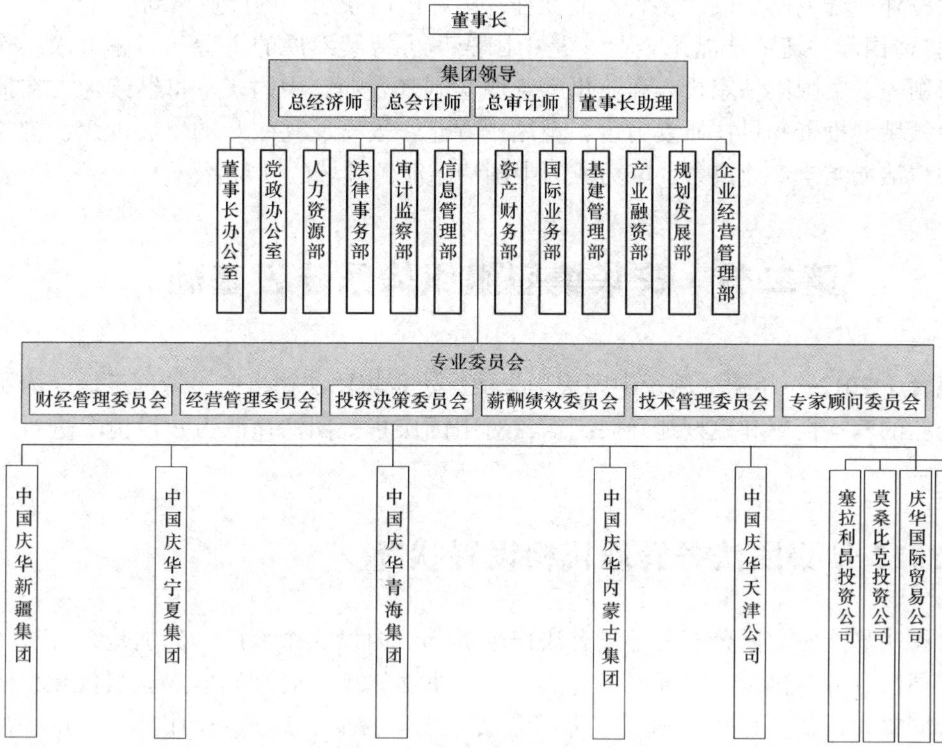

- 董事长
  - 集团领导：总经济师、总会计师、总审计师、董事长助理
    - 董事长办公室、党政办公室、人力资源部、法律事务部、审计监察部、信息管理部、资产财务部、国际业务部、基建管理部、产业融资部、规划发展部、企业经营管理部
  - 专业委员会：财经管理委员会、经营管理委员会、投资决策委员会、薪酬绩效委员会、技术管理委员会、专家顾问委员会
    - 中国庆华新疆集团、中国庆华宁夏集团、中国庆华青海集团、中国庆华内蒙古集团、中国庆华天津公司、塞拉利昂投资公司、莫桑比克投资公司、庆华国际贸易公司、庆华北京招标分公司、中国庆华国际投资集团公司

图 12－2　中国庆华能源集团组织结构图

中国庆华始终秉持“绿色、可持续”的发展理念，依托资源优势，坚持以“煤基清洁能源”为主线，大力发展煤基多联产循环经济。在内蒙古、青海、宁夏和新疆等地建成了多个以现代煤化工为标志的低碳化、清洁化、循环型国家级产业园区，成功运营了一批包括煤制油、煤制天然气、己内酰胺等高附加值、清洁环保的煤基清洁能源项目。2013 年 8 月 20 日，作为“十二五”期间国家首个核准的“煤炭深加工示范项目”——中国庆华新疆煤制天然气项目一期工程竣工投产，其意义不仅是中国庆华产业转型升级的里程碑，也是中国能源行业的标志性事件，为中国清洁能源的发展开启了新的历史篇章。

煤制油、煤制气是煤炭清洁利用的重要方向，作为国际未来能源技术的制高点，符合当前我国国情，也是在我国“富煤、贫油、少气”的条件下，保障国内油气供应安全和推动能源结构调整的迫切需要和现实选择。中国庆华的煤基清洁能源系列项目的布局符合国家现代煤化工产业政策和我国对煤炭资源的长期利用方向，技术优势、资源优势、区位优势、集群优势、环保优势和经济优势逐步凸显，在行业内将长期引领现代煤化工发展方向。

在此基础上，集团实施多元化发展和“走出去”战略，稳步拓展业务领域，积极开发海外市场，已形成“多种产业互补、国际国内联动”的产业格局。

“打造国际一流清洁能源企业”是中国庆华可持续发展的主旨和不懈追求。作为全球领先、中国第一家投入商业化运营的煤制气企业，中国庆华将继续加大在清洁能源领域的投资和科技研发力度，遵循“绿色、安全、高效”的发展理念，构建全新的清洁能源全产业链条，努力成为中国清洁能源领域的领跑者。

第二节　庆华集团组织体系建设基础

笔者于2012年年初受聘于中国庆华集团，负责集团法律事务与管理工作。为了了解企业的基本情况和更好地开展工作，对中国庆华集团法律队伍建设情况进行了书面调查。

一、2012年集团法务管理机构设置状况

中国庆华能源集团公司总部设有法律事务部，内设3个部门，分别是综合法务部、公司法务部和国际法务部。综合法务部负责法律事务管理制度建立与优化、清欠、合同管理、普法宣传与培训、部门公文收发与保管，以及部门内行政事务等；公司法务部负责集团法律事务机构建设与管理、公司制度审核、法律事务信息化、违纪行为查处、公司经营决策支持、重大项目谈判等；国际法务部负责涉外项目谈判、涉外法律事务服务、属地法律政策查询、涉外争议处理和涉外法律业务咨询和培训等。总部法律事务部现有专职法务人员3人，均为硕士研究生以上学历。

内蒙古公司设有法律顾问处，内设3个科室，分别为风险管理科、诉讼科和综合业务科。风险管理科负责公司各类经济合同的起草、审核、监管及执行等；诉讼科负责公司各类涉诉案件的代理、调解及和解等；综合业务科负责公司各类营业执照的换证、年检、新设、变更前期准备工作及日常行政工作。法律顾问处作为公司职能处室，配备专职法务人员9人，其中本科7人，专科2人。

新疆公司设有企管法规处，编制7人。其中专职从事法务工作人员4人，在分管副总领导下协助公司领导处理公司决策、经营和管理中的法律事务；为各部门提供法律咨询和法律援助，提出法律意见和建议；负责所属各公司、各处室对外签订合同的评审和合同管理等工作。企管法规处从业法务人员中，本科2人，专科2人。

青海公司于2007年组建法律事务部，在总法律顾问直接领导下开展法务工作，统一处理公司法律事务，2010年被青海省政府确定为省政府立法工作联系单位。法律事务部现有专职法务人员5人，均为本科以上学历。

宁夏公司将法务管理职责设在审计部，并配备专兼职法务人员 3 人，本科 2 人，专科 1 人。主要职责是参与重大商务谈判、招投标活动监督、合同审查与合同管理、争议处理和法律咨询。

天津公司当时未设置专业法律事务管理或服务机构，但设有风险控制岗负责法律及经营风险防范。

2012 年中国庆华能源集团法律从业人员分布图如图 12－3 所示。

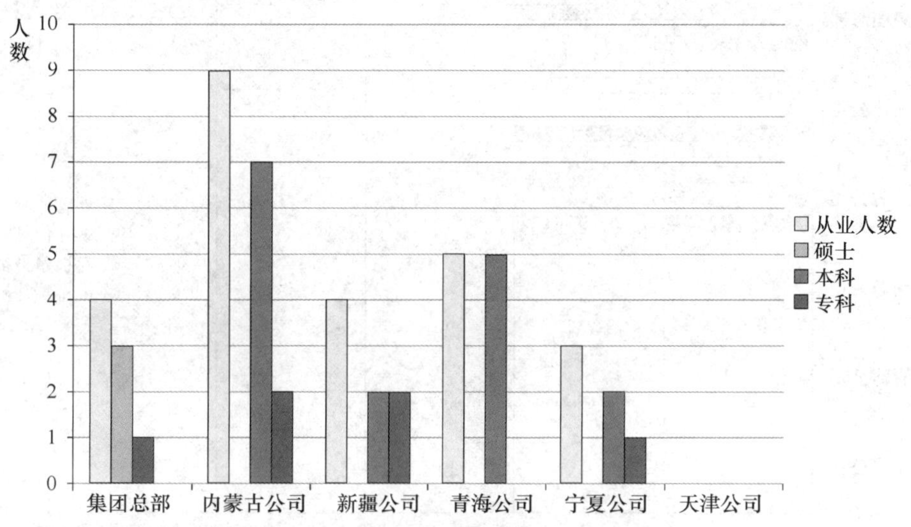

图 12－3　2012 年中国庆华能源集团法律从业人员分布图

二、2012 年集团法务人员配备状况

法律服务体系是法律服务主体、服务范围、运行和保障机制的总和。为满足法律服务机构职责需要，各机构均配备有法务从业人员，并为其设定不同职责和岗位级别。

集团公司法律事务机构设内设 3 级岗位，分别是部门经理级、科室级和法务专员级。各级共配备有专业法务从业人员 25 人，其中硕士 3 人，占总人数的 12%；本科 18 人，占总人数的 72%；专科 4 人，占总人数的 16%。具有法律从业资格 15 人，占总人数的 60%；无法律相关执业资质 10 人，占总从业人数的 40%。

持有法律从业资格的 15 人中，有法律职业资格的 12 人，企业法律顾问资格的 3 人（其中 2 人同时执有法律职业资格），基层法律工作者 1 人；而持有法律职业资格的 12 人中，有执业律师 4 人、一级法官 1 人。

集团公司一直秉承“内外配合，互为补充”的法务管理理念，将外聘律师作为公司法律服务体系主体的重要组成部分，纳入法律服务系统统一管理和使用。

集团公司共聘有外部律师 7 名，分别代表 7 家律师事务所与公司建立了专项或常年服务关系（图 12 – 4 为中国庆华能源集团外聘律师分布图）。集团总部委托了 4 家律师事务所，其中 2 家为案件代理，1 家为专项法律服务，1 家为常年法律顾问；天津公司委托有 2 家，均为常年法律顾问，其中赵天庆律师同时受托服务于集团总部资产财务部，是总部资产财务部专项法律常年顾问；内蒙古公司委托有 1 家，为公司常年法律顾问；新疆公司、青海公司和宁夏公司暂未聘请外部律师。

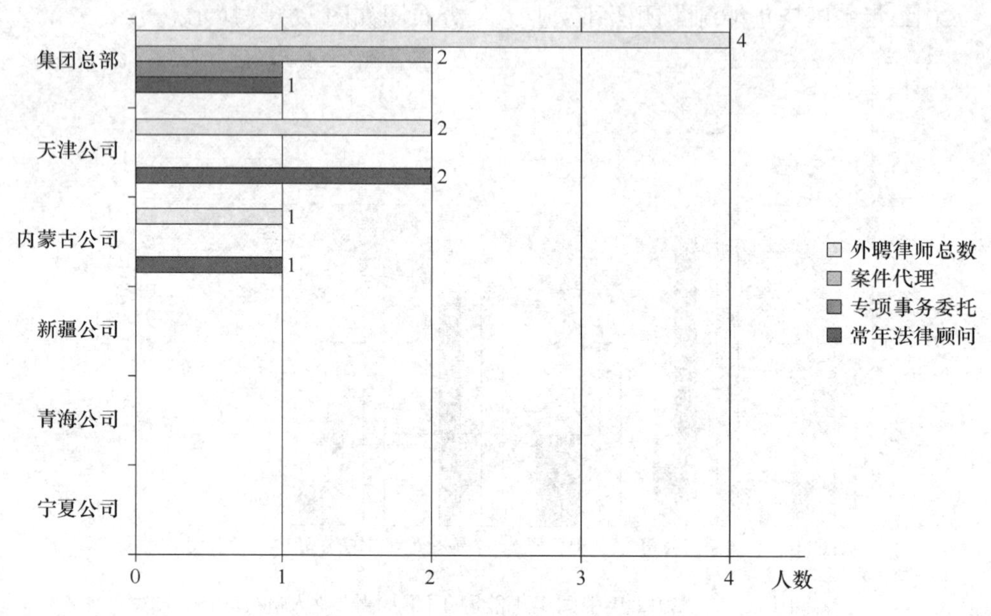

图 12 – 4　中国庆华能源集团外聘律师分布图

三、2012 年集团法律事务管理制度建设情况

法律服务体系的运行和保障机制建设的重要内容是法律事务管理与工作制度。“没有规矩，不成方圆”，没有工作制度就不能明确权责，也就没有了考核工作的标准。制度建设是法律服务体系建设的重要组成部分。

总部法律事务部已制定《法律事务管理规定（试行）》和《外聘律师管理办法》；《合同管理流程指引》正在向各单位征求意见，其他法律工作制度也将逐渐建立、完善与充实。

集团所属各公司也正在建立各自法律工作制度。

内蒙古公司编制有《法律顾问处工作职责》《代理诉讼管理办法》《证照年检管理办法》《经济合同管理制度》4 个制度。

新疆公司于 2012 年 6 月 2 日颁布实行了《合同管理制度》，后又编制了《法律事务管理规定》和《建设领域劳务保证金管理办法》。

青海公司已颁布实施3个法律事务制度，分别是《法律事务管理规定》《合同管理制度》《法人授权制度》，另以公司通知形式要求所属各单位、各部门设立合同管理员，从机构设置和运行机制两个方面，建立起法律服务体系。

宁夏公司也编制完成了《合同管理办法》和《法律事务工作管理办法》两个制度，都在审批阶段。

四、2012年集团法务组织工作情况分析

1. 机构设置不全，人力配备不足

法律服务机构是法律服务体系建设的组织保障。法律服务机构设置和人员配备的好坏是法律服务的基础，它们决定了法律服务的深度和服务领域的广度，以及是否能够真正满足服务对象的法律需求。

集团及集团所属各公司均设有法律服务机构，并配备有相应的专业法律事务工作人员，但机构设置不全，人力配备不足，具体表现在以下几个方面。

（1）法务机构设置不统一。除青海公司和内蒙古公司设有独立的法律事务管理机构外，宁夏公司未设独立的法律事务部，而是将法务机构设在审计部内，其下属各公司也未见设有法律事务服务机构。新疆公司设有企业经营管理与法务管理双重职责的综合性企管法规处。

（2）法务机构设置不全。较之内蒙古和宁夏公司，新疆公司根据其《法律事务管理规定》的要求，应在其所属各公司设有法律事务管理机构或配备专职法务人员；青海公司根据其《关于实行合同管理员制度的通知》精神，应在其所属各公司设合同管理岗位。

（3）法务人力配备不足。宁夏庆华煤化集团有限公司注册资金5.29亿元，下设宁夏庆华集团投资控股有限公司、宁夏庆华集团机械设备有限公司、宁夏庆华集团园艺有限公司和宁夏庆华集团选煤有限公司4家全资子公司，业务涉及投资、机械设备租赁、园艺和选煤等多个领域，法律事务面宽，专业跨度较大，只配有2名专业法务人员明显不足，且其所属4个子公司也未见配备专业法务工作者。

中国庆华集团总部设法律事务部，为集团总部各部门、各境内外分支机构提供法律服务，还担负着全集团法律事务组织与管理职能。随着集团总部各部门职能逐渐发挥，境内外各投资项目相继启动和推进，集团法务工作压力逐渐增大，3名专职法律人员已经不能满足集团法律事务的需要，集团法务工作组织与管理的职能更是难以展开。

2. 法务制度建设才刚刚起步

自青海公司于2006年11月1日颁布实施《法人授权制度》和《法律事务管理规定》以来，集团共制定了17个不同级别的法律事务制度。从名称看，这些制度内容主要涉及“法律事务管理”和“合同管理”两个方面，但涉及“授权管理”“外聘律师管理”“法律纠纷管理”“清欠”“组织机构建设”“法律队伍管理”“规

章制度管理”“知识产权管理”“客户资信管理”“培训与普法宣传”等方面的专门制度，以及“法律咨询”“法律意见书”等工作流程均未有效建立。

集团法务制度体系还不十分健全，需要组织制定和完善，使集团各级制度统一规范，衔接紧密。

3. 法律服务资源没能有效整合

法律服务资源没能有效整合。

首先，表现在集团没能建立外聘律师信息库，不能满足集团法律事务需要。外聘律师是对内部法务队伍的补充。北京庆华集团自 1998 年成立至今，少不了外聘律师帮助处理法律事务，尤其是那些专项法律事务。对使用过的外聘律师的专业方向、服务能力、服务水平及服务质量等，都需要评价、归类汇总，建立外聘律师信息库，以备适时恰当使用，共同与内部法务人员形成专业互补，共同服务于集团公司。

其次，还表现在集团没能有效管理和使用属地司法资源。如对项目投资建设所在地的法律、法规和政策的收集、整理和汇总，对当地司法机构的设置、作息时间、相关部门人员联络信息等，都需要及时掌握，建立有效的沟通机制，通过法律信息化系统向全集团及时发送和分享。

4. 集团法律事务部组织管理功能没有发挥

集团法律事务部是集团法律事务管理体系的最高组织，是集团法律事务服务组织与管理机构，对集团公司负责并组织集团各级法律事务机构和法务人员开展法律服务工作，为服务对象提供法律支持，为服务机构和人员提供法律知识保障，组织法务人员培训，更新法律知识。

集团法律事务部组建时间不长，在人力配备 3 人的情况下，面向集团总部各部门、天津贸易公司、招投标代理分公司开展各类法律服务工作。经过反复淘汰选择，队伍基本稳定，服务对象也正向集团所属其他各子公司延伸，服务领域正逐渐增加，服务能力也将随着人员补充而有所增强。

到目前为止，集团法律事务部的组织与管理法律事务功能还远远没能发挥出其应有的作用。

第三节　庆华集团组织体系建设计划

一、2012 年集团法务组织体系建设思路

1. 加强组织体系建设

法律事务组织体系应统一规划，自上而下逐级设置。集团设总法律顾问，直接向董事长负责，并根据授权全面领导集团法律事务的高级管理人员，参照《国有企

业法律顾问管理办法》的有关规定，建立科学、规范的集团法律顾问组织制度、工作制度和业务流程。

集团总法律顾问组织集团法律风险防范机制建设，努力将法律风险防范工作纳入企业管理的全过程，实现对集团法律风险的全方位防范和动态化监控，努力从源头上防范法律风险。

集团法律事务部在集团总法律顾问的领导下开展工作，协助总法律顾问组织并管理全集团的法律事务工作，为集团及所属各级公司提供法律援助和支持服务。

集团所属各级公司根据业务需要，设总法律顾问和法律事务机构，没有条件设立法律事务机构的单位可设合同管理员岗位。

2. 强化组织管理功能，提高总部法律事务部法律服务管理能力

集团及集团所属的子公司法律事务部是法律事务组织与管理的服务部门，除肩负着所属单位法律事务服务职责以外，还应强化法律事务管理功能，积极组织所属单位各级法务人员开展法律服务工作，制定法务工作流程、培训法务人员、更新法律知识、交流法务工作经验，共同提高法律服务质量和服务水平。

3. 健全法务制度体系，制定法务工作制度和工作流程

集团总部法律事务部对建立集团系统有效法务制度负有领导责任，应率先制定制度典范。集团所属各公司是集团制度建设的参与者，也是制度制定与实施的主体，应在集团总部法律事务部业务指导下开展法务制度建设工作。对集团已有法务制度可参照执行，对集团暂无的法务制度可建议制定；对所属单位已有的法务制度进行系统梳理，确保制度的合理有效性。

集团法律事务部应制定法务编制管理制度，并积极指导所属各公司建立健全法务制度，建立集团法务制度体系。

4. 建立法律风险防控体系，加强合同全流程管理

合同管理是法律风险防控的基础。合同管理的好坏直接关系到法律风险控制的结果好坏。

集团法律事务部要组织各级法务人员，从合同起草、审查入手，开展合同法律风险预防工作，将业务过程中的法律风险扼杀在萌芽阶段。各单位要尊重合同的严肃性，要求各业务执行部门和人员，严格按照合同约定全面及时履行合同义务，主张合同权利，避免因履行不当引发违约风险。发生合同争议时，法务人员应积极配合业务部门处理，提出避免损失扩大的措施和解决方案建议；和解无望时，积极采取司法救济和应诉。

5. 建立法务人员信息库，合理配备内外法务资源

集团所属各单位应积极配合集团总部建立法务人员信息库，包括内部法务专员信息库和外聘律师信息库，使集团总部法律事务部了解和掌握各级单位法务资源信息，合理调配和利用法律人才和资源，开展法律工作。

集团法律事务部还应适时组织法务人员，开展法律知识更新学习和培训，在集团内实行法务人员轮岗、派驻制度，培养和训练有潜力的法务人员，做好人力阶梯储备工作。

二、2013 年集团法务组织体系建设要点

2013 年年初，在本年度应重点从以下 9 个方面开展集团法务组织管理工作。

1. 认真领会与贯彻董事长在 2013 年工作会议上的重要讲话精神，在顶层设计上做文章

董事长在 2013 年工作会议上提出：2013 年是庆华集团开展“二次创业”和实施“十二五规划”的关键一年，要从战略高度重新调整集团总体发展思路，强化法律监督和审计监察力度，保障集团安全规范运行。要求法律、审计工作对任何公司和部门都不能有盲点，要继续加强法务和审计监察力度，特别要加强对重点工程、重点设备采购招标、财务政策履行方面的法律介入和审计监察工作，加强法律、审计队伍建设，搭建符合中国庆华集团特点的法律监督和审计监察体系，充分发挥法务、审计工作对企业经营的保驾护航作用。

为了落实董事长的讲话精神和对法务工作的具体要求，法律事务部将在集团公司领导带领下，强化顶层设计，科学制订法务工作目标，积极推动集团战略实施，继续本着“预防为主，有效控制”的工作方针，积极开展法务工作，将法务工作贯穿到企业经营管理的各个环节，使法务工作无盲点。

2. 加强法务组织体系建设，提高法务人员专业化水平和业务能力，在队伍建设上下功夫

2013 年，法律事务部积极加强法务队伍建设，不断吸纳优秀法律人才进入集团公司，充实法务队伍。按集团人力资源战略要求，落实法务编制，因事设岗，依岗定责，细分服务与管理领域，确定内部机构与职责，强调分工与合作，建立上下一体的法律服务队伍与管理网络。在集团推行法务轮岗、轮训制度，建立专业法律团队，培养复合型专业管理人才；整合境内外法律资源，建立外聘律师信息库，充分发挥外部律师的补充作用，提高法律队伍综合服务能力和水平。

3. 加强企业法制文化建设，提高全员风险控制能力和防范意识，在意识培养中抓落实

加强企业法制文化建设，要着重提高各级管理人员的法律素质和风险防范意识，对关键岗位、重点人员进行法律意识培养，切实贯彻“依法治企”理念。2013 年，法律事务部针对一线业务人员开展分区分片的合同风险识别与控制技能培训；针对中高层管理者开展企业法律风险管理知识培训和对法务人员自身的法律更新培训，借助信息技术建立法律信息平台，跟踪了解法律法规废、改、立，适时组织新法

学习；建立热点地区、投资区域法律、法规及政策索引，以满足海外投资与经营需求。积极开展群众性普法宣传活动，普及法律知识，逐步帮助全员树立法律风险意识。

4. 加强集团法务基础工作，拓展集团法律事务工作的深度和广度，在业务创新中求发展

集团各级法律服务机构和部门要积极拓展法律服务工作领域，探寻发挥职能作用的新思路、新途径和新方法，不能只局限在合同会签和纠纷处理等一般业务上。要积极探索向前后拓展、向左右延伸的工作措施，按照法务工作“事前预防、事中控制、事后补救”的原则，在企业重大经营决策、投融资、知识产权保护、合同谈判、资本运作等方面发挥积极预防作用，真正做到“法务工作无盲点，法律业务全覆盖”，全面参与公司生产经营与管理的各类活动，努力提高管控能力，提升法律服务水平。

5. 开展集团法律风险排查，全面提高集团风险防范能力和应对水平，在经营管理中控风险

2013 年，法律事务部与集团公司各业务部门紧密合作，开展集团法律风险排查工作，在全面分析本公司法律风险状况的基础上，对公司章程、制度、合同等进行梳理，尤其是在工程项目、对外投资、公司注册资本、人力资源等方面，先急后缓，从存在的或可能存在的法律风险查找入手，结合实际情况制定切实可行的风险防范预案，认真组织落实，努力提高全集团法律风险防范能力和危机应对能力。

6. 加强诉讼纠纷案件管理，建立健全重大法律纠纷案件预警机制，在危机处理中见成效

2013 年，我们建立了重大法律纠纷案件预警报告机制，认真分析发案原因，总结规律、完善机制，提出同类案件的事前防范方案和事后应对措施，避免同类案件在集团内再次发生，最大限度地降低案件对公司的不利影响。

7. 加强合同全流程化管理，确定合同监督控制范围和会签审查标准，在业务过程中维权利

2013 年，法律事务部在全集团开展两次合同大检查。第一次合同检查以《合同管理流程规定》为主，帮助指导集团所属各公司梳理合同管理制度，理顺合同会签流程，规范合同会签行为。第二次合同检查以了解制度落实情况为主，纠正执行偏差为辅，查找制度缺陷，制订解决方案，进一步确定合同管理标准，规范合同管理行为，加强合同履行监督，启动合同示范文本库建设。

8. 加强集团知识产权管理，建立知识产权确权、保护和维权制度，在技术转换中增效益

知识产权和企业商业秘密一样重要，都是企业生产力。商标、著作权、专利技术和专有技术，代表一个企业的技术水平和创新能力；技术转换生产力的程度代表了一个企业的管理水平与控制能力。

按照董事长在2013年工作会议上的重要讲话精神，法律事务部将加大对知识产权确权、维权与保护力度，制定可行的维权制度，帮助技术研发部门和使用单位做好商标注册、专利申请及专有技术保护等工作，保持技术行业领先，品牌形象鲜明。

9. 加强境外项目法律支持，控制海外项目运作风险，增强把控性，在探索学习中变主动

根据集团领导法务工作要求，法律事务部在2013年加大对海外项目的参与力度和参与频率，做好服务于集团海外项目的法律知识储备工作，确保给予项目充分的法律支持和服务；积极与项目牵头部门配合，了解项目归属地法律、政策环境；借助专业机构掌握行业投资风险（包括油气、运输、精炼、化工等相关领域）及国家安全风险、公司治理风险、环境保护风险、融资风险等。随着莫桑比克、塞拉利昂、蒙古国、北美地区等海外项目的深入展开，我们将逐步建立海外项目法律服务体系，充实国际法务人才，确定服务模式，切实保障“海外庆华战略”顺利推进。

中国庆华集团的2012年，是法律事务组织管理工作打基础的第一年，而2013年是法律事务组织与管理“稳中求进”的一年。法务部门紧紧围绕集团公司主营业务，强化法务集团管控，规范生产经营行为，“促增长、增效益、防风险”，与庆华人一起提高风险防范能力，提升管控水平，构建集团一体化的法律风险防控体系，使“控制无盲点，管理无盲区”。

第四节　中国庆华集团2013年年度组织体系建设工作成果

一、2013年法务组织与管理工作半年总结

2013年，笔者决定从意识形态入手，做好“法律服务”，同时倡导“法务管理”，提出了“加强法律队伍建设，搭建法律监督服务体系”的法务工作要求，制定并组织实施了“2013年度法律工作计划”。通过系统组织“法律知识普及，法律风险意识宣传”工作，强化法律风险管理意识，积极引导法律工作从“被动”向“主动”转轨，平稳有效地将集团法务工作向“事前预防，事中控制”顺利过渡。

2013年在法律风险防范体系建设方面的工作成果如下。

1. 加强法律队伍建设，强化顶层管控意识

集团法律事务部通过建立法律交流平台，及时发布集团法务工作动态，传达法务工作指示，下发法务工作通知，交流法务工作经验，分享法律知识培训课件，逐

步统一了集团法务工作方向和法务工作思路，强化了法律工作顶层管控意识，为建立集团统一的法律风险防范体系做好了铺垫。

2. 完善法务工作制度，推动制度体系建设

为配合集团化管控，提高集团规范运营，健全法务工作制度体系，法律事务部按集团领导要求，先后制定了《法律纠纷案件管理办法（试行）》《法律纠纷案件办理规则（试行）》和《授权管理办法（试行）》三个制度。其中《授权管理办法（试行）》有待集团领导批准后发布实施。通过在制度制定过程中征求集团所属公司意见，强化了集团所属公司的集团体系观念。

3. 增加法务沟通频率，统一法律工作思想

在半年的时间里，通过组织集团所属公司汇编典型案例，创办了集团法务内刊，收集法务工作经验交流材料，举办法律知识培训等互动活动，增加了集团总部与各子公司间的沟通频率，培养合作意识，校正并统一法律工作思路。

比如，在案例汇编过程中，我们要求总结案件办理经验，提出预防风险建议；在共同确定法务内刊主要栏目、栏目内容准备和编写“法务工作会议”经验交流材料时，要求各单位紧紧围绕“法律风险预防”确定理论研究方向、信息发布内容、工作理念及工作动态，借以逐步统一法律工作思想，强化法律队伍“事前预防，事中控制”的“预防为主”工作思路，引导法律机构管理人员调整法律工作重心，在“做好法律事务服务是基础，提高法律风险防控能力是目标”上达成工作共识。

4. 整合集团法律资源，有效服务集团经营

由于2012年年初开展了法律工作调研，摸清了各单位法律工作现状，尤其是了解了集团法律队伍素质、工作思路、工作能力、法律资源，以及面临的工作难题等。其中反映较多的是法务资源整合问题，各法务机构希望总部法律事务牵头，集中各公司法律优势，形成资源共享平台。为此，我们开通了集团交流平台，能及时将疑难问题发布并征求最佳解答和应对方案。

2013年上半年，通过法务交流平台解答法律疑难问题两起，反映疑难案件两件，组织专题分析研讨会一次，派总部律师赴内蒙古集团对两件疑难案件进行论证分析，制订应对方案，并协调总部法律资源，帮助公关部门处理相关业务，有效发挥内外资源效用。

二、2013年法务组织与管理工作全年总结

（一）2013年全年集团法务组织工作思路和总结

2013年，针对法务工作不足，法律事务部提出了“法务工作无盲点，法律业务全覆盖”的法务工作新目标，要求全集团法务系统从保障基础法律服务入手，强化

集团意识，统一集团法务工作思路，推进集团化法务管理，上下齐心，在组织体系建设方面打开集团法务工作的新局面。

1. 强化集团意识，加强队伍建设

按照集团“提高集团法律风险防控能力，提升集团法务工作水平”的要求，法律事务部全员紧跟发展、牢记使命、着眼全局、履职尽责、注重防控，克服了人少事多的困难，制订了2013年年度工作计划，并在部门内部进行了细分，人员之间密切合作，共同建立了集团法务工作联络渠道；逐步健全组织机制，建立业务流程，完善法务工作制度；认真履行法务工作职责，推进集团化法务管理。

2013年年初，法律事务部结合集团公司经营发展战略，参照集团人力资源部“定岗、定员、定责”的工作要求，明确了部门管理与服务并重的工作职责。按照业务进行分工，分解《2013年法务工作计划》；按“分工不分家”原则，加强团队建设，严密组织集团法务工作；按“管理与业务同步”原则，为业务延伸到的领域制定管理制度和控制措施，规定业务流程，做到了“业务延伸到哪儿，管控措施就跟到哪儿”。

集团意识从来都不是口号，都是随着专项具体的法律事务和工作被宣传灌输的。我们在对各法务机构进行业务指导时注重体现集团高度，发挥顶层设计能力，突出集团化管理与控制作用，着力引导各法务机构紧跟总部法务的工作思想、工作节奏，强调适应集团化法务管理的要求，创造机构间学习交流的机会，有计划有组织地分享各法务机构间的业务经验，总结教训，达到共同提高，平衡发展的目的。

2. 强化法务职能，提高管控能力

集团各法务机构间发展不平衡，人员素质也参差不齐，职责定位不清，责任要求不明，尤其是重服务轻管理现象较为普遍。为纠正这一错误倾向，法律事务部逐一与各法务机构负责人、各公司分管法务工作的领导交流，阐明总部法律工作思想、计划与安排，交流法务工作管控作用和管控方法，培养管控意识，统一法务工作标准和工作要求，为转移法务工作重心到“事前预防，事中控制”打下了良好基础。

到目前为止，各级公司管理层和法务机构领导基本形成统一的认识，即法务管控是集团内控管理体系中不可缺少的一部分，“没有法务管理与控制的内控体系，是残缺的内控体系”，“没有法律管控的法律服务是单边的法律事务”，法律管控要与法律服务并重，法务人员不能只是充任“消防队员”，还应该多在“事前预防”和“事中控制”中发挥作用。

3. 普及法律知识，巩固集团意识

普及法律知识是法务人员的首要职责，也是法务机构长期且艰巨的工作，关系到全体庆华人对法律风险的认识和防范意识的强弱，也关系到法务人员的工作能力高低。

为了向庆华人普及法律知识，提高庆华经营管理层的“依法治企”观念，提高

法务人员法律风险防控能力，法律事务部在人力资源部和党办等部门的配合下，先后组织开展了“知识产权宣传周活动”“法律风险防范体系研讨会”“合同法律知识讲座”等活动；通过法务工作联络平台、OA系统和集团公司网站，不间断地发布法律知识课件12个、工作动态信息10条，出版《庆华法务》专业内刊一期，收集集团各子公司典型案例21个，编辑集团《案例汇编》1册，印发《合同示范文本》1册，整理了各部门法律法规并发布在法律知识库内，供大家学习参考。

4. 加强案件集团化管理，建立预警机制

2013年年初，法律事务部制定并印发了《法律纠纷案件管理办法（试行）》《法律纠纷案件办理规则（试行）》两项工作制度，加强对集团各子公司诉讼案件的管理，要求及时上报重大疑难案件，实行案件动态化管控。

根据规定，集团各公司应按照文件要求填写《法律纠纷备案预警登记表》《法律纠纷案件备案登记表》《法律纠纷案件情况汇总表》，并及时呈报。总部法律事务部则对各公司诉讼案件进行统计和分析，了解和掌握整个集团的案件易发点和较为集中的领域，出具法律意见，通报全集团，发挥预警作用。向集团领导报送了第一期《诉讼案件分析报告》。

5. 展开集团法律风险排查，提高防控能力

经过一段时间的充分准备，法律事务部适时在全集团范围内启动了法律风险排查和防控工作，并做了工作部署。

2013年8月，法律事务部向各子公司发出《法律风险排查与防控实施方案》，提出了具体排查要求，安排了排查工作进度。

2013年9月，法律事务部召集集团总部各部门展开法律风险排查工作会议，依据《法律风险排查与防控实施方案》做了工作部署，要求各单位找准、找实风险，并希望借此全面提升集团风险管控水平。

集团各子公司、总部各部门密切配合，法律风险排查工作在集团范围内有序展开。

6. 统一商标管理，树立品牌意识

商标管理，自2010年起开始引起公司的重视，先后申请国内商标注册172件，驳回商标申请93件（驳回复审14件），待申请4件，已取得商标注册证75件；分别以“KINGHO”和“KINGHO＋地球”在14个类别、26个国家申请国际注册411件，待申请255件，异议补充50件，进入注册程序29件；取得商标国际注册证77件。核准注册的国家与地区有新西兰、沙特阿拉伯、毛里求斯、蒙古国、新加坡、澳大利亚和斐济等。

目前，商标注册保护工作正向精细化、精准化和规范化推进。结合集团业务实际，研究确定集团主打商标；根据集团国际国内主营商品和服务要求，明确注册保护方向和攻关重点，避免盲目注册、全类注册，精确保护重点标识使用在集团主营商品和服务上，并规范商标使用行为，严格按照集团统一注册、法务归口管理的原则，着手收集集团商标使用证据，为针对性地申请及有序保护工作打好基础。

7. 组织集团专利申报，促进科技转换

持有专利证书数量的多与少，代表着公司软实力的强与弱，也代表着公司无形资产的大与小。

为落实董事长“1·9”和“8·20”讲话精神，鼓励科技创新，推动科技成果转换，保护专利技术，我们先是邀请知识产权专家与组织部分管理者，开展了“知识产权保护工作研讨会”；又从知识产权保护观念入手，在集团组织开展了“知识产权宣传周”活动；然后从实务工作切入，组织知识产权顾问工作组，深入基层挖掘专利技术，普及知识产权知识，宣讲专利知识，传授申请技巧，并组织集团各级公司建立起由分管领导、责任部门、工程师和技术人员组成的78人知识产权保护工作联络人队伍。

2013年，我们从224件QC成果中精选出了36件技术成果，准备申请专利。截至2013年年底，已完成技术交底书12件，已完成编写申请材料9件，已向国家专利局递交了专利申请4件。

8. 号召介入重大项目，加强合同系统化管理

法律事务部在持续不断加强合同基础管理的同时，也加大了对集团重大项目的参与力度，尤其是对境外项目的法务介入频率越来越高。

集团所涉及的海外业务和投资项目有塞拉利昂矿业投资项目、东帝汶政府合作项目、哈萨克斯坦公司合作项目、庆华国贸公司的海外贸易、内蒙古庆华集团的煤炭进口业务、进口直升机采购合同纠纷，以及亚洲能源公司人力、行政事务相关业务等。

所涉及的境内项目有煤炭经营许可证收购项目、唐山铁矿石贸易融资项目、木里煤田采矿权整合项目、格尔木钢铁项目、苏拉宫项目等。

（二）2013年全年法务工作的不足

2013年，集团通过高质量的基础法律业务服务与保障，推行集团化法务管理，发挥总部法务顶层设计职能，强化集团化法务管控理念，积极推进集团法律风险防控体系，成功将法律工作重心向“事前预防，事中控制”引导，力求实现“法务工作无盲点，法律业务全覆盖”的工作要求，切实发挥了为集团经营保驾护航的作用，取得了一些成绩。但离“集团化管理”和“顶层设计”的目标还有较大差距，工作中也还存在一些不足，主要表现在以下几个方面。

1. 营造法律风险防控体系建设环境不充分

体系建立和运营都需要一定的外部环境。比如，管理层对建立体系重要性的认识程度，将决定推进的速度；保障体系运营的主体（法务工作队伍）的素质和能

力，是决定体系建立好坏和运营效率高低的关键。

2. 集团化管理意识强化还不够

总部4名法务工作人员已经推动了合同风险管理、知识产权法律风险管理、诉讼法律风险管理、国际投资及海外项目法律风险管理4个管理模块工作，但目前只在总部尝试性浅层推进。如果要更加深入地在全集团展开，还会遇到包括观念、人力和财力等方面的重重障碍；如果要真正建立集团法律风险防控体系，系统推动企业设立、变更及终止法律风险管理、建设工程法律风险管理、项目法律风险管理、劳动用工法律风险管理、财税法律风险管理、投融资法律风险管理及刑事法律风险管理等模块，还须强化集团化管理意识，现在看来是任重而道远。

3. 法务管理思想还不统一，团队优势没能充分发挥

通过法律工作调研，发现集团及集团所属子公司对法律工作要求有所不同，对法务机构定位也有所不同，法律队伍内部人员对法务管理的认识也不统一，法律工作重心不明确，法务队伍优势发挥不明显。

4. 普法宣传培训还不系统，集团步调有待协调统一

普法宣传是法律工作的主要阵地，建立上下统一的口径和步调，在同一时期宣传同一个主题，最大可能地影响全体干部员工，让大家认识和理解法律工作，掌握一定的法律知识，提高法律风险的危机意识，将是下一步的工作重点。

5. 法律服务质量有待提升，服务能力和水平有待提高

法律事务部4名法务人员，执业背景相同，但执业经历和专业领域各不相同。根据“量才适用”原则，于2013年年初对部门工作进行了分工，使大家都能认真谨慎地履行各自职责，完成法律服务工作。但面对集团多元化发展的经营现状，法律事务部成员仍对个别专业领域的业务不是十分熟悉，需要借助外力、招聘相关方向人才，或者加强业务学习等方式来补充。比如知识产权保护工作、海外资本运作业务等。

第五节　中国庆华集团2014年年度组织体系建设工作成果

一、2014年年度法务组织与管理工作思路

2014年，中国庆华集团法律事务组织与管理工作满足“保经营、促管理、建体系、化风险”的要求，组织集团各法务机构认真做好法律基础服务工作，促进集团经营管理有效合规运行；解决2013年法律风险防范体系建设研究中发现的重点问题，配合并协同集团内部控制及管理体系建设，拾遗补阙，逐步完善集团法律风险防范体系，优化法务工作制度，查找并化解法律风险隐患，并开展以下法律服务与

管理工作。

1. 巩固思想工作成果，统一工作方向，完成理论向实践转换

2013 年，集团法律事务部通过考察学习、沟通交流、调查分析、研究讨论，以及协同开展工作，共同了解了集团法律工作现状，掌握了法务队伍建设情况，学习了法务工作体系结构，明确了法务工作方向，统一了法务服务与管理工作思想。

2014 年，集团法律事务部将重点引导各法务机构通过工作实践，进一步拓展法务工作思路，拓宽法律工作领域，实际落实工作重点向“事前预防”和“事中控制”的转移。

2. 加强法律队伍建设，健全法务机构，履行法务工作职能

2014 年，集团法律事务部将加大对法务人员的培训力度，加强法务队伍建设，健全法务工作机构。集团将根据业务需要在有条件的单位设立法务机构或法务工作岗位，并系统组织法务人员学习。

各级法务机构要按集团“三定”要求，定岗、定员、定责，结合各公司经营发展实际需要，组建和打造法务工作队伍，建立健全集团法务交流学习平台，提高法律工作效率和法务人员素质，履行法律工作监督管理职能，按“四点一线”的要求，发挥法律工作作用。

“四点”是指法律队伍建设、法律制度建设、法律业务建设和全面管理；“一线”是指提高集团全员法律风险防范意识。“点”是法务工作的措施和手段，是基础；“线”是法务工作的目标和实现保障。

集团法律事务部要组织各级法务机构用“线”穿“点”，使“点”切实得以实施并发挥实效。用“线”穿“点”的关键是风险意识培养和风险防范措施的制定与实施，对经营管理人员的法律意识培养和对法务人员法律工作技能的培训要两手一起抓。

3. 加强法务制度建设，推行标准化服务，提高法律风险防控能力

法务管控是集团内部控制与管理体系中不可缺少的一部分，法律管控措施要渗透到集团各经营管理环节。法务管控也是信用管控、资金管控、会计政策管控、物权管控、人事管控，以及反舞弊工作的有力支撑。法律法规和集团规章制度是衡量各类经营管控行为的标准，也是标准化法律管控合规运行的保障。

没有法务管控的内控体系是残缺的。集团法律事务部要协同和配合集团内控体系建设，逐步加大对经营管理活动的管控力度，尤其是要加大对业务活动的管控力度，促进管理合法，业务运作合规。各法务机构要为经营管理活动制定“规则”，明确各参与部门及人员的责任，推行流程化管理和标准化服务，实现合法经营，合规管理，使“控制无盲点”。

4. 促进集团业务发展，规范集团管理行为，保障集团经营安全

2013 年，集团法律事务部大力支持国际贸易公司圆满完成了业绩指标，协同集团各经营管理部门有效保障了集团经营平稳发展。2014 年，集团管控任务更重，经

营业绩要求更高。集团法律事务部将加大对集团业务的支持力度，全力配合庆华国际贸易公司和各经营管理部门，尤其要加大对庆华国际贸易公司业务的支持力度，协助开拓国际市场、拓展贸易方式、设计贸易环节、把好合同审核关、规范经营行为、防范资金风险、转移物流风险、控制贸易风险，为集团化管控和集团“营销大平台”建设提供强有力的法律支持。

各级法务机构要从“消防员”的角色中跳出来，把工作重心从“事后补救”转向到“事前预防”和“事中控制”中去。

5. 加强合同基础性管理，提高合同审查质量，防范合同法律风险

2014 年，法律事务部将结合工作实际，通过与相关部门的协作，围绕合同谈判、合同起草、模板维护、合同评审、后续跟踪等方面强化管理，加强合同中违约条款、惩罚性条款及争议解决条款的审核，优化合同管理环节，严格规范合同审查行为，提升合同审查效率，确保合同审查质量。强化合同管理有关人员的职业道德教育和遵纪守法意识，依法监督合同履行情况和合同承办部门或人员的工作职责履行情况，积极协助相关部门处理合同履行过程中出现的问题和纠纷，维护公司稳定快速发展的大局。

6. 强化纠纷预警报告机制，办好争议案件，促进应收应付账款管理

2014 年，集团法律事务部将深入推行《法律纠纷案件管理办法（试行）》《法律纠纷案件办理规则（试行）》的贯彻落实，充分发挥重大法律纠纷案件预警报告机制的作用，全面掌握、了解、分析集团范围内案件的易发点、多发点，分析其成因和对策，总结规律、完善机制，采取积极的预防措施，强化事前防范。促进合同履行环节的应收、应付账款管理，切实维护公司的合法权益。对发生的诉讼、仲裁案件，各司其职、分工配合、积极应对，按照公司利益最大化的原则妥善处置。

法律纠纷案件处理是法律基础业务。从“消防员”角色中跳出来，不是不再处理各类纠纷案件，而是要求在处理好案件的同时要多结合集团经营现实，多关注“事前预防”，认真查找风险隐患，制定防控措施，做好法律风险事前预防和事中控制的工作。

7. 支持海外事务发展，提供决策建议，防控海外投资风险

集团海外事务对法律需求逐渐增多，法务参与程度日渐加深，国际法律业务将得到夯实。

2014 年，集团法律事务部将根据集团海外投资项目的需要，有针对性地开展投资环境的法律调查，建立项目所在地法律信息资源库。加强对塞拉利昂项目基础设施建设的相关合同审查工作，从而有效防范塞拉利昂公司法律风险；重点结合塞拉利昂投资项目调查报告中反映出来的法律问题，协助塞拉利昂庆华公司进行集中整改；加大国际法律相关专业人才的招聘，组建语言过关、专业过硬、视野宽广、锐意进取的国际化法律人才队伍；了解与学习同行业其他大型能源企业境外投资先进法务管理经验，并结合庆华集团实际情况逐步建立相关国际法务管理制度，争取能取得以点带面的示范作用，促进集团整体境外投资项目制度体系的建立。

8. 拓展法律事务工作领域，加强集团工商注册事务管理，防控企业间连带法律风险

2014 年，法务机构要顺应集团产业不断扩大、海外项目不断拓展、业务领域不断创新的要求，重点围绕公司重大经营决策、投融资、海外项目投资、知识产权保护、资本运作等方面，探寻发挥职能作用的新思路、新途径和新方法。

在 2014 年，法务机构要积极加强对工商注册事务的管理，视工作实际逐步将工商事务管理工作纳入法务工作范围，在公司营业执照的注册、变更、增资、年检等工商事务性工作中严格把关，规范公司的登记行为，确保公司登记合法、真实、有效，切实防范和控制相关法律风险，为整个集团投融资、资产重组等工作的顺利推进，创造有利条件。

9. 继续开展法律风险排查，制定防控措施，及时排除法律隐患

2013 年 10 月，集团法律风险排查工作正式启动，现已全面铺开。根据集团公司法律风险排查工作会议上的具体要求和时间节点，2014 年着重做好以下几方面工作。

首先，集团总部的法律风险排查工作在 2014 年 3 月底之前要初见成效，即集团法务部要完成对集团各部门、招投标代理公司，以及天津庆华国贸公司的实地访谈排查，在 3 月底形成集团总部的法律风险排查报告初稿，4—5 月对排查出的法律风险逐一进行落实和解决。

其次，对各子集团的法律风险排查工作的进展情况进行督促和检查，引导各集团法律风险排查工作按照既定的时间节点完成，对排查出的法律风险要及时进行梳理和总结，将风险治理整改贯穿于排查的全过程。

再次，加强法律风险隐患的信息沟通，要对排查出来的法律风险隐患认真进行统计和分析评估，及时向上级报送相关信息。

最后，对排查出来的法律风险隐患，可在短时期完成治理整改的，立即采取措施消除风险隐患；对情况复杂、短期内难以治理排除的，尽快制订整改方案和应对预案，落实治理整改措施、整改效果、责任人和期限等，确保妥善处置，控制风险。

10. 普及知识产权知识，制定品牌战略，推动科技成果转换

集团法律事务部要总结商标注册保护的前期工作经验和教训，结合集团商品和服务产品实际，确定集团主打商标，制订品牌战略和商标保护方案，建立使用监控体系。

各法务机构要按照集团相关工作要求，规范商标使用行为，配合集团法律事务部开展相关工作，提供相关信息，共同打击商标侵权行为，夯实集团品牌基础。

各法务机构还要协助组织各专利技术联络人普及专利及专利申请知识，挖掘专利技术并申请专利；配合技术管理和技术开发部门，做好技术创新、技术开发及 QC

成果推广与应用工作，提升集团软实力。

集团各法务人员要了解国际知识产权保护前沿发展情况，积极开展知识产权保护方案研究，有效开展集团知识产权国际国内保护工作。通过知识产权保护工作的实际推进，总结管理经验，逐步建立健全知识产权管理与保护机构，制订具有中国庆华特色的知识产权保护制度，建全知识产权保护体系。

二、2014 年上半年法务组织体系建设工作成果

按照 2014 年年初“集团法务管理工作会议”确立的“保经营、促管理、化风险、建体系”法务工作精神，以及 2014 年年度法务工作重点和计划，法务部周密布署，严密组织开展 2014 年年度法务组织与管理工作，并取得了以下成绩。

1. 法务管理职责更清晰，合同管理思想有突破

通过一年多的思想交流与沟通，各法务机构负责人统一了对法务机构职责定位的认识，认同并接受法务机构是法律事务专项工作的职能管理部门，肩负着法律服务与法务管理的双重职责，越是基层的法务机构，其法律服务职责越多；反之，集团中法务机构级别越高，其法务管理职责越重。

“合同管理”替代了“合同审查”，合同管理工作向前后延伸。新疆庆华集团企业经营管理部从招投标项目中投标人资质审查入手，严格要求各投标人提交主体资格及资质证明原件，通过审查核对严把“准入”关；内蒙古庆华集团法律事务部从应收账款清理入手，对已生效合同履行情况进行检查，督促合同恰当履行；青海庆华集团从加强合同条款审查入手，规范合同条款描述，严把合同签章手续，控制合同条款风险；宁夏庆华集团从合同管理流程入手，重新修订了《宁夏庆华集团经济合同管理办法（暂行）》。

2. 法律服务定位更准确，法务工作重心有前移

法律服务是形式，法务管理是本质。以服务为基础的法务管理工作已逐步在全集团有序的展开。

总部法律事务部是集团法务工作的领导机构，是各级法务机构的主管部门，组织各法务机构系统开展法律服务与管理工作，对各级法务工作进行业务指导，对法务工作成果进行检查和监督。

各法务机构在总部法律事务部领导下，开展基层法律服务工作，协助总部法律事务部对法律风险进行管理与控制，并逐步将法务工作重心由“事后补救”向“事前预防”和“事中控制”转移，增强对合同相对人准入条件的审查，加强对合同履行过程的监督，拓宽法律服务面，挖掘法律风险控制深度。

3. 法律队伍建设已启动，法务工作盲点有补充

法律队伍建设是实现“法务工作无盲点，法律业务全覆盖”的基础。根据年初

“法务管理工作会议”议定的精神，法律队伍建设成为2014年法务工作的重点。

2014年上半年，集团法务工作体系在集团所属各子公司的二三级机构中，建立起由82人组成的合同管理员队伍，作为集团法律机构的有效补充。其中，青海庆华集团建立合同管理员队伍最早，但后因人员流动而有些松散，现剩余合同管理员10人，有待重新规范、整顿；新疆庆华集团组建了由机关各部门、各下级公司组织的兼职合同管理员队伍，并先后两次对61名合同管理员进行了岗位培训和考试；宁夏庆华集团下设兼职合同管理员11人，并组织了专业知识培训；内蒙古庆华集团正在制订合同管理员队伍建设方案。

法务部希望建立健全法务机构的原则是，在有条件设立法律事务部门的单位应设立法律事务部门，没有条件的单位或部门可设专职法律岗位负责本单位法律事务工作；对于业务量少，暂不适合设立部门和专岗的单位，可设立兼职合同管理员。合同管理员是法律队伍的补充，接受法务机构的业务指导和培训，负责所在单位、部门的各类合同的草拟流转、统计、资料归档等工作，配合法务机构组织的合同互检互查、法律风险排查等工作。

4. 普法宣传教育更系统，分层分级培训有计划

按照“重在中高层，贵在中长期，学在平常时”的原则，集团2014年的普法宣传工作按普及对象分层有序进行。2014年年初，法律事务部制定了集团《2014年年度普法工作指导意见》，将法制宣传对象分为中高管理层、法务人员层和员工层，并分别编制了《中高层管理者法律知识培训计划》和《员工普法宣传普及工作计划》。中高层管理者法律知识培训工作以总部法律事务部组织开展，各法务机构配合；普通员工普法宣传培训工作以各法务机构为主，总部法律事务部视需要配合，分别组织展开。

2014年上半年，全集团共开展普法宣传与培训12场，其中，中高层管理者法律风险管理知识培训已经进行了一次，法务人员及专兼职合同管理人员培训5次（新疆庆华集团2次、内蒙古庆华集团、青海庆华集团和宁夏庆华集团各1次），员工普法宣传教育6次（宁夏庆华集团、内蒙古庆华集团和新疆庆华集团各2次）。分别对集团总部主管以上管理干部、各公司处室以上领导，以及采、供、销关键岗位人员进行了风险管理知识培训；对新疆庆华集团61名兼职合同管理员进行了管理员职责、合同法知识和合同管理业务培训和考试；对新疆庆华集团员工进行了《环境保护法》知识的宣讲和工作检查；对宁夏庆华集团机关各单位合同管理人员，以及采购、财务相关人员进行了“加强企业合同管理，防范企业法律风险”为主题的培训；聘请地方公安部门对宁夏庆华集团员工进行了“预防电信诈骗”专题讲座，对新疆庆华集团进行了“法制教育”专题讲座，普遍提高了干部员工知法、守法和维权意识。

5. 案件管理机制已建立，纠纷案件处理有成效

2014年上半年，集团法律事务部承办、协办案件，以及处理纠纷共10起。其

中承办 4 起，协办 6 起。分别是天津公司诉山东宜轸贸易公司合同纠纷案、蔡丁槐诉集团劳动争议仲裁案、湖北双剑鼓风机公司诉我公司合同纠纷案件、陆岳诉宁夏集团拖欠工程款案件、山东矿机集团诉宁夏集团拖欠设备款项诉讼案件、扬州苏星合同履行纠纷、大连瑞隆欠款纠纷、内蒙古庆华票据纠纷案和饶保华室内设计公司欠款纠纷案等。具体承办或协助指导各单位依法处理诉讼纠纷案件，协助清收欠款共计 3 326 万元（其中庆华天津贸易公司清收欠款 3 200 万元、内蒙古庆华集团公司清收欠款 126 万元），最大限度地维护了公司的合法权益。

根据当前行业及集团经营状况，针对目前集团经营范围内案件频发的特点，我们对集团未结诉讼、仲裁案件进行了统计。在此基础上，通过分析案件种类、金额等各项数据，起草完成了《案件分析报告》，并对相关法律问题提出了法律建议和应对方案。

6. 国际法务人员待补充，国际业务参与有提高

（1）参与塞拉利昂项目各项事务。包括参与项目工作会议，参与项目合同评审，及时高效完成项目合同审核；与公司各部门沟通配合，根据塞拉利昂铁矿项目的工作需求提供项目所需的法律支持。

（2）参与哈萨克斯坦项目，主推项目尽职调查。2014 年上半年，关于哈萨克斯坦项目组织相关律师事务所律师参与该项目的法律尽职调查沟通会，完成向律师事务所说明尽调法律工作要求，配合业务部门完成律师事务所选聘，确定尽职调查律师人选，并开展“尽调”准备工作。与此同时，密切与项目律师合作，共同推进“尽调”工作的进行。初步建立完善哈萨克斯坦法律信息资源库，根据哈萨克斯坦煤化工项目的进程，完成相应法务支持工作。

（3）支持各法务机构涉外法律业务。前往天津公司，调查了解天津公司国际贸易开展及计划情况，根据其工作需求提供相应的法务支持。为内蒙古庆华集团修改涉外合作项目提供法律支持，修改合作协议。

7. 2014 年上半年工作中存在的问题与不足

（1）集团合同风险管理体系尚未建立，合同信息收集、数据统计、合同管理工作检查、分析，以及管理经验未能得到充分分享。

（2）各公司法务机构设置和管理体制不统一，影响总部法务管理工作精神的贯彻和总部法务工作的计划与执行。

（3）集团法律服务与管理工作制度，以及制度体系建设相对较为滞后，业务覆盖不全面，业务流程不完整，还有待细化与补充。

（4）法务人员培训工作还需要加强。“打铁还须自身硬”，必须整体提高法务人员业务能力和专业水平。

2013 年是庆华集团的集团法务工作统一思想、定方向的一年；2014 年则是抓落实、见行动的一年。我们要求法务体系统一思想，也要统一行动。解放思想，求真务实，以促进公司长远跨越发展、确保公司资产安全为目标，从逐步完善公司经营风险防范机制着眼，强化法务集团管控，规范生产经营行为，充分发挥职能作用，全面实现既定工作目标。全年基本实现了庆华集团法务组织与管理工作的转型，由原来的“事后救济”型服务，向“事前防范，事中控制”型管理转轨；法务工作重心向前延伸，初步发挥了法律风险控制职能。

三、2014 年年度法务组织管理工作成果

2014 年是集团法务管理与法律服务工作由“事后补救”向“事前预防，事中控制”的一年，也是由“思想向行动”转化的一年，更是“统一法务管理理念基础上，统一法务管理与法律服务见行动”的第一年。

总而言之，2014 年是集团化法务管理工作实现建立集团法律风险防控体系的开篇一年。在这一年里，集团总部法律事务部始终坚持“集团法务管理工作会议”确定的年度法务管理工作重点，加强自身队伍建设和纪律建设，积极为集团总部提供法律支持与服务，引领集团各法务机构努力实现“保经营、促管理、化风险、建体系”法务工作目标，系统规划、周密布署、严密组织，认真细致开展集团法务工作，在法务管理与法律服务两个方面，取得了初步成效，具体总结如下。

1. 统一思想见行动，重心前移建体系

集团总部法律事务部自正式成立以来，得到了集团各级领导的关注和重视，董事长也在集团会议上多次强调“防控法律风险”“建立健全集团风险防控体系”。

据此，总部法律事务部认真贯彻“集团化管控”理念，严格按照“顶层设计”要求，巩固 2012 年以来法律风险意识培养的成果，积极推动由“思想”向“行动”转化，将“法务管理”融入“法律服务”，使法务工作由“事后应对”向“事前预防，事中控制”前移，做精做细法律服务工作，拓展法律业务面，确定法务管理职责。

集团各法务机构准确把握 2014 年集团法务工作重点，突破传统法律服务工作习惯，积极前移法务工作重心，并取得了可喜成绩。

内蒙古庆华集团法律顾问处率先深入基层，变被动服务为主动保障，积极参与经营管理活动，充分发挥法务工作对企业经营的保驾护航作用。对 2014 年的工作重心、工作目标和队伍建设进行了优化和调整，送法到基层，积极为各经营单位出主意、想办法，缓解资金压力，通过诉讼与非诉方式帮助基层单位清收欠款，维护公司合法权益。

新疆庆华集团经营管理部以合同管理为切入点，强化法务内控管理职能，建立合同管理员队伍，补充法务人力不足；通过对合同相对人资格审查、合同会签及合同履行过程进行监督、检查，前移法务工作重心，突出法务工作重点，积极发挥法

务工作在“事前预防，事中控制”的作用。

青海庆华集团法律顾问处在公司面临经营困境下，仍能转变工作思想，前移法务工作重心，参与经营管理，深入业务前沿，从源头防范法律风险；积极配合相关部门，严把合同审核关，帮助培养风险意识，监督合同履行，传授风险防范技巧；组织协调相关部门，应对各类纠纷案件，认真分析查找案件形成原因，提示法律风险，提出改进建议；主动面对法律难题，努力缓解公司经济压力，积极维护公司权益，倡导防控结合。

宁夏庆华集团审计法律处克服法务人员不足、法律专业支持少的困难，强化“事前预防，事中控制”理念，梳理法律服务业务流程，修订完善法务工作制度，强化合同签订、履行诉讼风险监督与管理，增强法律风险管控能力，有序建立法律风险防控体系。

2. 夯实基础布网络，调整机构建组织

面对错综复杂的政策经济环境，集团各子公司积极推进机构改革，精简机关人员，整合部门职能以降低运营成本。集团总部法律事务部根据集团化管理要求和法律服务业务需要，结合法务人员业务专长，重新调整人员分工，新增知识产权保护、海外业务支持和普法宣传等专项事务，系统组织、体系化管理，帮助指导各法务机构开展法律服务与管理工作，成效明显。

内蒙古庆华集团法律事务处积极响应公司“降本增效”号召，认真落实人员精简方案，加强队伍建设，提高法务人员思想觉悟；深入基层，考察学习，强化合规管理；建立健全组织体系，提升业务素养，提高办事效率，促进企业依法管理。

新疆庆华集团企管法规处更名为“经营管理部”，扩大部门管理权限，专设法律事务科，履行公司法务管理与服务职能。建立合同管理员队伍，在公司各经营单位共设立兼职合同管理员 56 名，以弥补法务人力不足，延伸法律服务触角，满足经营业务需求。

3. 梳理流程塑制度，细分业务补盲点

制度是法务工作的依据，法务管理制度建设一直是集团法务工作的重点之一。集团总部法律事务部虽成立较晚，但从未懈怠制度体系建设，从无到有，一直走在建章立制的路上。2014 年，为适应法务管理及投融资业务需求，总部法律事务部新修订了《合同管理办法》，补充完善了集团常用法律法规库、海外投资法律信息库和合同文本库，制定了《商标管理办法》，编制了《法律风险防控手册》，为各法务机构提供了制度参考，引导建立法律风险防控要点和防控技巧。

青海庆华集团审计法务处，强化法务与审计合作，结合公司经营管理实际，相应修订完善了《合同管理制度》，颁布了《关于规范档案资料管理有关事宜的通知》，规范业务档案管理，方便纠纷处理时的证据收集；进一步完善了案件主办制、重大案件讨论制，为“降低损失，维护权益，积极应对”提供依据和操作规范。

新疆庆华集团经营管理部制定下发了《招标管理制度（试行)》，正式规范了招标组织、招标形式、招标内容和招标程序，有效加强了招标活动管理，为集团选择优秀的合作商、降低经营成本奠定了制度基础；贯彻落实了《授权管理办法》，认真办理专项授权事项，理顺授权程序，控制授权风险；建立了合同管理员制度，明确工作职责和工作内容，提高合同管理能力和水平。

4. 排查风险找漏洞，拾遗补阙定预案

自2013 年9 月，组织安排各单位开展法律风险排查工作以来，在公司领导的支持下，各法务机构认真组织，积极查找，对发现的问题，集中组织分析研究法律风险对策，对一些重大风险还制订了防范预案。

总部法律事务部在梳理、消化、吸收各部门报送的法律风险排查和防控资料的基础上，又对集团总部7 个职能部门进行了法律风险排查，并从8 个方面对查出的法律风险进行客观分析，针对其中34 个风险点提出了38 条整改建议，同时对重大风险制订了防控预案。

内蒙古庆华集团法律顾问处实地走访了24 家分（子）公司，针对各分（子）公司的自查报告内容进行了核查，分别对工商备案登记、财务应收应付账款、合同管理、招投标、采购及库存、开工建设项目审批手续、劳资关系、固定资产8 个方面进行了法律风险排查。对排查出的136 个风险进行梳理，对可以解决的问题出具整改意见28 个，要求制订整改措施的52 个；对一些暂时无法解决的重大风险书面汇报公司领导，会同相关部门制订风险预防方案，力争妥善解决。

新疆庆华集团按照“分工协作、集中上报、责任分明”的原则，由公司经营管理部牵头，各业务主管部门共同参与配合，编制了《法律风险排查账目表》，对186 个法律风险点进行评估量化，汇总了十大风险管理漏洞，从宏观和微观两个方面分析，提出35 条整改意见堵塞风险漏洞，做到了法律风险“疏”与“导”的结合，“治”与“理”的统一。

5. 清收欠款促经营，承办案件见实效

随着国家对产业政策的调整，市场供求关系发生了很大变化，集团各经营部门都遇到了前所未有的经济困难，“账难收，款难要”的现象在集团各公司普遍存在。2014 年全年，集团各法务机构共处理纠纷案件323 件，其中非诉解决纠纷案件63 件，涉案总金额12. 33 亿元。通过法务人员的努力共减少或挽回经济损失1. 94 亿元。尤其是在配合经营部门清收欠款方面，内蒙古庆华集团法律顾问处主动出击，在不损害业务双方合作关系的前提下，清理欠款2. 53 亿元，清回欠款1. 62 亿元，缓解了公司经济压力。

6. 建章立制树品牌，普法活动入人心

目前，集团公司提出商标国际注册申请405 件，其中98 件商标国际注册申请在审查，35 件已进入公告程序，259 件已经获得国际注册证书，另有13 件经审查

被退回要求补充材料。预计 2015 年上半年，国际商标注册工作将全部完成。

注册申请商标国际国内保护期间，总部法律事务部配合规划发展部申请北京市中小企业国际市场开拓扶持基金；有序将专利技术保护工作移交规划发展部，并帮助其制订《专利申报制度（试行）》。结合公司主营业务、发展战略及公司商标注册现状，法律事务部与邦信阳专利商标代理有限公司密切协作，起草了商标注册分析报告，制订了《注册商标管理办法》，确定了更为科学的商标注册工作方向，也将为集团品牌建设与商标保护提供有力保障和依据。

2014 年年初，集团法律事务部按照“重在中高层，贵在中长期，学在平常时”的普法宣传工作原则，制定并下发了集团《2014 年度普法工作指导意见》，将法制宣传对象分为中高管理层、法务人员层和员工层，并分别编制了《中高层管理者法律知识培训计划》和《员工普法宣传普及工作计划》，基本完成了普法宣传工作任务。

按照中高层管理者法律知识培训工作以总部法律事务部组织开展为主，各法务机构配合为辅；普通员工普法宣传培训工作以各法务机构为主，总部法律事务部视需要配合为辅的原则，内蒙古庆华集团法律顾问处严密组织，深入细致地开展了普法宣传教育工作，采取形式多样的普法宣传活动，加强对员工的法律教育和宣传。特别是对中高层领导的法制宣传，全面深化依法治企，表现突出，成绩显著，得到了驻地政府好评，获得了全国“六五”普法中期先进集体荣誉称号。

2014 年法务管理工作成绩是在集团各级领导持续关心与支持下，全体法务人员共同不懈努力的结果。“集团化管控”实效在集团法务管理工作体系中的显现不是偶然，而是集团领导高瞻远瞩，顶层设计的产物。

在这一年里，法务部可喜地看到集团各单位法律风险意识逐步加强，法务管理工作思路逐渐清晰，法务工作重心逐渐前移，法律服务网络有序延伸，法律队伍越发精干，工作作风越发扎实，法务人员精神面貌更加振作，法务管理工作逐渐被接受和认可。同时，法务部也能清醒地意识到法务管理工作责任重大，还有很多不足需要修正和弥补。具体有如下几个方面。

（1）建设法务工作团队方面。法务工作的责任大了，法律事务多了，机构设置要求就会更高，但个别单位法务专业人员数仍为零，法律服务网络不能满足集团经营业务需要，人力不足问题无法忽视。法律队伍中专业领域人才有所缺失，还不能完全与集团发展所面临的业务相匹配，许多法务系统方面的工作还不能真正有效展开。比如，集团总部法务管理工作的引领意识有了，但有些工作只能是提一提，说一说，总部缺少相关领域中动手能力强的专业法务人才。如何补充人力、健全机构还需要进一步研究。

（2）夯实法务工作基础方面。法务管理工作定位准了，法务工作重心前移了，业务展开了，但不够精也不够细。如何夯实业务基础，整固法务管理成果需要我们进一步分析和落实。

(3) 提升法务工作能力方面。在行业政策环境不好，经营面临困难的情况下，各方面压力牵制了集团化管控法务工作的推进速度。各单位在贯彻执行总部法务管理理念，执行法务管理计划等方面参差不齐，个别单位领导还没能真正重视法务管控工作，还在继续将法务人员当“消防员”使用。如何充分使用我们有限的法务资源，控制法律风险，需要集团各级管理者认真思考。

(4) 建设集团法务制度方面。总部还没完全当好引路人，没有出台适用于集团法务管理的“母法”。比如，合同管理作为公司法务工作的主要业务链条，还一直没能将上下各级经营单位的合同会签分级分层管理起来。这看似简单却也是一个复杂的大动作，需要管理业务的各部门思考如何确定各级单位的管理权限。

(5) 普及法律风险意识方面。普法对象分层了，普法工作分解了，普法规划下发了，普法计划出台了，但普法热情并没有提高，普法任务并没能切实完成，个别法务机构普法宣传工作还是零零散散，不能形成体系。法务人员专业知识学习还仅凭自觉自愿，管理层法律风险防控技能培训也没能有效展开。

第六节　中国庆华集团 2015 年年度组织体系建设工作计划

2015 年年度法务服务与管理体系工作将在 2014 年法务管理工作基础之上，结合集团各经营管理业务实际，继续以“保经营、促管理、防风险、建体系”为中心任务，从普法宣传工作导入“整固”与“强化”依法治企理念，普及法律风险与管理知识；从制度体系建设切入，抓风险防控体系建设、集团化管理建设，实现制度管理、流程管控；重视法律队伍建设，抓机构优化和法务人员管理，调动全员力量，扩大法律风险管理主体，共同防控企业法律风险。具体而言，在 2015 年应重点做好以下几个方面的工作。

1. 学习董事长“1·31 讲话”，领会讲话精神，重点落实风险体系建设，向管理要效益

(1) 用新常态思维，创新性开展法律服务与法务管理工作。董事长在“中国庆华集团 2014 年工作总结暨 2015 年工作会议”上，作了《面向未来 自我变革 全力推进集团在新常态下可持续发展》的重要讲话（以下简称“1·31 讲话”）。这是全集团认识新常态、适应新常态、把握新常态，从变革中求发展的纲领性文件；是我们每个庆华人认准道路、提振信心，痛定思痛、自我变革的指导性文件；是各单位降成本、促效益，调结构、抓产融，向管理要发展质量的操作性文件。

(2) 强化忧患意识，预见性开展法律风险防控与管理工作。法律风险是企业风

险的重要组成部分，也是我们法务管理工作的重点。法务工作重心向“事前预防”和“事中控制”前移，就是要求我们时刻保持忧患意识，重视法律风险的预防与控制。

董事长“1·31 讲话”中，专门强调了集团风险防控体系建设。在他看来，集团风险防控体系建设一直没有能得到落实。对此，我们每一位法务工作者都应引起足够重视，尤其是从事法务管理工作的领导，应该认真思考，积极研究，集思广益，尽快将集团法律风险防控体系建设工作落实。

2. 化解法律风险，提高法律服务技能和法律风险管控能力，建立健全集团法律风险防控体系

目前，集团经营遭遇前所未有的困难，集团及集团各子公司都在积极想办法，找出路，调整产业结构，推动机构改革。集团法务管理工作应继续在“保经营、促管理”上下功夫，积极化解企业经营管理中的法律风险，解决法律纠纷，提供法律支持，逐步建立和完善法律业务流程，准确定位，分清权责，理顺关系，提高法律服务能力。

（1）建立健全制度体系，强化法律队伍管理，制定法务工作准则，健全法律服务网络，狠抓制度落实。

建立健全集团制度体系要强调制度的集团化和体系化。集团化要求有高度，分层次，强调管理服从观念，逐级分解，逐步落实；体系化要求有广度，有深度，融合各级管理单位，齐抓共管，渐成体系。

集团总部法律事务部将设定规章制度制定原则，规范各单位规章制度制定行为，分级梳理，制定废、改方案和规划，深入推进依法治企，逐步落实制度管理。

法律服务和法务管理也要有章可循，有法可依。首先，要优化法务机构，建立健全法律服务网络，建立兼职合同管理员队伍；其次，要培养法务人员，更新法律知识，提高法务人员业务技能；最后，有序实现“法务工作无盲点，法律业务全覆盖”，提高法律风险管控能力。

（2）建立合同相对人审批制度，加强合同履行监督，梳理合同管理业务流程，控制集团法律风险。

加强合同法律风险管理，制定合同相对人审批制度，建立合同相对人信息库，把好合同相对人资信审查关，杜绝与资信不合格的合同相对人签约；加强合同履行监督，定期开展合同管理情况检查，避免合同法律风险；梳理合同管理业务流程，紧跟业务重点，编写《法律风险防控手册》，细化风险预案；全面分析，正确评估法律风险排查结论，分清轻重缓急，以控为主，妥善处理各类风险点，切实做好风险防控预案。

（3）加强诉讼纠纷案件管理，控制债务风险，主动应对涉诉争议，预防群体诉讼，清理应收账款。

2015 年可能是纠纷案件急增的一年。总部及各法务机构要继续做好应对各类法律纠纷案件的心理和行动准备，整合各方资源，控制债务风险；加强各级部门、各级机构间的分工合作，采用诉讼、非诉讼等手段协助经营部门及时清理应收应付款项；主动应对涉诉争议，做好防控预案，积极化解合同纠纷，延缓诉讼时效，降低违约成本，控制债务风险；预防群体诉讼，避免司法强制，减少集团诉讼；及时总结办案经验，报告诉讼成果，提示涉讼风险。

3. 培育集团商标，规范商标使用行为，保留商标使用证据，树立中国庆华品牌

2015 年，中国庆华集团商标国内、国际注册工作已进入收尾阶段，集团商标合理有效使用与推广工作，将成为集团品牌建设工作重点。集团总部法律事务部将通过出台相关制度，规范商标注册、使用与系统保护。各单位要积极配合集团做好商标注册、保护工作，规范商标在国内外的推广与使用，注重商标使用证据的收集和整理，为集团知识产权审计评估工作做好准备。

4. 普及法律知识，强化依法治企理念，系统培养法律风险意识，提高全员法律风险防控能力

普法宣传工作要常抓不懈，总部及各法务机构要按照 2014 年普法工作计划，分级分层组织实施，切实落实“重在中高层，贵在中长期，学在平常时”的普法宣传工作原则，重点针对中高层管理者系统开展法律知识普及和法律风险防控技能培训；宣传贯彻法务工作制度，督促公司规章制度执行与落实，提高全员法律风险意识和管理层的法律风险防控能力。

附录A　中央企业全面风险管理指引

关于印发《中央企业全面风险管理指引》的通知

各中央企业：

企业全面风险管理是一项十分重要的工作，关系到国有资产保值增值和企业持续、健康、稳定发展。为了指导企业开展全面风险管理工作，进一步提高企业管理水平，增强企业竞争力，促进企业稳步发展，我们制定了《中央企业全面风险管理指引》，现印发你们，请结合本企业实际执行。企业在实施过程中的经验、做法及遇到的问题，请及时反馈我委。

国务院国有资产监督管理委员会

二〇〇六年六月六日

中央企业全面风险管理指引

第一章　总则

第一条　为指导国务院国有资产监督管理委员会（以下简称国资委）履行出资人职责的企业（以下简称中央企业）开展全面风险管理工作，增强企业竞争力，提高投资回报，促进企业持续、健康、稳定发展，根据《中华人民共和国公司法》《企业国有资产监督管理暂行条例》等法律法规，制定本指引。

第二条　中央企业根据自身实际情况贯彻执行本指引。中央企业中的国有独资公司董事会负责督导本指引的实施；国有控股企业由国资委和国资委提名的董事通过股东（大）会和董事会按照法定程序负责督导本指引的实施。

第三条　本指引所称企业风险，指未来的不确定性对企业实现其经营目标的影响。企业风险一般可分为战略风险、财务风险、市场风险、运营风险、法律风险等；也可以能否为企业带来盈利等机会为标志，将风险分为纯粹风险（只有带来损失一种可能性）和机会风险（带来损失和盈利的可能性并存）。

第四条　本指引所称全面风险管理，指企业围绕总体经营目标，通过在企业管理的各个环节和经营过程中执行风险管理的基本流程，培育良好的风险管理文化，建立健全全面风险管理体系，包括风险管理策略、风险理财措施、风险管理的组织职能体系、风险管理信息系统和内部控制系统，从而为实现风险管理的总体目标提供合理保证的过程和方法。

第五条　本指引所称风险管理基本流程包括以下主要工作：

（一）收集风险管理初始信息；

（二）进行风险评估；

（三）制定风险管理策略；

（四）提出和实施风险管理解决方案；

（五）风险管理的监督与改进。

第六条　本指引所称内部控制系统，指围绕风险管理策略目标，针对企业战略、规划、产品研发、投融资、市场运营、财务、内部审计、法律事务、人力资源、采购、加工制造、销售、物流、质量、安全生产、环境保护等各项业务管理及其重要业务流程，通过执行风险管理基本流程，制定并执行的规章制度、程序和措施。

第七条　企业开展全面风险管理要努力实现以下风险管理总体目标：

（一）确保将风险控制在与总体目标相适应并可承受的范围内；

（二）确保内外部，尤其是企业与股东之间实现真实、可靠的信息沟通，包括编制和提供真实、可靠的财务报告；

（三）确保遵守有关法律法规；

（四）确保企业有关规章制度和为实现经营目标而采取重大措施的贯彻执行，保障经营管理的有效性，提高经营活动的效率和效果，降低实现经营目标的不确定性；

（五）确保企业建立针对各项重大风险发生后的危机处理计划，保护企业不因灾害性风险或人为失误而遭受重大损失。

第八条　企业开展全面风险管理工作，应注重防范和控制风险可能给企业造成损失和危害，也应把机会风险视为企业的特殊资源，通过对其管理，为企业创造价值，促进经营目标的实现。

第九条　企业应本着从实际出发，务求实效的原则，以对重大风险、重大事件（指重大风险发生后的事实）的管理和重要流程的内部控制为重点，积极开展全面风险管理工作。具备条件的企业应全面推进，尽快建立全面风险管理体系；其他企业应制定开展全面风险管理的总体规划，分步实施，可先选择发展战略、投资收购、财务报告、内部审计、衍生产品交易、法律事务、安全生产、应收账款管理等一项或多项业务开展风险管理工作，建立单项或多项内部控制子系统。通过积累经验，培养人才，逐步建立健全全面风险管理体系。

第十条　企业开展全面风险管理工作应与其他管理工作紧密结合，把风险管理的各项要求融入企业管理和业务流程中。具备条件的企业可建立风险管理三道防线，即各有关职能部门和业务单位为第一道防线；风险管理职能部门和董事会下设的风险管理委员会为第二道防线；内部审计部门和董事会下设的审计委员会为第三道防线。

第二章　风险管理初始信息

第十一条　实施全面风险管理，企业应广泛、持续不断地收集与本企业风险和风险管理相关的内部、外部初始信息，包括历史数据和未来预测。应把收集初始信息的职责分工落实到各有关职能部门和业务单位。

第十二条　在战略风险方面，企业应广泛收集国内外企业战略风险失控导致企业蒙受损失的案例，并至少收集与本企业相关的以下重要信息：

（一）国内外宏观经济政策以及经济运行情况、本行业状况、国家产业政策；

（二）科技进步、技术创新的有关内容；

（三）市场对本企业产品或服务的需求；

（四）与企业战略合作伙伴的关系，未来寻求战略合作伙伴的可能性；

（五）本企业主要客户、供应商及竞争对手的有关情况；

（六）与主要竞争对手相比，本企业实力与差距；

（七）本企业发展战略和规划、投融资计划、年度经营目标、经营战略，以及编制这些战略、规划、计划、目标的有关依据；

（八）本企业对外投融资流程中曾发生或易发生错误的业务流程或环节。

第十三条　在财务风险方面，企业应广泛收集国内外企业财务风险失控导致危机的案例，并至少收集本企业的以下重要信息（其中有行业平均指标或先进指标的，也应尽可能收集）：

（一）负债、负债率、偿债能力；

（二）现金流、应收账款及其占销售收入的比重、资金周转率；

（三）产品存货及其占销售成本的比重、应付账款及其占购货额的比重；

（四）制造成本和管理费用、财务费用、营业费用；

（五）盈利能力；

（六）成本核算、资金结算和现金管理业务中曾发生或易发生错误的业务流程或环节；

（七）与本企业相关的行业会计政策、会计估算、与国际会计制度的差异与调节（如退休金、递延税项等）等信息。

第十四条　在市场风险方面，企业应广泛收集国内外企业忽视市场风险、缺乏应对措施导致企业蒙受损失的案例，并至少收集与本企业相关的以下重要信息：

（一）产品或服务的价格及供需变化；

（二）能源、原材料、配件等物资供应的充足性、稳定性和价格变化；

（三）主要客户、主要供应商的信用情况；

（四）税收政策和利率、汇率、股票价格指数的变化；

（五）潜在竞争者、竞争者及其主要产品、替代品情况。

第十五条　在运营风险方面，企业应至少收集与本企业、本行业相关的以下信息：

（一）产品结构、新产品研发；

（二）新市场开发，市场营销策略，包括产品或服务定价与销售渠道，市场营销环境状况等；

（三）企业组织效能、管理现状、企业文化，高、中层管理人员和重要业务流程中专业人员的知识结构、专业经验；

（四）期货等衍生产品业务中曾发生或易发生失误的流程和环节；

（五）质量、安全、环保、信息安全等管理中曾发生或易发生失误的业务流程或环节；

（六）因企业内、外部人员的道德风险致使企业遭受损失或业务控制系统失灵；

（七）给企业造成损失的自然灾害及除上述有关情形之外的其他纯粹风险；

（八）对现有业务流程和信息系统操作运行情况的监管、运行评价及持续改进能力；

（九）企业风险管理的现状和能力。

第十六条　在法律风险方面，企业应广泛收集国内外企业忽视法律法规风险、缺乏应对措施导致企业蒙受损失的案例，并至少收集与本企业相关的以下信息：

（一）国内外与本企业相关的政治、法律环境；

（二）影响企业的新法律法规和政策；

（三）员工道德操守的遵从性；

（四）本企业签订的重大协议和有关贸易合同；

（五）本企业发生重大法律纠纷案件的情况；

（六）企业和竞争对手的知识产权情况。

第十七条　企业对收集的初始信息应进行必要的筛选、提炼、对比、分类、组合，以便进行风险评估。

第三章　风险评估

第十八条　企业应对收集的风险管理初始信息和企业各项业务管理及其重要业务流程进行风险评估。风险评估包括风险辨识、风险分析、风险评价三个步骤。

第十九条　风险评估应由企业组织有关职能部门和业务单位实施，也可聘请有

资质、信誉好、风险管理专业能力强的中介机构协助实施。

第二十条　风险辨识是指查找企业各业务单元、各项重要经营活动及其重要业务流程中有无风险，有哪些风险。风险分析是对辨识出的风险及其特征进行明确的定义描述，分析和描述风险发生可能性的高低、风险发生的条件。风险评价是评估风险对企业实现目标的影响程度、风险的价值等。

第二十一条　进行风险辨识、分析、评价，应将定性与定量方法相结合。定性方法可采用问卷调查、集体讨论、专家咨询、情景分析、政策分析、行业标杆比较、管理层访谈、由专人主持的工作访谈和调查研究等。定量方法可采用统计推论（如集中趋势法）、计算机模拟（如蒙特卡罗分析法）、失效模式与影响分析、事件树分析等。

第二十二条　进行风险定量评估时，应统一制定各风险的度量单位和风险度量模型，并通过测试等方法，确保评估系统的假设前提、参数、数据来源和定量评估程序的合理性和准确性。要根据环境的变化，定期对假设前提和参数进行复核和修改，并将定量评估系统的估算结果与实际效果对比，据此对有关参数进行调整和改进。

第二十三条　风险分析应包括风险之间的关系分析，以便发现各风险之间的自然对冲、风险事件发生的正负相关性等组合效应，从风险策略上对风险进行统一集中管理。

第二十四条　企业在评估多项风险时，应根据对风险发生可能性的高低和对目标的影响程度的评估，绘制风险坐标图，对各项风险进行比较，初步确定对各项风险的管理优先顺序和策略。

第二十五条　企业应对风险管理信息实行动态管理，定期或不定期实施风险辨识、分析、评价，以便对新的风险和原有风险的变化重新评估。

第四章　风险管理策略

第二十六条　本指引所称风险管理策略，指企业根据自身条件和外部环境，围绕企业发展战略，确定风险偏好、风险承受度、风险管理有效性标准，选择风险承担、风险规避、风险转移、风险转换、风险对冲、风险补偿、风险控制等适合的风险管理工具的总体策略，并确定风险管理所需人力和财力资源的配置原则。

第二十七条　一般情况下，对战略、财务、运营和法律风险，可采取风险承担、风险规避、风险转换、风险控制等方法。对能够通过保险、期货、对冲等金融手段进行理财的风险，可以采用风险转移、风险对冲、风险补偿等方法。

第二十八条　企业应根据不同业务特点统一确定风险偏好和风险承受度，即企业愿意承担哪些风险，明确风险的最低限度和不能超过的最高限度，并据此确定风险的预警线及相应采取的对策。确定风险偏好和风险承受度，要正确认识和把握风险与收益的平衡，防止和纠正忽视风险，片面追求收益而不讲条件、范围，认为风险越大、收益越高的观念和做法；同时，也要防止单纯为规避风险而放弃发展机遇。

第二十九条　企业应根据风险与收益相平衡的原则，以及各风险在风险坐标图上的位置，进一步确定风险管理的优选顺序，明确风险管理成本的资金预算和控制风险的组织体系、人力资源、应对措施等总体安排。

第三十条　企业应定期总结和分析已制定的风险管理策略的有效性和合理性，结合实际不断修订和完善。其中，应重点检查依据风险偏好、风险承受度和风险控制预警线实施的结果是否有效，并提出定性或定量的有效性标准。

第五章　风险管理解决方案

第三十一条　企业应根据风险管理策略，针对各类风险或每一项重大风险制定风险管理解决方案。方案一般应包括风险解决的具体目标，所需的组织领导，所涉及的管理及业务流程，所需的条件、手段等资源，风险事件发生前、中、后所采取的具体应对措施，以及风险管理工具（如关键风险指标管理、损失事件管理等）。

第三十二条　企业制定风险管理解决的外包方案，应注重成本与收益的平衡、外包工作的质量、自身商业秘密的保护，以及防止自身对风险解决外包产生依赖性风险等，并制定相应的预防和控制措施。

第三十三条　企业制定风险解决的内控方案，应满足合规的要求，坚持经营战略与风险策略一致、风险控制与运营效率及效果相平衡的原则，针对重大风险所涉及的各管理及业务流程，制定涵盖各个环节的全流程控制措施；对其他风险所涉及的业务流程，要把关键环节作为控制点，采取相应的控制措施。

第三十四条　企业制定内控措施，一般至少包括以下内容：

（一）建立内控岗位授权制度。对内控所涉及的各岗位明确规定授权的对象、条件、范围和额度等，任何组织和个人不得超越授权做出风险性决定；

（二）建立内控报告制度。明确规定报告人与接受报告人，报告的时间、内容、频率、传递路线、负责处理报告的部门和人员等；

（三）建立内控批准制度。对内控所涉及的重要事项，明确规定批准的程序、条件、范围和额度、必备文件，以及有权批准的部门和人员及其相应责任；

（四）建立内控责任制度。按照权利、义务和责任相统一的原则，明确规定各有关部门和业务单位、岗位、人员应负的责任和奖惩制度；

（五）建立内控审计检查制度。结合内控的有关要求、方法、标准与流程，明确规定审计检查的对象、内容、方式和负责审计检查的部门等；

（六）建立内控考核评价制度。具备条件的企业应把各业务单位风险管理执行情况与绩效薪酬挂钩；

（七）建立重大风险预警制度。对重大风险进行持续不断的监测，及时发布预

警信息，制定应急预案，并根据情况变化调整控制措施；

（八）建立健全以总法律顾问制度为核心的企业法律顾问制度。大力加强企业法律风险防范机制建设，形成由企业决策层主导、企业总法律顾问牵头、企业法律顾问提供业务保障、全体员工共同参与的法律风险责任体系。完善企业重大法律纠纷案件的备案管理制度；

（九）建立重要岗位权力制衡制度，明确规定不相容职责的分离。主要包括：授权批准、业务经办、会计记录、财产保管和稽核检查等职责。对内控所涉及的重要岗位可设置一岗双人、双职、双责，相互制约；明确该岗位的上级部门或人员对其应采取的监督措施和应负的监督责任；将该岗位作为内部审计的重点等。

第三十五条　企业应当按照各有关部门和业务单位的职责分工，认真组织实施风险管理解决方案，确保各项措施落实到位。

第六章　风险管理的监督与改进

第三十六条　企业应以重大风险、重大事件和重大决策、重要管理及业务流程为重点，对风险管理初始信息、风险评估、风险管理策略、关键控制活动及风险管理解决方案的实施情况进行监督，采用压力测试、返回测试、穿行测试，以及风险控制自我评估等方法对风险管理的有效性进行检验，根据变化情况和存在的缺陷及时加以改进。

第三十七条　企业应建立贯穿于整个风险管理基本流程，连接各上下级、各部门和业务单位的风险管理信息沟通渠道，确保信息沟通的及时、准确、完整，为风险管理监督与改进奠定基础。

第三十八条　企业各有关部门和业务单位应定期对风险管理工作进行自查和检验，及时发现缺陷并改进，其检查、检验报告应及时报送企业风险管理职能部门。

第三十九条　企业风险管理职能部门应定期对各部门和业务单位风险管理工作实施情况和有效性进行检查和检验，要根据本指引第三十条要求对风险管理策略进行评估，对跨部门和业务单位的风险管理解决方案进行评价，提出调整或改进建议，出具评价和建议报告，及时报送企业总经理或其委托分管风险管理工作的高级管理人员。

第四十条　企业内部审计部门应至少每年一次对包括风险管理职能部门在内的各有关部门和业务单位能否按照有关规定开展风险管理工作及其工作效果进行监督评价，监督评价报告应直接报送董事会或董事会下设的风险管理委员会和审计委员会。此项工作也可结合年度审计、任期审计或专项审计工作一并开展。

第四十一条　企业可聘请有资质、信誉好、风险管理专业能力强的中介机构对企业全面风险管理工作进行评价，出具风险管理评估和建议专项报告。报告一般应包括以下几方面的实施情况、存在缺陷和改进建议：

（一）风险管理基本流程与风险管理策略；

（二）企业重大风险、重大事件和重要管理及业务流程的风险管理及内部控制系统的建设；

（三）风险管理组织体系与信息系统；

（四）全面风险管理总体目标。

第七章　风险管理组织体系

第四十二条　企业应建立健全风险管理组织体系，主要包括规范的公司法人治理结构，风险管理职能部门、内部审计部门和法律事务部门及其他有关职能部门、业务单位的组织领导机构及其职责。

第四十三条　企业应建立健全规范的公司法人治理结构，股东（大）会（对于国有独资公司或国有独资企业，即指国资委，下同）、董事会、监事会、经理层依法履行职责，形成高效运转、有效制衡的监督约束机制。

第四十四条　国有独资公司和国有控股公司应建立外部董事、独立董事制度，外部董事、独立董事人数应超过董事会全部成员的半数，以保证董事会能够在重大决策、重大风险管理等方面做出独立于经理层的判断和选择。

第四十五条　董事会就全面风险管理工作的有效性对股东（大）会负责。董事会在全面风险管理方面主要履行以下职责：

（一）审议并向股东（大）会提交企业全面风险管理年度工作报告；

（二）确定企业风险管理总体目标、风险偏好、风险承受度，批准风险管理策略和重大风险管理解决方案；

（三）了解和掌握企业面临的各项重大风险及其风险管理现状，做出有效控制风险的决策；

（四）批准重大决策、重大风险、重大事件和重要业务流程的判断标准或判断机制；

（五）批准重大决策的风险评估报告；

（六）批准内部审计部门提交的风险管理监督评价审计报告；

（七）批准风险管理组织机构设置及其职责方案；

（八）批准风险管理措施，纠正和处理任何组织或个人超越风险管理制度做出的风险性决定的行为；

（九）督导企业风险管理文化的培育；

（十）全面风险管理其他重大事项。

第四十六条　具备条件的企业，董事会可下设风险管理委员会。该委员会的召集人应由不兼任总经理的董事长担任；董事长兼任总经理的，召集人应由外部董事或独立董事担任。该委员会成员中需有熟悉企业重要管理及业务流程的董事，以及

具备风险管理监管知识或经验、具有一定法律知识的董事。

第四十七条　风险管理委员会对董事会负责，主要履行以下职责：

（一）提交全面风险管理年度报告；

（二）审议风险管理策略和重大风险管理解决方案；

（三）审议重大决策、重大风险、重大事件和重要业务流程的判断标准或判断机制，以及重大决策的风险评估报告；

（四）审议内部审计部门提交的风险管理监督评价审计综合报告；

（五）审议风险管理组织机构设置及其职责方案；

（六）办理董事会授权的有关全面风险管理的其他事项。

第四十八条　企业总经理对全面风险管理工作的有效性向董事会负责。总经理或总经理委托的高级管理人员，负责主持全面风险管理的日常工作，负责组织拟订企业风险管理组织机构设置及其职责方案。

第四十九条　企业应设立专职部门或确定相关职能部门履行全面风险管理的职责。该部门对总经理或其委托的高级管理人员负责，主要履行以下职责：

（一）研究提出全面风险管理工作报告；

（二）研究提出跨职能部门的重大决策、重大风险、重大事件和重要业务流程的判断标准或判断机制；

（三）研究提出跨职能部门的重大决策风险评估报告；

（四）研究提出风险管理策略和跨职能部门的重大风险管理解决方案，并负责该方案的组织实施和对该风险的日常监控；

（五）负责对全面风险管理有效性评估，研究提出全面风险管理的改进方案；

（六）负责组织建立风险管理信息系统；

（七）负责组织协调全面风险管理日常工作；

（八）负责指导、监督有关职能部门、各业务单位，以及全资、控股子企业开展全面风险管理工作；

（九）办理风险管理其他有关工作。

第五十条　企业应在董事会下设立审计委员会，企业内部审计部门对审计委员会负责。审计委员会和内部审计部门的职责应符合《中央企业内部审计管理暂行办法》（国资委令第 8 号）的有关规定。内部审计部门在风险管理方面，主要负责研究提出全面风险管理监督评价体系，制定监督评价相关制度，开展监督与评价，出具监督评价审计报告。

第五十一条　企业其他职能部门及各业务单位在全面风险管理工作中，应接受风险管理职能部门和内部审计部门的组织、协调、指导和监督，主要履行以下职责：

（一）执行风险管理基本流程；

（二）研究提出本职能部门或业务单位重大决策、重大风险、重大事件和重要业务流程的判断标准或判断机制；

（三）研究提出本职能部门或业务单位的重大决策风险评估报告；

（四）做好本职能部门或业务单位建立风险管理信息系统的工作；

（五）做好培育风险管理文化的有关工作；

（六）建立健全本职能部门或业务单位的风险管理内部控制子系统；

（七）办理风险管理其他有关工作。

第五十二条　企业应通过法定程序，指导和监督其全资、控股子企业建立与企业相适应或符合全资、控股子企业自身特点、能有效发挥作用的风险管理组织体系。

第八章　风险管理信息系统

第五十三条　企业应将信息技术应用于风险管理的各项工作，建立涵盖风险管理基本流程和内部控制系统各环节的风险管理信息系统，包括信息的采集、存储、加工、分析、测试、传递、报告、披露等。

第五十四条　企业应采取措施确保向风险管理信息系统输入的业务数据和风险量化值的一致性、准确性、及时性、可用性和完整性。对输入信息系统的数据，未经批准，不得更改。

第五十五条　风险管理信息系统应能够进行对各种风险的计量和定量分析、定量测试；能够实时反映风险矩阵和排序频谱、重大风险和重要业务流程的监控状态；能够对超过风险预警上限的重大风险实施信息报警；能够满足风险管理内部信息报告制度和企业对外信息披露管理制度的要求。

第五十六条　风险管理信息系统应实现信息在各职能部门、业务单位之间的集成与共享，既能满足单项业务风险管理的要求，也能满足企业整体和跨职能部门、业务单位的风险管理综合要求。

第五十七条　企业应确保风险管理信息系统的稳定运行和安全，并根据实际需要不断进行改进、完善或更新。

第五十八条　已建立或基本建立企业管理信息系统的企业，应补充、调整、更新已有的管理流程和管理程序，建立完善的风险管理信息系统；尚未建立企业管理信息系统的，应将风险管理与企业各项管理业务流程、管理软件统一规划、统一设计、统一实施、同步运行。

第九章　风险管理文化

第五十九条　企业应注重建立具有风险意识的企业文化，促进企业风险管理水平、员工风险管理素质的提升，保障企业风险管理目标的实现。

第六十条　风险管理文化建设应融入企业文化建设全过程。大力培育和塑造良好的风险管理文化，树立正确的风险管理理念，增强员工风险管理意识，将风险管

理意识转化为员工的共同认识和自觉行动，促进企业建立系统、规范、高效的风险管理机制。

第六十一条　企业应在内部各个层面营造风险管理文化氛围。董事会应高度重视风险管理文化的培育，总经理负责培育风险管理文化的日常工作。董事和高级管理人员应在培育风险管理文化中起表率作用。重要管理及业务流程和风险控制点的管理人员和业务操作人员应成为培育风险管理文化的骨干。

第六十二条　企业应大力加强员工法律素质教育，制定员工道德诚信准则，形成人人讲道德诚信、合法合规经营的风险管理文化。对于不遵守国家法律法规和企业规章制度、弄虚作假、徇私舞弊等违法及违反道德诚信准则的行为，企业应严肃查处。

第六十三条　企业全体员工尤其是各级管理人员和业务操作人员应通过多种形式，努力传播企业风险管理文化，牢固树立风险无处不在、风险无时不在、严格防控纯粹风险、审慎处置机会风险、岗位风险管理责任重大等意识和理念。

第六十四条　风险管理文化建设应与薪酬制度和人事制度相结合，有利于增强各级管理人员特别是高级管理人员风险意识，防止盲目扩张、片面追求业绩、忽视风险等行为的发生。

第六十五条　企业应建立重要管理及业务流程、风险控制点的管理人员和业务操作人员岗前风险管理培训制度。采取多种途径和形式，加强对风险管理理念、知识、流程、管控核心内容的培训，培养风险管理人才，培育风险管理文化。

第十章　附则

第六十六条　中央企业中未设立董事会的国有独资企业，由经理办公会议代行本指引中有关董事会的职责，总经理对本指引的贯彻执行负责。

第六十七条　本指引在中央企业投资、财务报告、衍生产品交易等方面的风险管理配套文件另行下发。

第六十八条　本指引的《附录》对本指引所涉及的有关技术方法和专业术语进行了说明。

第六十九条　本指引由国务院国有资产监督管理委员会负责解释。

第七十条　本指引自印发之日起施行。

附录 B　风险管理常用技术方法简介

一、风险坐标图

风险坐标图是把风险发生可能性的高低、风险发生后对目标的影响程度，作为两个维度绘制在同一个平面上（即绘制成直角坐标系）。对风险发生可能性的高低、风险对目标影响程度的评估有定性、定量等方法。定性方法是直接用文字描述风险发生可能性的高低、风险对目标的影响程度，如“极低”“低”“中等”“高”“极高”等。定量方法是对风险发生可能性的高低、风险对目标影响程度用具有实际意义的数量描述，如对风险发生可能性的高低用概率来表示，对目标影响程度用损失金额来表示。

表 B－1 列出某公司对风险发生可能性的定性、定量评估标准及其相互对应关系，供实际操作中参考。

表 B－1　某公司对风险发生可能性的定性、定量评估标准及其相互对应关系

定量方法一	评分	1	2	3	4	5
定量方法二	一定时期发生的概率	10%以下	10%～30%	30%～70%	70%～90%	90%以上
定性方法	文字描述一	极低	低	中等	高	极高
	文字描述二	一般情况下不会发生	极少情况下才发生	某些情况下发生	较多情况下发生	常常会发生
	文字描述三	今后10年内发生的可能少于1次	今后5～10年内可能发生1次	今后2～5年内可能发生1次	今后1年内可能发生1次	今后1年内至少发生1次

表 B－2 列出某公司关于风险发生后对目标影响程度的定性、定量评估标准及其相互对应关系，供实际操作中参考。

表B－2　某公司关于风险发生后对目标影响程度的定性、定量评估标准及其相互对应关系

适用于所有行业	定量方法	方法一	评分	1	2	3	4	5
		方法二	企业财务损失占税前利润的百分比	1%以下	1%～5%	6%～10%	11%～20%	20%以上
	定性方法	文字描述一		极轻微的	轻微的	中等的	重大的	灾难性的
		文字描述二		极低	低	中等	高	极高
		文字描述三	企业日常运行	不受影响	轻度影响（造成轻微的人身伤害，情况能够立刻受到控制）	中度影响（造成一定人身伤害，需要医疗救援，情况需要外部支持才能得到控制）	严重影响（企业失去一些业务能力，造成严重人身伤害，情况失控，但无致命影响）	重大影响（重大业务失误，造成重大人身伤亡，情况失控，给企业致命影响）
			财务损失	较低的财务损失	轻微的财务损失	中等的财务损失	重大的财务损失	极大的财务损失
			企业声誉	负面消息在企业内部流传，企业声誉没有受损	负面消息在当地局部流传，对企业声誉造成轻微损害	负面消息在某区域流传，对企业声誉造成中等损害	负面消息在全国各地流传，对企业声誉造成重大损害	负面消息流传世界各地，政府或监管机构进行调查，引起公众关注，对企业声誉造成无法弥补的损害
适用于开采业、制造业	定性与定量结合	安全		短暂影响职工或公民的健康	严重影响一位职工或公民健康	严重影响多位职工或公民健康	导致一位职工或公民死亡	引致多位职工或公民死亡

续表

适用于开采业、制造业	定性与定量结合	营运	·对营运影响微弱 ·在时间、人力或成本方面不超出预算1%	·对营运影响轻微 ·受到监管者责难 ·在时间、人力或成本方面超出预算1%~5%	·减慢营业运作 ·受到法规惩罚或被罚款等 ·在时间、人力或成本方面超出预算6%~10%	·无法达到部分营运目标或关键业绩指标 ·受到监管者的限制 ·在时间、人力或成本方面超出预算11%~20%	·无法达到所有的营运目标或关键业绩指标 ·违规操作使业务中止 ·时间、人力或成本方面超出预算20%
		环境	·对环境或社会造成短暂的影响 ·可不采取行动	·对环境或社会造成一定的影响 ·应通知政府有关部门	·对环境造成中等影响 ·需一定时间才能恢复 ·出现个别投诉事件 ·应执行一定程度的补救措施	·造成主要环境损害 ·需要相当长的时间来恢复 ·大规模的公众投诉 ·应执行重大的补救措施	·无法弥补的灾难性环境损害 ·激起公众的愤怒 ·潜在的大规模的公众法律投诉

对风险发生可能性的高低和风险对目标影响程度进行定性或定量评估后，依据评估结果绘制风险坐标图。如：某公司对9项风险进行了定性评估，风险①发生的可能性为“低”，风险发生后对目标的影响程度为“极低”……风险⑨发生的可能性为“极低”，对目标的影响程度为“高”，则绘制风险坐标图如图B－1所示。

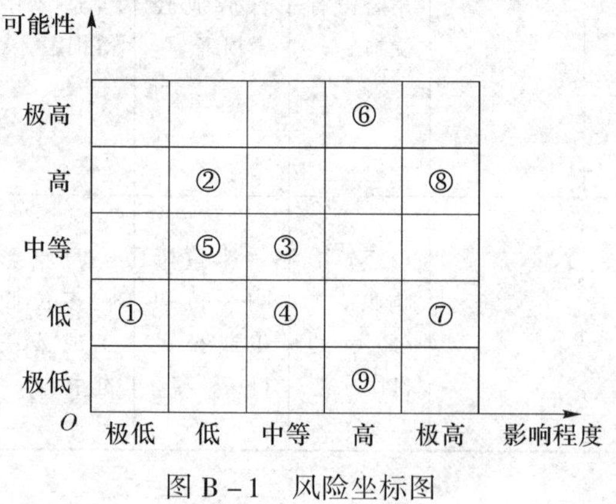

图B－1　风险坐标图

如某公司对7项风险进行定量评估，其中：风险①发生的可能性为83%，发生后对企业造成的损失为2 100万元；风险②发生的可能性为40%，发生后对企业造成的损失为3 800万元……而风险⑦发生的可能性在55%到65%之间，发生后对企业造成的损失在7 500万元到9 100万元之间，在风险坐标图上用一个区域来表示，则绘制风险坐标图如图B-2所示。

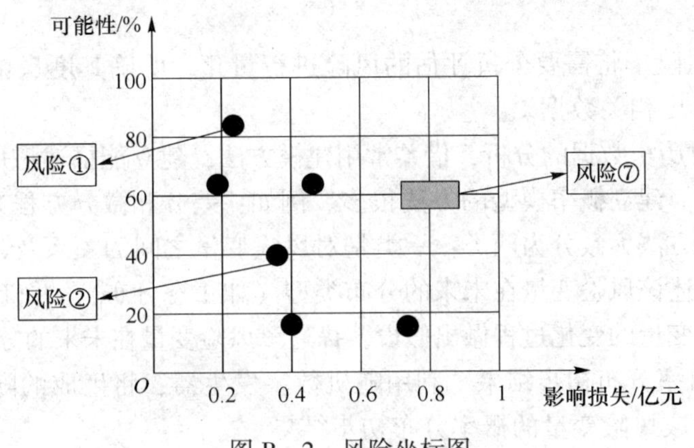

图B-2　风险坐标图

绘制风险坐标图的目的在于对多项风险进行直观的比较，从而确定各风险管理的优先顺序和策略。例如：某公司绘制了如图B-3所示的风险坐标图，并将该图划分为A、B、C三个区域，公司决定承担A区域中的各项风险且不再增加控制措施；严格控制B区域中的各项风险且专门补充制定各项控制措施；确保规避和转移C区域中的各项风险且优先安排实施各项防范措施。

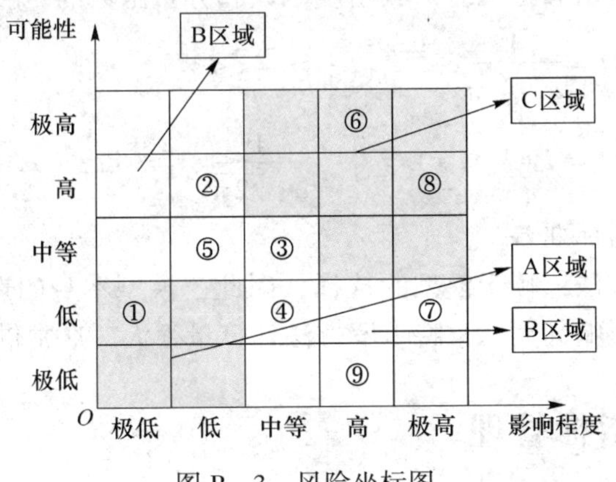

图B-3　风险坐标图

二、蒙特卡罗方法

蒙特卡罗方法是一种随机模拟数学方法。该方法用来分析评估风险发生的可能性、风险的成因、风险造成的损失或带来的机会等变量在未来变化的概率分布。具体操作步骤如下。

（1）量化风险。将需要分析评估的风险进行量化，明确其度量单位，得到风险变量，并收集历史相关数据。

（2）根据对历史数据的分析，借鉴常用建模方法，建立能描述该风险变量在未来变化的概率模型。建立概率模型的方法很多。例如：差分和微分方程方法，插值和拟合方法等。这些方法大致分为两类：一类是对风险变量之间的关系及其未来的情况做出假设，直接描述该风险变量在未来的分布类型（如正态分布），并确定其分布参数；另一类是对风险变量的变化过程做出假设，描述该风险变量在未来的分布类型。

（3）计算概率分布初步结果。利用随机数字发生器，将生成的随机数字代入上述概率模型，生成风险变量的概率分布初步结果。

（4）修正完善概率模型。通过对生成的概率分布初步结果进行分析，用实验数据验证模型的正确性，并在实践中不断修正和完善模型。

（5）利用该模型分析评估风险情况。

正态分布是蒙特卡罗风险方法中使用最广泛的一类模型。通常情况下，如果一个变量受很多相互独立的随机因素的影响，而其中每一个因素的影响都很小，则该变量服从正态分布。在自然界和社会中大量的变量都满足正态分布。描述正态分布需要两个特征值：均值和标准差。其密度函数和分布函数的一般形式如下：

密度函数：$\varphi(x)=\frac{1}{\sigma\sqrt{2\pi}}\mathrm{e}^{-\frac{(x-\mu)^2}{2\sigma^2}},-\infty<x<\infty$

分布函数：$F(x)=P(X\leqslant x)=\int_{-\infty}^{x}\frac{1}{\sigma\sqrt{2\pi}}\mathrm{e}^{-\frac{(t-\mu)^2}{2\sigma^2}}\mathrm{d}t,-\infty<x<+\infty$

其中μ为均值，σ为标准差。

由于蒙特卡罗方法依赖于模型的选择，因此，模型本身的选择对于蒙特卡罗方法计算结果的精度影响甚大。蒙特卡罗方法计算量很大，通常借助计算机完成。

三、关键风险指标管理

一项风险事件发生可能有多种成因，但关键成因往往只有几种。关键风险指标管理是对引起风险事件发生的关键成因指标进行管理的方法。具体操作步骤如下。

（1）分析风险成因，从中找出关键成因。

（2）将关键成因量化，确定其度量，分析确定导致风险事件发生（或极有可能发生）时该成因的具体数值。

（3）以该具体数值为基础，以发出风险预警信息为目的，加上或减去一定数值后形成新的数值，该数值即为关键风险指标。

（4）建立风险预警系统，即当关键成因数值达到关键风险指标时，发出风险预警信息。

（5）制定出现风险预警信息时应采取的风险控制措施。

（6）跟踪监测关键成因数值的变化，一旦出现预警，即实施风险控制措施。

以易燃易爆危险品储存容器泄漏引发爆炸的风险管理为例。容器泄漏的成因有：使用时间过长、日常维护不够、人为破坏、气候变化等因素，但容器使用时间过长是关键成因。例如，容器使用最高期限为50年，人们发现当使用时间超过45年后，则易发生泄漏。该“45年”即为关键风险指标。为此，制定使用时间超过“45年”后需采取的风险控制措施，一旦使用时间接近或达到“45年”时，发出预警信息，即采取相应措施。

该方法既可以管理单项风险的多个关键成因指标，也可以管理影响企业主要目标的多个主要风险。使用该方法，要求风险关键成因分析准确，且易量化、易统计、易跟踪监测。

四、压力测试

压力测试是指在极端情景下，分析评估风险管理模型或内控流程的有效性，发现问题，制定改进措施的方法，目的是防止出现重大损失事件。具体操作步骤如下。

（1）针对某一风险管理模型或内控流程，假设可能会发生哪些极端情景。极端情景是指在非正常情况下，发生概率很小，而一旦发生，后果十分严重的事情。假设极端情景时，不仅要考虑本企业或与本企业类似的其他企业出现过的历史教训，还要考虑历史上不曾出现，但将来可能会出现的事情。

（2）评估极端情景发生时，该风险管理模型或内控流程是否有效，并分析对目标可能造成的损失。

（3）制定相应措施，进一步修改和完善风险管理模型或内控流程。

以信用风险管理为例。例如：一个企业已有一个信用很好的交易伙伴，该交易伙伴除发生极端情景，一般不会违约。因此，在日常交易中，该企业只需“常规的风险管理策略和内控流程”即可。采用压力测试方法，是假设该交易伙伴将来发生极端情景（如其财产毁于地震、火灾、被盗），被迫违约而对该企业造成了重大损失。而该企业“常规的风险管理策略和内控流程”在极端情景下不能有效防止重大损失事件，为此，该企业采取了购买保险或相应衍生产品、开发多个交易伙伴等措施。

附录C 风险管理专业术语解释

1. 风险理财

利用金融手段管理风险的方法，包括预提风险准备金、购买保险或使用专业自保公司、衍生产品交易及风险融资等。

2. 情景分析

通过假设、预测、模拟等手段生成未来情景，并分析其对目标产生影响的方法，包括历史情景重演法、预期法、因素分解法、随机模拟法等。

3. 集中趋势法

指根据随机变量的分布情况，计算出该变量分布的集中特性值（均值、中数、众数等），从而预测未来情况的方法。它是数据推论方法的一种。

4. 失效模式与影响分析

通过辨识系统失去效用后的各种状况，分析其影响，并采取相应措施的方法。

5. 事件树分析

事件树分析是以树状图形方式分析风险事件间因果关系的方法。

6. 风险偏好

风险偏好指为了实现目标，企业在承担风险的种类、大小等方面所表现的基本态度。

7. 风险承受度

企业愿意承担的风险限度，也是企业风险偏好的边界。

8. 风险对冲

通过承担多个风险，使相关风险能够互相抵消的方法。使用该方法，必须进行风险组合，而不是对单一风险进行规避、控制。例如：资产组合、多种外币结算、战略上的分散经营、套期保值等。

9. 损失事件管理

对可能给企业造成重大损失的风险事件的事前、事中、事后管理的方法。损失包括企业的资金、声誉、技术、品牌、人才等。

10. 返回测试

将历史数据输入到风险管理模型或内控流程中，把结果与预测值对比，以检验其有效性的方法。

11. 穿行测试

在正常运行条件下，将初始数据输入内控流程，穿越全流程和所有关键环节，把运行结果与设计要求对比，以发现内控流程缺陷的方法。

附录 D　法律风险排查分类账目表

法律风险排查账目表的主要表格包括：

（1）公司章程和基本情况；

（2）公司资产情况；

（3）合同、协议及其履行情况；

（4）合同排查情况；

（5）债务债权情况（一）；

债务债权情况（二）；

（6）诉讼仲裁情况（一）；

诉讼仲裁情况（二）；

（7）知识产权情况；

（8）财务税务情况；

（9）财产保险情况；

（10）人事劳资情况；

（11）行政管理情况；

（12）招投标情况；

（13）物资采购情况；

（14）新建、扩建、技改项目；

（15）其他情况。

一、公司章程和基本情况

公司名称：

排查时间： 排查人：

责任部门： 审核人：

排查目的与方法

理清公司的组织架构及其基本情况，检查公司的章程是否完备，基本法律文件是否齐全，相互是否妥善衔接，是否已经依法（含重新修订的法律法规）及时做必要的修正，是否全部办妥相关的登记（包括但不限于变更登记、应有的注销登记）、备案、年检等。对于条款、手续不完善的，予以完善。检讨公司的组织架构是否有利于运作，又有利于化解、排除法律风险。

排查内容	是/否	应备案的材料	相关文件（原件）的存档位置	排查情况说明	风险描述	解决措施	后续跟进情况
1. 公司组织架构是否有利于运作？		组织架构图					
2. 公司股东名称、持股比例是否与公司章程、股东名册、工商登记一致？		公司章程 股东名册 工商登记材料					
3. 登记的公司名称、股东名称是否正确？		营业执照正/副本					
4. 是否已建立股东名册？		股东名册					
5. 是否有公司成立批准证书？		批准证书					
6. 营业执照是否每年经过年检？		营业执照副本					
7. 检查公司从事与现有业务有关的许可证或批准文件		公司现有证照清单（清单列明证照名称、颁发机关、内容情况、有效期、是否年检）现有证照复印件					

续表

排查内容	是/否	应备案的材料	相关文件（原件）的存档位置	排查情况说明	风险描述	解决措施	后续跟进情况
8．公司章程历次修改情况： 1）第一次修改时间： 股东会决议： 工商变更登记情况： 2）第二次修改时间： 股东会决议： 工商变更登记情况： 3）…		历次章程修正案、股东协议修改稿、政府批文（如有）、工商变更登记资料、集团批文					
9．股东协议历次变更情况： 1）第一次修改时间： 股东会决议： 工商变更登记情况： 2）第二次修改时间： 股东会决议： 工商变更登记情况： 3）…		股东协议修改稿、政府批文（如有）、工商变更登记资料					
10．公司注册资本及股东历次出资的验资报告情况： 1）第一次验资时间：　验资情况： 2）第二次验资时间：　验资情况： 3）…		出资证明和验资报告					

续表

排查内容	是/否	应备案的材料	相关文件（原件）的存档位置	排查情况说明	风险描述	解决措施	后续跟进情况
11. 公司成立以来所有董事会会议、会议记录/股东大会、股东会议记录是否完备、齐全，制作是否规范？		历届董事会决议、股东会决议及会议记录					
12. 公司成立以来历届董事会成员名单及其任免、工商登记（备案）文件？		历届董事名单、任免文件、工商登记资料					
13. 公司成立以来工商登记（含变更登记）的档案情况，检查是否已按公司法、公司注册登记管理条例等办理相关法律手续							
14. 注册资金是否足额缴纳？是否存在虚假出资、抽逃情形？（注：另以特别保密方式报告）							
15. 其他需要特别关注的事项（特别规定的履行和遵守情况）		另附报告说明					

二、公司资产情况

公司名称：

排查时间：　　　　排查人：

责任部门：　　　　审核人：

排查目的与方法							
清理公司的资产，检查公司各项资产的权属是否清晰，有关资产是否已经依照相关规定领取产权证书、办妥相关权属登记，相关权利证书所载具体内容有无错漏、不当，是否还有权属瑕疵，证照有无逾期，是否真实、完整地反映各公司资产状况、财务状况和经营成果，以提高资产运营效益和资产管理水平。如存在上述情形，应及时妥善解决。							
排查内容	是/否	应备案的材料	相关文件（原件）的存档位置	排查情况说明	风险描述	解决措施	后续跟进情况
1. 公司现有土地使用权及房产证登记面积是否与实际一致?		土地证、房产证					
2. 公司拥有的所有土地使用权及房产（自用或空置）的清单，并反馈下列情况，包括：							
（1）是否取得《国有土地使用权证》或《国有划拨土地使用权证》?		土地证					
（2）是否取得土地使用权出让合同（或转让、划拨合同，含附件、红线图）?		土地出让合同、附件、红线图					
（3）是否取得土地出让金已付收据或发票?		出让金发票					

续表

排查内容	是/否	应备案的材料	相关文件（原件）的存档位置	排查情况说明	风险描述	解决措施	后续跟进情况
（4）是否取得《建设用地规划许可证》（含附件、红线图）？		建设用地规划许可证（含附件、红线图）					
（5）是否取得《建设用地批准书》？		建设用地批准书					
（6）是否取得《房屋所有权证》或《房地产权证》？		房产证清单（包括房产名称、证件号、发证机关、发证日期、抵押情况）					
（7）房地产是否抵押？							
（8）有无房地产抵押合同？		抵押合同清单					
（9）房地产是否已办理抵押登记？		抵押登记资料					
3．其他需关注的事项（如有无担保，有无其他债权债务等纠纷，有无被司法机关保全等，请在排查情况说明栏中说明）							

三、合同、协议及其履行情况

公司名称：

排查时间：　　　　　　　　　　　　排查人：

责任部门：　　　　　　　　　　　　审核人：

排查目的与方法							
全面清理公司的合同、协议及作用相当于协议的其他文件，仔细检查各类合同、法律文件的签署、履行及文本和相关证据资料保存情况，并具体结合公司各项投资、经营的实际情况，分析合同、法律文件是否存在漏洞，是否符合投资和经营实际情况，是否相互衔接、完整、正确、便于履行，在理解上是否会与合同对方发生分歧、争议，以找出经营管理中法律风险易发生的环节和关键点，及时采取适当的风险防范措施。							
排查内容	是/否	应备案的材料	相关文件（原件）的存档位置	排查情况说明	风险描述	解决措施	后续跟进情况
1. 检查公司重大收购项目中（不论签订于何时）的风险点，法律手续是否已经办理完备，合同是否存在风险点		相关合同、价款支付单证、交接证明及相关资料原件、公司历次重大项目转让一览表等					
2. 正在履行中的合同清单，包括但不限于：合资合作合同、贷款类合同、抵押、质押合同、土地使用权出让合同、重要资产采购合同、租赁合同、原料采购合同、销售合同、资产处置合同、对外投资合同、建筑施工合同、监理合同、设计合同，其他由公司签订的重大合同或可能引起重大责任的协议等	/	正在履行中的合同清单（清单内容包括：合同编号，合同名称，合同对方名称，涉及金额，签署日期，有效期，目前履行情况等）					
3. 合同样式文本及其使用情况，存在的问题及经验教训，修改设想、意见，新的合同样式文本的需求及制作计划	/	正在使用的合同样式文本					

四、合同排查情况

公司名称：　　　　注：合同排查需每份合同填写
排查时间：　　　　排查人：
责任部门：　　　　审核人：

排查目的与方法

全面清理公司的合同、协议及作用相当于协议的其他文件，仔细检查各类合同、法律文件的签署、履行及文本和相关证据资料保存情况，并具体结合公司各项投资、经营的实际情况，分析合同、法律文件是否存在漏洞，是否符合投资和经营实际情况，是否相互衔接、完整、正确、便于履行，在理解上是否会与合同对方发生分歧、争议，以找出合同管理中法律风险易发生的环节和关键点，及时采取适当的风险防范措施。

排查内容	是/否	应备案的材料	相关文件（原件）的存档位置	排查情况说明	风险描述	解决措施	后续跟进情况
1. 合同审核、审批程序的排查							
是否按集团合同管理规定履行了审批手续？		合同审批表、上级批文					
2. 合同主体资格的排查							
（1）审查合同相对方的营业执照，是否保存对方营业执照备份，复印件是否与对方原件核对、确认？		营业执照					
（2）审查合同相对方资质，是否符合我方要求的签约主体资格？		营业执照、特许资格证书等					
（3）对于签署合同的委托代理人，是否获取授权书？		授权委托书					
（4）是否调查了解对方的履约能力和商业信用？		经第三方审计后的财务报表或银行资金证明					

续表

排查内容	是/否	应备案的材料	相关文件（原件）的存档位置	排查情况说明	风险描述	解决措施	后续跟进情况
（5）合同履约保证金是否能够承保风险？							
（6）对工程合同，因设计变更导致建设工程的工程量或者质量标准发生变化，合同双方是否对变更部分工程款的计算进行约定？							
（7）对工程合同，合同中是否明确约定竣工验收的方式及时间？							
（8）合同是否约定履约保函？履约保函是否超过有效期？							
3．合同生效条款的排查							
（1）合同实际生效时间是否与合同约定相符？							
（2）合同是否经双方签字盖章？							
（3）我方盖章前是否履行用章审批？							
（4）双方盖章是否为公司章或合同章？							
4．合同履行的排查							
（1）合同履行中是否保存了相关资料必要的原件及复印件？		往来函件					

续表

排查内容	是/否	应备案的材料	相关文件（原件）的存档位置	排查情况说明	风险描述	解决措施	后续跟进情况
（2）合同约定内容发生变化，是否及时签订补充协议或者变更协议，该协议是否履行了规定的审批手续？		补充协议					
（3）履行过程中来往传真、电子邮件是否得到对方确认？							
（4）是否存在合同之外约定事项，是否保留相关证据、资料？							
（5）对于我方租用业主物业的房屋租赁合同，我方是否有权转租？我方出租的期限是否超过我方跟业主签订的租赁期限？							
（6）对于采购合同，我方是否按合同约定的付款方式、金额、地点、时间支付货款？							
（7）我方是否在合同约定的时间内检验标的物的数量和质量？							
（8）我方是否按照约定的检验方法和检验标准进行检验？							
（9）我方是否在约定的检验期内就标的物的质量或者数量提出异议？							
（10）对于仓储合同，我方是否按约定支付仓储费？							

续表

排查内容	是/否	应备案的材料	相关文件（原件）的存档位置	排查情况说明	风险描述	解决措施	后续跟进情况
（11）对于工程合同，工程的进度是否符合合同要求？							
（12）对于工程合同，工程的质量是否符合合同要求？							
（13）对于工程合同，是否按合同约定支付工程价款？							
（14）是否履行了合同约定的协助义务？							
（15）如合同相对方违约，是否应追究其违约责任？							
（16）合同是否已过有效期？							
（17）是否存在诉讼时效已过的问题？							
（18）对未履行完毕的合同是否签订了终止协议？							
5. 档案排查							
（1）合同档案是否按规定归档，是否进行了合同编号管理？							
（2）是否存在合同毁损、丢失档案的情况？							
6. 公司现行的有关合同管理的规章制度及其执行情况。	规章制度						

五、债务债权情况（一）

公司名称：

排查时间：　　　　　　　　排查人：

责任部门：　　　　　　　　审核人：

<table>
<tr><th colspan="10">排查目的与方法</th></tr>
<tr><td colspan="10">全面梳理公司的债权、债务状况，提出清收债权的措施，分析债务的成因，化解潜在的法律风险，切实保护公司合法权益。</td></tr>
<tr><td colspan="10">债权情况明细表（截止到××××年××月××日已逾期的债权）</td></tr>
<tr><td rowspan="17">债权情况</td><td>序号</td><td>债务人名称</td><td>债权金额</td><td>债权形成的合同名称及编号</td><td>到期时间</td><td>逾期时间</td><td>担保情况</td><td>追收措施</td><td>预计偿还时间</td></tr>
<tr><td>1</td><td></td><td></td><td></td><td></td><td></td><td></td><td></td><td></td></tr>
<tr><td>2</td><td></td><td></td><td></td><td></td><td></td><td></td><td></td><td></td></tr>
<tr><td>3</td><td></td><td></td><td></td><td></td><td></td><td></td><td></td><td></td></tr>
<tr><td>4</td><td></td><td></td><td></td><td></td><td></td><td></td><td></td><td></td></tr>
<tr><td>5</td><td></td><td></td><td></td><td></td><td></td><td></td><td></td><td></td></tr>
<tr><td>6</td><td></td><td></td><td></td><td></td><td></td><td></td><td></td><td></td></tr>
<tr><td>7</td><td></td><td></td><td></td><td></td><td></td><td></td><td></td><td></td></tr>
<tr><td>8</td><td></td><td></td><td></td><td></td><td></td><td></td><td></td><td></td></tr>
<tr><td>9</td><td></td><td></td><td></td><td></td><td></td><td></td><td></td><td></td></tr>
<tr><td>10</td><td></td><td></td><td></td><td></td><td></td><td></td><td></td><td></td></tr>
<tr><td>11</td><td></td><td></td><td></td><td></td><td></td><td></td><td></td><td></td></tr>
<tr><td>12</td><td></td><td></td><td></td><td></td><td></td><td></td><td></td><td></td></tr>
<tr><td>13</td><td></td><td></td><td></td><td></td><td></td><td></td><td></td><td></td></tr>
<tr><td>14</td><td></td><td></td><td></td><td></td><td></td><td></td><td></td><td></td></tr>
<tr><td>15</td><td></td><td></td><td></td><td></td><td></td><td></td><td></td><td></td></tr>
<tr><td>16</td><td></td><td></td><td></td><td></td><td></td><td></td><td></td><td></td></tr>
</table>

债务债权情况（二）

公司名称：

排查时间：　　　　　　　　　　　　排查人：

责任部门：　　　　　　　　　　　　审核人：

排查目的与方法									
全面梳理公司的债权、债务状况，提出清收债权的措施，分析债务的成因，化解潜在的法律风险，切实保护公司合法权益。									
债务情况明细表（截止××××年××月××日已逾期的债务）									
债务情况	序号	债权人名称	债务金额	债务形成的合同名称及编号	债务到期时间	逾期时间	是否拒付或缓付	理由	应对措施
	1								
	2								
	3								
	4								
	5								
	6								
	7								
	8								
	9								
	10								
	11								
	12								
	13								
	14								
	15								
	16								
	17								
	18								

六、诉讼仲裁情况（一）

公司名称：
排查时间：
责任部门：

注：本排查记录应按集团制度注明
排查人：
审核人：

排查目的与方法							
全面掌握公司的诉讼、仲裁案件情况，研究采取妥善的诉讼、仲裁、调解、和解、执行方案、措施，化解法律风险，切实保护公司合法权益。							
排查内容	是/否	应备案的材料	相关文件（原件）的存档位置	排查情况说明	风险描述	解决措施	后续跟进情况
1. 公司现有（含未结或2013年已结）的民事诉讼、仲裁、刑事、行政诉讼或行政处罚案件等；请说明诉讼案件名称、索赔数额或其他要求、诉讼进展、诉讼难点、目前我方的应对策略等情况；胜诉概率分析，如已结案我方已付赔偿款项（如有）情况；有关生效裁判、调解协议的履行、执行情况		未结或2013年已结案件明细情况表、处理意见请示及批复、法院传票、判决书等					
2. 公司现有（含未结或2013年已结）的政府、行政及监管机构的调查和程序的案件概要，或可能发生的上述调查、程序（如有），并说明对有关事项的解决、应对措施和状况		调查会议纪要等相关资料					
3. 公司现有（含未结或2013年已结）案件的诉讼、仲裁代理人情况及其代理工作情况，委托代理合同和代理费用情况		民事诉状、委托代理合同、代理费用支付清单					
4. 2013年以来案件执行方面的情况							
5. 可能形成诉讼的案件		请示及批复、处理方案、相关合同往来函件					

诉讼仲裁情况（二）

填报单位： 联系人：
填报时间： 电话：
传真：
电子邮箱：

原告		案由	
被告		案号	
		标的额	
目前案件所处程序	□一审　□二审　□仲裁　□再审　□重审（一审）　□执行　□和解		
案件简要情况、可能结果分析、处理意见（可另附页、附文简要说明）			
报送的附件包括但不限于案件的主要证据（合同、来往函件等）、诉状、答辩状、申请书、代理词、仲裁判决书、裁定书、调解书、判决书、申请执行书、律师法律意见等			

七、知识产权情况

公司名称：
排查时间： 排查人：
责任部门： 审核人：

排查目的与方法							
梳理公司的知识产权状况，完善知识产权权属或授权许可使用手续，加强对公司商标、专利、著作权、无形资产、商业秘密等合法权益的保护。							
排查内容	是/否	应备案的材料	相关文件（原件）的存档位置	排查情况说明	风险描述	解决措施	后续跟进情况
1. 公司是否拥有注册商标？注册商标的保护期限？		商标注册证书、注册商标标志					
2. 公司是否使用已注册商标？							
3. 公司是否许可他人使用其注册商标？		许可使用合同、备案资料					
4. 公司是否拥有或被许可使用的专利或专有技术？专利或专有技术的保护期限？		专有技术、专利清单、计算机软件清单、使用许可、所有权证明					
5. 公司就专利的维持或使用是否支付相关专利费用？		费用支付清单、转让/许可合同					
6. 公司是否拥有需要保护的专有技术？							
7. 有无发现他方侵害公司商标、专利、名称权、商业秘密的行为？如有，请说明公司的应对措施和解决效果							
8. 有无侵犯他人知识产权的情况或嫌疑（注：另以特别保密方式报告）							

八、财务税务情况

公司名称：
排查时间：　　　　　　　　排查人：
责任部门：　　　　　　　　审核人：

排查目的与方法							
检查公司的财务税务状况，确保合法经营，合理避税，依法纳税。							
排查内容	是/否	应备案的材料	相关文件（原件）的存档位置	排查情况说明	风险描述	解决措施	后续跟进情况
1．公司税收申报文件、纳税凭证是否齐备？		纳税申报表等					
2．公司纳税申报情况							
①公司是否按规定计提、申报、缴纳税款？							
②公司所有付款事项是否取得合法发票，发票内容是否与采购或服务合同内容一致？							
③公司取得的发票是否符合税法要求，公司抬头是否相符，填写是否规范，是否存在跨期发票？							
④公司取得的增值税发票是否按规定认证、抵扣，不符合抵扣要求的进项税是否转出？							
⑤公司的产品销售业务是否均按税法要求的税种纳税？							

续表

排查内容	是/否	应备案的材料	相关文件（原件）的存档位置	排查情况说明	风险描述	解决措施	后续跟进情况
⑥是否存在无实际销售而开具增值税发票的情况？							
⑦是否存在未购货而获得增值税发票的情况？							
⑧财产报损情况是否符合税法规定，并取得相关机构认可？							
⑨关联方交易定价是否符合相关规定？							
3. 自2012年以来所有未付清或在交涉中的税务责任，包括但不限于企业所得税责任、由公司代缴的员工所得税状况、记录、其他税务情况？		税务清查记录、税收稽核报告、所得税汇算清缴申报表、个人所得税申报表					
4. 确认公司已于财务报表中就其做出储备的有关税务的简述，包括潜在风险的数额及储备的数额？		截至2012年年末计提储备及纳税调整清单					
5. 合理避税状况，包括减免税事项，是否符合税法规定或取得税务部门书面批准文件？（注：税务问题请另以特别保密方式报告）							

续表

排查内容	是/否	应备案的材料	相关文件（原件）的存档位置	排查情况说明	风险描述	解决措施	后续跟进情况
6．公司财务会计制度、财务报告、账册、记账凭证、单据、票据（支票、本票、汇票）、银行保函、支付结算的状况及其存在的法律风险？							
①财务报告是否按法定要求编制并上报，对外报送的报表与对内报表是否一致，是否存在虚假账务的情况？							
②记账凭证附件是否完整？							
③附件内容是否与记账凭证一致？							
④是否建立完备的票据管理制度？		财务管理制度					
⑤公司取得票据是否手续完备，背书情况是否符合法律规定？							
⑥票据的收、兑是否按制度要求审批？							
⑦是否每月核对票据及其贴现、背书转让的情况？							
⑧清查获取的银行保函及对外开具的保函，审核其是否有效？							

九、财产保险情况

公司名称：
排查时间：　　　　　　　　　　排查人：
责任部门：　　　　　　　　　　审核人：

排查目的与方法							
排查公司财产保险存在的法律风险，保险批单办理状况，财产定期申报情况，保险事故索赔状况，研究改进保险投保、索赔工作新措施、新办法，化解财产保险法律风险，切实实现财产保险保障。							
排查内容	是/否	应备案的材料	相关文件（原件）的存档位置	排查情况说明	风险描述	解决措施	后续跟进情况
1．资产是否足额投保？		资产清单及投保情况保险批单					
2．出险时是否按约定向保险公司报案？							
3．保险保费是否按时缴纳？							
4．保险公估公司是否指定？							
5．保险事故索赔状况，已发生损失的索赔或索赔准备，索赔资料提供，索赔进展		索赔资料					
6．索赔经验教训总结							

十、人事劳资情况

公司名称：
排查时间：　　　　　　　　　　排查人：
责任部门：　　　　　　　　　　审核人：

排查目的与方法							
检查公司执行《劳动合同法》的状况，劳动合同签署、履行、安全生产、职业危害防护、工伤保险及其他社保情况，避免劳动争议、安全事故及其赔偿等风险。							
排查内容	是/否	应备案的材料	相关文件（原件）的存档位置	排查情况说明	风险描述	解决措施	后续跟进情况
1. 劳动用工风险排查							
（1）招聘广告是否带有歧视性？							
（2）在招聘过程中是否履行告知义务？							
（3）审查应聘者是否与原单位签订解除或终止劳动合同？		离职证明					
（4）审查应聘者是否与原单位签订离职竞业限制条款？		原劳动合同及协议					
（5）是否对应聘者的背景进行调查？							
（6）是否依《劳动合同法》，在确定录用员工后，一个月内与新员工签订劳动合同？							
（7）是否在劳动合同中正确约定试用期？							

续表

排查内容	是/否	应备案的材料	相关文件（原件）的存档位置	排查情况说明	风险描述	解决措施	后续跟进情况
（8）是否依法与所有员工签订劳动合同？		劳动合同清单					
（9）是否要求员工提供押金和保险金等？							
（10）是否扣留员工的身份证等证件？							
（11）是否按时足额发放工资？							
（12）是否存在拖欠工资的情况？							
（13）是否未按制度规定扣除员工工资？							
（14）是否违反当地最低工资的规定？（最低工资中不包括加班费、特殊津贴、劳动保险福利）							
（15）是否存在未支付员工加班费的现象？							
（16）工作时间和休息时间是否符合劳动法的要求？是否存在超时加班的情况？							
（17）是否全员办理社会保险？							
（18）是否按规定足额缴纳各种社会保险？		社保记录清单					
（19）是否按国家规定对员工实行休息、休假制度？							

续表

排查内容	是/否	应备案的材料	相关文件（原件）的存档位置	排查情况说明	风险描述	解决措施	后续跟进情况
（20）是否按规定对员工进行体检？		体检合同、体检人员清单					
（21）是否按规定向员工提供了相关的职业培训？		培训记录					
（22）是否存在非全日制用工？							
（23）是否存在劳务派遣用工？							
（24）如存在劳务派遣用工，劳务派遣公司是否与派遣员工已依《劳动合同法》签订劳动合同，是否按规定缴纳社会保险？		劳务合同清单、社保缴纳清单					
2. 企业投入大额职业培训、进修的风险排查							
（1）是否与受训员工签订培训、进修协议？约定培训、进修后的服务期和违约金？		培训协议					
（2）约定的违约金是否高于培训费用？							
（3）是否保存受训员工进行培训、进修的档案资料？		员工档案					
（4）是否保存受训员工进行培训、进修费用支出的货币支付凭证？		财务报销单					
3. 公司规章制度、绩效考核制度的订立是否符合劳动法、《劳动合同法》的规定？		员工管理制度、薪酬及绩效考核制度					

续表

排查内容	是/否	应备案的材料	相关文件（原件）的存档位置	排查情况说明	风险描述	解决措施	后续跟进情况
4. 涉及劳动者切身利益的规章制度的制定、修订，是否遵循合理的程序？							
5. 涉及劳动者切身利益的规章制度在颁布前是否向员工公示或由其签字确认？							
6. 是否妥善保管好员工违纪处理的书面材料？		违纪材料					
7. 劳动合同的履行和变更是否符合法律规定？							
8. 劳动合同的解除和终止是否符合法律规定？							
9. 员工离职是否清理其办公物品？							
10. 是否及时结清离职员工的工资、社会保险及应当支付的经济补偿金？							
11. 执行《劳动合同法》及集团有关制度的难点和解决办法？							
12. 其他潜在的可能引起劳动纠纷及因其赔偿的情形？							
13. 各公司、劳务公司、派遣公司未结或2012年以来了结的劳动争议及其解决状况		劳动争议及诉讼资料					

十一、行政管理情况

公司名称：
排查时间：　　　　　　　　　　排查人：
责任部门：　　　　　　　　　　审核人：

排查目的与方法							
检查公司执行行政、档案管理、保密、交通车辆、印章管理的状况，查找管理漏洞、风险及礼品、宣传品订制过程中的相关法律风险，规范和完善相关管理流程和制度，杜绝相关法律风险的发生。							
排查内容	是/否	应备案的材料	相关文件（原件）的存档位置	排查情况说明	风险描述	解决措施	后续跟进情况
一、档案管理及保密方面							
1. 是否建立档案管理制度？		档案管理制度					
2. 档案的建立、保存、使用是否符合相关规定？							
3. 是否存在档案遗失、损毁的情况？							
4. 是否存在涂改和伪造档案的情况？							
5. 资料是否分商业密级标示并按流程上报？							
6. 是否建立涉密文件的标签、存档管理及复制、查看、外借制度？							
7. 公司的保密文件是否按规定整理归档，使用是否符合规定？							
8. 是否建立完善的员工离职审查制度？							
9. 是否在劳动合同中签订保密协议，约定离职后的具体保密事项和保密期限？							
10. 是否配备专业的档案管理人员？							

续表

排查内容	是/否	应备案的材料	相关文件（原件）的存档位置	排查情况说明	风险描述	解决措施	后续跟进情况
二、交通车辆管理方面							
1. 是否建立车辆使用管理制度?		车辆使用管理制度					
2. 公司自有车辆的管理、使用是否符合交通安全法的要求?							
3. 车辆是否证照齐全并及时年审?							
4. 司机的证照是否与车辆匹配，相关证照是否有效?		车辆行驶证年检证明					
5. 司机是否存在违章驾驶的现象?		驾驶证年检证明					
6. 公司的车辆是否建立车辆档案?							
7. 出车是否填写车辆登记表?							
8. 是否发生过重大交通事故?							
9. 是否发生过赔偿? 是否已向保险公司索赔?							
三、印章管理方面							
1. 是否建立印章管理制度?		印章管理制度					
2. 是否指定部门、专人保管?							
3. 刻制印章是否办理刻制登记手续?							
4. 用印文件是否经过审批?		用印审批表					
5. 公司的印章共有　个，分别是（1）（2）（3）…							
6. 公司是否有部门章?							

十二、招投标情况

公司名称：　　　　　　　　　　注：每项招标项目填写一张表
排查时间：　　　　　　　　　　排查人：
责任部门：　　　　　　　　　　审核人：

排查目的与方法							
检查公司招标过程中遵守招投标法律法规的情况，遵守集团招标管理制度的情况，研究改进招标工作的新措施、新办法，化解招标法律风险，切实实现招标目的。							
排查内容	是/否	应备案的材料	相关文件（原件）的存档位置	排查情况说明	风险描述	解决措施	后续跟进情况
1. 是否存在不合理排斥或限制潜在投标人的情况？							
2. 是否存在招标文件编制不合理的情况。							
（1）招标文件是否符合国家招标法及集团招标管理办法的规定，意思表示是否明确？							
（2）主要合同条款是否均已列明，相关内容是否符合合同法的规定；							
（3）是否在招标文件中明确投标人违约责任，投标人是否按要求足额缴纳保证金。							
3. 资格预审情况：							
（1）资格预审是否由设置的资格预审组负责；							
（2）是否按规定的标准和方法进行预审并保存相关预审资质文件；							

续表

排查内容	是/否	应备案的材料	相关文件（原件）的存档位置	排查情况说明	风险描述	解决措施	后续跟进情况
（3）未通过预审的潜在投标人是否仍参与投标？							
4. 招标组织机构情况：							
（1）招标各组织机构人员职责是否明确，是否向他人透露获取招标文件的潜在投标人名称、数量或其他可能影响公平竞争的情况？							
（2）是否向投标人泄露标底？							
（3）是否向投标人泄露评委成员名单？							
5. 投标人情况：							
（1）投标人主体是否有不合格、数量不足的情况？							
（2）是否存在投标人串标、围标？							
（3）是否以他人名义投标或委托他人投标？							
（4）是否低于成本报价或报价畸高？							
（5）是否有投标保证金不符合要求的情况？							
（6）是否存在投标人在投标中弄虚作假的情况？							
6. 评委情况：							

续表

排查内容	是/否	应备案的材料	相关文件（原件）的存档位置	排查情况说明	风险描述	解决措施	后续跟进情况
（1）专家评委是否有丰富的从事相关专业领域工作经验及具有高级职称或者同等专业水平？							
（2）是否熟悉有关招标投标的法律法规，并具有与招标项目相关的实践经验？							
（3）是否能够认真、公正、诚实、廉洁地履行职责？							
（4）是否是投标人或者投标人主要负责人的近亲属？							
（5）是否是项目主管部门或者行政监督部门的人员？							
（6）是否与投标人有经济利益关系，可能影响对投标公正评审？							
（7）是否曾因在招标、评标及其他与招标投标有关活动中从事违法行为而受过行政处罚或刑事处罚？							
7. 有关评标标准和方法是否在招标文件中明示？							
8. 评标标准和方法是否不符合项目实际，或含有倾向或排斥投标人的内容？							
9. 投标文件情况：							
（1）投标文件是否有单位盖章并有法定代表人或授权代表签字盖章的？							

续表

排查内容	是/否	应备案的材料	相关文件（原件）的存档位置	排查情况说明	风险描述	解决措施	后续跟进情况
（2）是否有法定代表人出具的授权委托书？							
（3）是否有按格式填写，是否存在内容不全或关键字迹模糊、无法辨认的情况？							
（4）是否按招标文件要求提交投标保证金的或者提供投标担保？							
（5）联合体投标是否附联合体各方共同投标协议？							
（6）低于个别成本投标，是否提供有效证明？							
（7）是否满足招标文件的实质性要求？							
10. 是否依法及时确定中标人和发出中标通知书？							
11. 中标通知书发出后除特殊情况经批准外，是否擅自改变中标结果？							
12. 中标人是否转包或违法分包项目？							
13. 招标过程中所形成的重要文件资料，记录，包括与投标人的往来函件等是否均整理归档，并有专人负责保管？							

十三、物资采购情况

公司名称：
排查时间：　　　　排查人：
责任部门：　　　　审核人：

排查目的与方法							
排查物资采购、使用、生产过程等方面的法律风险。							
排查内容	是/否	应备案的材料	相关文件（原件）的存档位置	排查情况说明	风险描述	解决措施	后续跟进情况
1. 是否建立采购制度？		采购制度					
2. 是否建立采购审批程序？							
3. 是否填写采购申请单？		采购申请单					
4. 物资采购程序是否符合采购制度的规定？							
5. 所有采购事项是否取得授权或批准？							
6. 是否制订采购计划？							
7. 是否建立采购比价机制？							
8. 是否对供货商进行监控？							
9. 是否建立符合当地实际的自主采购工作流程？							
10. 物资采购进度是否与生产、销售计划相匹配？							
11. 采购资金的支付是否符合资金管理办法的规定？							
12. 公司的营销活动是否符合反不正当竞争法的规定？							
13. 佣金的支付是否符合规定，是否存在商业贿赂行为？							
14. 是否建立物资采购业务定期审计制度？							

十四、新建、扩建、技改项目

公司名称：　　　　　　注：一个总项目填写一份本表
排查时间：　　　　　　排查人：
责任部门：　　　　　　审核人：

排查目的与方法							
检查新建、扩建、技改工程项目审批、建设、验收过程及项目实施管理中的法律风险。 备注：本表填写未竣工验收的5 000万元以上新建、扩建、技改项目，一个项目填写一份本表							
工程情况							
项目名称： 批复号： 项目简介：				项目总预算： 已付款金额：			
排查内容	是/否	应备案的材料	相关文件（原件）的存档位置	排查情况说明	风险描述	解决措施	后续跟进情况
一、工程项目立项审批							
1. 是否按制度规定上报审批？		集团批复					
2. 是否取得建设用地许可证、土地使用证、建设工程规划许可证以及消防、环境评价等政府许可文件（批复）？		建设用地许可证、土地使用证、建设工程规划许可证、消防、环境评价等其他政府许可文件（批复）					
3. 工程的初步设计审查是否获得批复？		批复文件					
二、前期准备工作							
1. 总项目或子项目是否均按制度要求进行招标？		招标项目清单					
2. 招标过程是否符合制度及法规的要求？							
3. 对承包方过往业绩、资信情况等是否经过审查？							

续表

排查内容	是/否	应备案的材料	相关文件（原件）的存档位置	排查情况说明	风险描述	解决措施	后续跟进情况
4. 工程的分包、转包是否符合相关规定？							
5. 工程总包、分包人的资质是否符合要求并真实有效？		资质文件					
6. 承包方的劳动关系是否符合相关规定？							
7. 是否购买工程保险？		保险合同，保单					
三、工程项目的实施							
1. 是否取得施工许可证？		施工许可证					
2. 是否建立安全施工制度？		安全制度					
3. 图纸的修改、工程量的变更是否均进行签证？		签证单					
4. 所有施工项目是否均签订合同并经审批？		工程项目合同清单、审批单					
5. 项目工程量的增减，预算的增加是否均获得审批并签订补充协议？		补充协议					
6. 工程的监理单位是否按监理合同的要求履行职责？		监理报告					
四、工程的竣工验收							
1. 工程是否竣工验收并出具验收报告？		验收报告					
2. 工程质量是否符合设计要求？							
3. 工程是否逾期？							
4. 工程结算是否存在诉讼风险？							

十五、其他情况

公司名称：

排查时间：　　　　　　　　　　　　排查人：

责任部门：　　　　　　　　　　　　审核人：

排查目的与方法							
清查公司存在的其他法律风险，检查公司遵守法律法规、遵守集团管理制度的状况，加强公司的法制管理和公司的内部制度管理。							
排查内容	是/否	应备案的材料	相关文件（原件）的存档位置	排查情况说明	风险描述	解决措施	后续跟进情况

附录 E 企业法律风险防控手册

交易类之合同订立

（大宗散杂货物采购）

业务领域	法律风险源	法律风险源具体表现	法律风险源诱发因素	法律风险	应对措施：责任部门	应对措施：措施	应对措施：实施证据	措施类型：防范	措施类型：控制	措施类型：补救	法律依据
1. 供方资信能力	1.1 供方不具有民事法律主体资格	1.1.1 不具有民事权利能力，不是合格的交易主体	贸易人员选择交易对家时考察不充分，法律人员未对供方交易主体资格进行严格审查或者审查不充分	合同无效。合同不能被有效执行或依法被判定无效	业务部门	选择供方时，要调取、收集并查阅供方的法律主体资格证明，比如企业（法人）营业执照、自然人身份证明等	企业营业执照、企业法人营业执照或个人身份证明	√			《民法通则》第 2、3 章，《合同法》第 9 条
					法律部门	通过供方提交的主体资格证明，向相关登记机关核实，以确定其真假；认为必须借助第三方资信调查机构协助核实时，委托第三人协助核查	工商企业查询档案		√	√	
		1.1.2 供方代表没有授权，或者授权不充分	贸易人员对供方代表身份未进行核查；法律人员未对供方代表的代理权限进行严格审核	交易不稳定。供方未对其代表进行授权、或授权不充分，事后也未对代表的代理行为进行追认而使合同效力待定，供方在不利情势下有选择追认权	业务部门	与供方代表洽谈业务前，贸易人员需确定供方代表身份，索要授权委托书，明确代理权限	名片、授权委托书	√			《民法通则》第 65、66 条，《合同法》第 47－51 条
					财务部门						
					法律部门	查看《授权委托书》、查验代表人名片，核实供方代表的代理人身份及代理权限	授权委托书		√	√	

续表

业务领域	法律风险源	法律风险源具体表现	法律风险源诱发因素	法律风险	应对措施			措施类型			法律依据
					责任部门	措施	实施证据	防范	控制	补救	
	1.2 供方不具备合同履约能力	1.2.1 供方不具有民事法律行为能力	供方无能力履行合同约定义务，造成迟延供货、少供货，或者所供货物不能达到约定品质要求	供方违约，合同不能按约定全面、及时、恰当履行	业务部门	达成交易前，要充分了解供方的主营业务。针对生产型企业，则要了解其产能、产值及实际产量；针对贸易中间商，则要了解其上游资源、商品来源和供给能力等，以确保其能顺利履行供货义务	财务报表、资信调查报告，仓储量、货源采购合同等	√			《民法通则》第3章、《合同法》第4章
					财务部门	认真分析财务报表，掌握其相关财务数据并做充分分析，提出履约能力分析报告；必要借助第三方资信调查机构时，可聘请资信调查机构进行风险评估	分析报告	√	√		
					法律部门					√	
		1.2.2 授信过度	不应授信而许以授信交易，或者未按信用评级，盲目授信	资金风险加大。支付预付款后，供方不能全面、及时、恰当履行供货义务	业务部门	对授信交易要严格履行公司审批程序；经客户资信评审不予授信的供方，不签订预付款采购合同；对允许授信交易的供方，只在授信额度内签订预付款合同	履约保证、合同担保	√			《合同法》第4章、《担保法》第6条和第13条
					财务部门	审查资信调查报告，确定是否允许授信交易和明确授信额度大小，并严格合同审查，杜绝超额授信交易	资信调查报告、授信申请单	√	√		
					法律部门		担保合同		√	√	

续表

业务领域	法律风险源	法律风险源具体表现	法律风险源诱发因素	法律风险	应对措施：责任部门	应对措施：措施	应对措施：实施证据	措施类型：防范	措施类型：控制	措施类型：补救	法律依据
		1.2.3 供方是自然人	非货到付款的供货合同	交易稳定性不强，付款后容易出现资金风险。供方不能全面、及时、恰当履行供货义务	业务部门	客观评估供方的履约能力，避免人力、物力的浪费。无足额担保的情况下，禁止与自然人签订预付货款采购合同	资信担保	√			《民法通则》第3章、《合同法》第4章、《担保法》第6条和第13条
					财务部门	原则上禁止与自然人进行大宗商品交易，确有履约能力保证的，也尽量不接受预付款交易	资信担保、履约保证	√	√		
					法律部门	对履约保证合同的合法性进行审查	担保合同		√	√	
		1.2.4 供方是分公司	分公司只有有限签约权	超出分公司设立时所登记注册的经营范围而签订的合同，未经总公司确认而无效	业务部门	应尽可能避免与分公司签订合同。确需签订时，应核查经营范围或取得其总公司的确认	工商登记档案、总公司确认函	√			《民法通则》之法律权利能力规定和《合同法》之效力相关的规定
					法律部门	审查与核实分公司工商登记事项，明确其经营范围		√	√		

续表

业务领域	法律风险源	法律风险源具体表现	法律风险源诱发因素	法律风险	应对措施			措施类型			法律依据
					责任部门	措施	实施证据	防范	控制	补救	
2. 商品	2.1 商品名称	商品品名不正确	引用商品俗称、惯称或简称，而没有使用商品的通用名称	容易被当事人曲解，不能保证正常履行	业务部门	应使用通用名称，避免用简称、俗称	SITC、CCCN、BTN、H. S. 编码制度	√			《国际贸易标准分类》(SITC)，《海合作理事会商品分类目录》(CCCN)，《布鲁塞尔海关商品分类目录》(BTN)，《协调商品名称及编码制度》(H. S.)
					财务部门				√		
					法律部门				√		
	2.2 商品品质	交易商品的品质要求约定不明	对交易商品的品质要求描述含糊、不充分	不便于合同履行，或者被当事人借故歪曲，以次充好，以此代彼	业务部门	按照客户要求确认供货品质，熟悉各项质量指标，明确约定质量要求，细化对采购方有利的各项质量标准	质量指标清单	√			《合同法》《关于实施合同法的若干问题解释》《冶金焦炭国家质量标准》(GB212－91)
					下游用户	确认商品质量及各项指标	质量指标确认单	√			
					法律部门						

续表

业务领域	法律风险源	法律风险源具体表现	法律风险源诱发因素	法律风险	应对措施			措施类型			法律依据
					责任部门	措施	实施证据	防范	控制	补救	
	2.3 商品的数量	2.3.1 没有约定交易商品数量的正负误差值	大宗散杂商品计量交付时，很难做到恰到好处，尤其是送货过磅时，不可能为多一点或者少一点而退回或补齐	增大交易难度，容易形成争议。因为严格合同意义上，多发货可退回，但少发货应补交	业务部门	磋商合同条款时，应根据交易品种特性，约定合理的误差，表明误差范围内的交货均为合理	数量条款	√			
					财务部门	根据实际交货数量进行结算	结算条款		√		
					法律部门	审查该条款的明确性和合理性	数量条款		√		
		2.3.2 分批交货的合同，未明确约定各批交货的数量	非单次交货合同，如年度合同，未对交货频率与次数，以及各批次交货的数量约定清楚	不利于贸易公司制订销售计划，安排销售任务，也不利于合同履行，容易缺货或堵库	业务部门	均衡接货频率及接货数量	质量条款	√			《合同法》《关于实施合同法的若干问题解释》
					财务部门	合理安排货款，调拨资金		√	√		
					法律部门	审查数量条款的明确性		√			

续表

业务领域	法律风险源	法律风险源具体表现	法律风险源诱发因素	法律风险	应对措施			措施类型			法律依据
					责任部门	措施	实施证据	防范	控制	补救	
		2.3.3 未约定运输途中商品正常损耗率	在供方送货、代办托运合同中，买方都有在接货后重新过磅以查验接货数量的规定，而二次过磅数量一定有所不同	无相关损耗率的约定，将容易导致争议。如以前一次过磅为准，则运输过程中的损耗由买方承担，将对买方不利	业务部门	在遇到该类交付方式时，应在合同中约定合理损耗率，以避免供方多灌水，充抵交货数量	数量条款	√			《合同法》及商务实践
					财务部门						
					法律部门	审查数量条款的完整性	数量条款		√		
	2.4 商品的量	合同对商品计量单位约定含糊、不规范	计量不标准，量与价不匹配	容易导致争议。如以“车”为交易单位计价时，容易在每车装载货物重量上形成争议	业务部门	按商品通用标准确定计量单位，拒绝不规范描述	数量条款	√			《合同法》《关于实施合同法的若干问题解释》
					财务部门	审查计价条款	价格条款	√	√		
					法律部门						

续表

业务领域	法律风险源	法律风险源具体表现	法律风险源诱发因素	法律风险	应对措施			措施类型			法律依据
					责任部门	措施	实施证据	防范	控制	补救	
3. 交付条款	3.1 交付方式	3.1.1 提货	买方必须派车到供方指定地点提取货物	延长接货距离，增大接货风险	业务部门	不建议采用供方指定地点提货条款，确需使用提货方式的，应约定提货不能的违约赔偿责任；约定复检条款，规定二次复检的时间和地点；约定接货物质量不合格时的退货权利	合同	√			《合同法》及《关于实施合同法的若干问题意见》中关于货物交付的规定
					运输部门	按时到供方指定地点接收货物，办好货物交接手续，保障转运安全。特别注意接货时，不确认现场环境无法保证的质量指标，给二次复检留有机会	交接手续		√		
					法律部门	严格审查交付条款，发现并完善交付条款	交付条款		√		
		3.1.2 送货	供方应按约定将货物送达到买方指定地点办理交接货手续	应严格查验货物，避免送交货物不符合合同约定	业务部门	采用送货条款时，同时应约定送交货物不符合合同约定品质和数量时的处理方式，规定拒收的条件	合同	√			《合同法》及《关于实施合同法的若干问题意见》中关于货物交付的规定
					执行部门	严格收货流程，提示拒收条件，明确接收范围	交接手续		√		
					法律部门	严格审查交付条款，发现并完善交付条款	交付条款		√		

续表

业务领域	法律风险源	法律风险源具体表现	法律风险源诱发因素	法律风险	应对措施			措施类型			法律依据
					责任部门	措施	实施证据	防范	控制	补救	
		3.1.3　代办托运	供方将应交货物交给承运人，并代买方办理运输手续而完成交货义务	货交承运人后货损风险（包括但不限于运输途中的正常损耗、过失损失及不可抗力下的灭失）由买方承担	业务部门	供方代办托运条款下，买方可要求供方签订《运输合同》和《运输保险合同》，并承担运费、保险费，明确发运时间并将相关合同、质检报告及相关凭证及时寄交给买方，并通知买方发货时间和到货时间、地点。如供方不为运输货物购买保险，买方应主动购买	合同	√			《合同法》及《关于实施合同法的若干问题意见》中关于货物交付的规定
					合同执行部门	按通知的时间和地点接收货物，及时组织货物检验，区分保险责任和供方责任	接交手续和检验报告		√		
					法律部门	严格审查交付条款，发现并完善交付条款	交付条款		√		

续表

业务领域	法律风险源	法律风险源具体表现	法律风险源诱发因素	法律风险	应对措施			措施类型			法律依据
					责任部门	措施	实施证据	防范	控制	补救	
	3.2 交付地点	3.2.1 供方工厂交货	买方必须派车到供方工厂提取货物	延长接货距离，增大接货风险	业务部门	不建议采用供方工厂交货条款，确需使用工厂交货方式的，应约定接货不能的违约赔偿责任；约定复检条款，规定二次复检的时间和地点；约定接货物质量不合格时的退货权利	合同	√			《合同法》及《关于实施合同法的若干问题意见》中关于货物交付的规定
					运输部门	按时到供方工厂接收货物，办好货物交接手续，保障转运安全。特别注意接货时，不确认现场环境无法保证的质量指标，给二次复检留有机会	交接手续		√		
					法律部门	严格审查交付条款，发现并完善交付条款	交付条款		√		

续表

业务领域	法律风险源	法律风险源具体表现	法律风险源诱发因素	法律风险	应对措施			措施类型			法律依据
					责任部门	措施	实施证据	防范	控制	补救	
		3.2.2 供方指定地点（仓库、码头、车站）交货	买方应按约定到供方指定地点提取货物	延长接货距离，增大接货风险	业务部门	不建议采用供方指定地点交货条款，确需接受供方指定地点交货时，应约定接货不能的违约赔偿责任；约定复检条款，规定二次复检的时间和地点；约定接货物质量不合格时的退货权利	合同	√			《合同法》及《关于实施合同法的若干问题意见》中关于货物交付的规定
					运输部门	按时到指定地点接收货物，办好货物交接手续，保障转运安全。特别注意接货时，交货人的身份，对不能现场确认的质量指标，不能轻易确认	交接手续		√		
					法律部门	严格审查交付条款，发现并完善交付条款	交付条款		√		

续表

业务领域	法律风险源	法律风险源具体表现	法律风险源诱发因素	法律风险	应对措施			措施类型			法律依据
					责任部门	措施	实施证据	防范	控制	补救	
		3.2.3 买方指定地点（车站、码头、仓库）交货	供方将应交货物运送至买方指定地点完成交货义务	货物风险至送交货后转移给买方	业务部门	买方指定的交货地点应实际可控，合同中应明确约定货物交接程序，指定接货代表，尤其是货物验收流程，以及对不合格的货物有拒绝接货的权利	交货条款	√			《合同法》及《关于实施合同法的若干问题意见》中关于货物交付的规定
					执行部门	配合接收货物是买方的义务。及时接收货物，按验收条款做好货物验收，出具合适的验收报告	接交手续和检验报告		√		
					法律部门	严格审查交付条款，发现并完善交付条款	交付条款		√		

续表

业务领域	法律风险源	法律风险源具体表现	法律风险源诱发因素	法律风险	应对措施			措施类型			法律依据
					责任部门	措施	实施证据	防范	控制	补救	
		3.2.4 买方工厂交货	供方必须将货物送到买方工厂履行交付义务	增大了供方供货距离，加大了其送货风险，但同时也加大接收货物是否符合合同约定的不确定性风险	业务部门	为争取接货主动性，在采用买方工厂交货条款内，应规定对货物品质和数量与合同约定不符时的选择权，即拒收权、降价接收权，或者复检后的退货权	合同	√			《合同法》及《关于实施合同法的若干问题意见》中关于货物交付的规定
					执行部门	配合接收货物是买方的义务。及时接收货物，按验收条款做好货物验收，出具合适的验收报告	交接手续		√		
					法律部门	严格审查交付条款，发现并完善交付条款	交付条款		√		

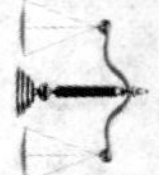

续表

业务领域	法律风险源	法律风险源具体表现	法律风险源诱发因素	法律风险	应对措施			措施类型			法律依据
					责任部门	措施	实施证据	防范	控制	补救	
	3.3 交付时间	交付时间具体明确	交付时间是供需双方共同配合履行交接货义务的唯一时点。应约定清楚明白且具体	时间不清楚明白，交付时点亦不确定，将加大履行难度	业务部门	交付时间是交付条款必要的信息要素，交付时间也是货物风险转移的时点。必须保证清楚明白且确定，严禁含糊不清	合同	√			《合同法》及《关于实施合同法的若干问题意见》中关于货物交付的规定
					执行部门	遇交付时间不清的条款，应提示补充，避免履行失败	交接手续		√		
					法律部门	建议货物风险自货物实际交付时转移，回避因迟延接收货物时的风险自约定交付时间转移	交付条款		√		
4. 检验条款	4.1 检验方式	4.1.1 发货检验	约定供方在发货时进行检验，并以发货时的检验报告为准	检验报告的真实性和准确性存疑	业务部门	不接受发货检验条款。确实需接受时，应约定买方复检的权利；如供方对复检结果不放心，双方可进一步约定单独或共同指定第三方机构复检	检验条款	√			《民法通则》《合同法》《关于实施合同法的若干问题解释》
					执行部门	接货同时索要检验报告，并组织货物检验，无论合同是否有复检约定	检验报告		√		
					法律部门	审查检验条款，确保公正、可执行	检验条款	√	√		

续表

业务领域	法律风险源	法律风险源具体表现	法律风险源诱发因素	法律风险	应对措施			措施类型			法律依据
					责任部门	措施	实施证据	防范	控制	补救	
		4.1.2 接货检验	约定买方在接货时进行检验，并以接货时的检验报告为准	检验人的公平、公正性被供方质疑	业务部门	当约定接货检验时，可在必要时约定检验人、检验方法等，以避免因检验结果的公正性被质疑	检验条款	√			《民法通则》《合同法》《关于实施合同法的若干问题解释》
					执行部门	接货时可邀请供方代表共同确认重量，一起与检验人提取送交货物样品并封存送检	取样单和送检单		√		
					法律部门	审查检验条款，确保公正、可执行	检验条款	√	√		
	4.2 检验人	4.2.1 供方自检	约定供方在交货前自行检验，并以该检验结论作为结算依据	检验结论的真实性可能遭到买方质疑	业务部门	原则上不应接受供方自检条款，确实需要接受时，应要求买方派人到场监督检验，以确保检验结论的真实；或建议由供方指定第三方检验人检验	检验条款	√			《民法通则》《合同法》《关于实施合同法的若干问题解释》
					执行部门	接货时，无论是否有约定派员监督供方检验条款，均安排接货人员监督检验过程，对检验过程中的不规范操作提出修正建议	提取检验（报告）单		√		
					法律部门	对供方自检条款，提出买方参与检验的要求	检验条款	√	√		

续表

业务领域	法律风险源	法律风险源具体表现	法律风险源诱发因素	法律风险	应对措施			措施类型			法律依据
					责任部门	措施	实施证据	防范	控制	补救	
		4.2.2 买方自检	约定买方在接货后自行检验，并以该检验结论作为结算依据	检验结论的真实性可能遭到供方质疑	业务部门	争取到买方自检条款时，要不辜负供方信任，可在检验条款中邀请供方人员参与检验，也可单方指定独立检验人或共同指定独立检验人检验	检验条款	√			《民法通则》《合同法》《关于实施合同法的若干问题解释》
					执行部门	接货时，采取公允规范对接交货物进行检验，确保检验结果公正、客观、真实。条件允许时，可邀请供方代表参与检验，确认检验结论	检验（报告）单		√		
					法律部门	对买方自检得出的检验报告，建议及时通知供方或交于供方确认	检验条款	√	√		

续表

业务领域	法律风险源	法律风险源具体表现	法律风险源诱发因素	法律风险	应对措施			措施类型			法律依据
					责任部门	措施	实施证据	防范	控制	补救	
		4.2.3 独立检验人检验	约定由独立商检机构对交接货物进行检验，并以机构出具的检验报告作为结算依据	检验人的公正性遭买卖双方或一方质疑	业务部门	接受第三方商检机构检验时，检验条款要对检验人指定做出明确约定，原则上不接受供方单方指定检验人的约定，可接受双方共同指定	检验条款	√			《民法通则》《合同法》《关于实施合同法的若干问题解释》
					执行部门	第三方检验机构对交接货物进行检验时，应主动参与配合和监督其采取约定之公允规范进行采样、样品封存及检验	检验（报告）单		√		
					法律部门	对独立商检机构指定进行条款约束，避免单方指定而导致的不利	检验条款	√	√		

续表

业务领域	法律风险源	法律风险源具体表现	法律风险源诱发因素	法律风险	应对措施			措施类型			法律依据
					责任部门	措施	实施证据	防范	控制	补救	
	4.3 检验方法	4.3.1 援引检验规范不明	合同约定援引某一检验规范和标准，但表述不准确，指向不明	采样、分析及测定方法不规范，缺少必要的质量控制标准	业务部门	无论自检或委托第三方独立商标机构检验，都应明确检验方法所适用的规范和标准。如无相关商品的检验规范，也应在合同中写明检验步骤、程序，以及各项质量指标分析、测定方法等，以避免无章可循	检验条款	√			GB 475—2008；GB/T 19494—2004；GB 477—2008；GB/T 212—2008；GB/T 4632—1997；GB/T 214—2007；GB/T 215—2008 等
					执行部门	严格按合同约定的检验方法组织或参与检验，监督检验过程	检验（报告）单		√		
					法律部门	对援引检验规范不明或不准确的检验条款应及时予以纠正	检验条款	√	√		

续表

业务领域	法律风险源	法律风险源具体表现	法律风险源诱发因素	法律风险	应对措施：责任部门	应对措施：措施	应对措施：实施证据	措施类型：防范	措施类型：控制	措施类型：补救	法律依据
		4.3.2 没有可援引检验规范	特殊商品无可援引的检验规范和标准	由交易双方凭经验进行商品检验。合同中如无相关方法描述，将影响检验报告质量，由此引发争议	业务部门	无检验规范的商品检验，应在合同中对采样、分析和测定进行明确约定，以供检验时遵循	检验条款	√			GB 475—2008；GB/T 19494—2004；GB 477—2008；GB/T 212—2008；GB/T 4632—1997；GB/T 214—2007；GB/T 215—2008等
					执行部门	严格按合同约定的检验方法组织或参与检验，监督检验过程	检验（报告）单		√		
					法律部门	拒绝会签无检验方法的检验条款。建议制定《非标商品接货检验规范》	检验条款	√	√		
5. 支付条款	5.1 付款时点	5.1.1 约定货款部分或全部预付	在交接货前已经付讫全部或部分货款	预付金额占比越大，资金调配难度越大，资金风险越大	业务部门	原则上不接受预付货款的交易，但确需预付货款的，应尽可能压低支付比例。必要时对供方资信进行调查评估，给出授信额度，并保证在授信额度内进行预付款交易	支付条款	√			客户资信管理与审查规定、授信交易管理与评估办法（如无相关制度，应列入制度制订计划）
					财务部门	严格控制预和限制付款交易，根据资信调查结果给予适当额度并严格控制	支付条款、授信评估报告	√	√		
					法律部门	核查合同相对人法律主体资格，审查相关资质	法律尽职调查报告	√			

续表

业务领域	法律风险源	法律风险源具体表现	法律风险源诱发因素	法律风险	应对措施			措施类型			法律依据
					责任部门	措施	实施证据	防范	控制	补救	
		5.1.2 约定货款后付	在交接货后，买方支付货款	较好地保护了买方利益，但仍应以交接货物数量和质量符合合同约定为付款前提	业务部门	当约定货款后付时，应将交接货物符合合同约定为必要前提。否则，买方有延迟支付、扣留相应违约赔偿金支付或全额支付的选择权，并将此写入合同条款之中	支付条款	√			《合同法》、公司结算管理办法及支付流程规定等
					财务部门	支付货款前应审查合同约定的前置条件是否具备。对支付前置条件不具备的，可拒绝支付、延迟支付、扣款支付，并通知业务部门	支付条款、支付指令及依据	√	√		
					法律部门	审查与支付相关的责任规定，如违约责任条款	违约责任	√			

续表

业务领域	法律风险源	法律风险源具体表现	法律风险源诱发因素	法律风险	应对措施			措施类型			法律依据
					责任部门	措施	实施证据	防范	控制	补救	
	5.2 付款方式	5.2.1 一次支付	合同约定由买方向供方一次性支付货款	如果是一次性预付，资金风险最大，应予以避免；如果是一次性后付，则应确认支付条件已实际满足，否则仍存有较大不确定的风险	业务部门	当约定货款一次性支付时，应在合同中约定支付前提，如货物已经备妥、已交承运人，或者已经买方接收并出具合格证明等	支付条款	√			《合同法》、公司结算管理办法及支付流程规定等
					财务部门	审查支付条款约定流程是否清晰，支付前置条件是否可控。对满足支付前置条件的支付请求可决定支付	支付条款、支付指令及依据	√	√		
					法律部门	审查与支付相关的责任规定，如违约责任条款	违约责任	√			

续表

业务领域	法律风险源	法律风险源具体表现	法律风险源诱发因素	法律风险	应对措施			措施类型			法律依据
					责任部门	措施	实施证据	防范	控制	补救	
		5.2.2 分期支付	合同约定由买方向供方分期支付货款	分期支付能较好控制风险，用小资金撬动大贸易。但分期分批交货合同中分期预付货款视同预付款风险，应予回避或防范	业务部门	尽量采用分期后付方式进行交易。否则，应选择分期付款金额小于分批交货货值的分期支付方式。但无论怎样，都要争取留有相当于供方利润的比例置于后付	支付条款	√			《合同法》、公司结算管理办法及支付流程规定等
					财务部门	如是分期预付条款，则应参照5.1.1采取相应防范措施，控制财务风险	支付条款、支付指令及依据	√	√		
					法律部门	如果合同选用的分期预付条款，则参照5.1.1采取相应防范措施，控制法律风险	违约责任	√			

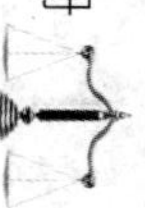

续表

业务领域	法律风险源	法律风险源具体表现	法律风险源诱发因素	法律风险	应对措施			措施类型			法律依据
					责任部门	措施	实施证据	防范	控制	补救	
	5.3 付款形式	5.3.1 现金支付	合同约定由买方向供方以现金形式支付货款	现金筹集难度大，携带风险大，支付凭证的效力瑕疵及违反人行支付规范要求等	业务部门	尽量杜绝以现金形式支付货款。确需以现金支付时，应约定支付地点在本公司，且需要领款人出具身份证明、公司委托代领款授权和盖有财务专用章的收款收据	支付条款	√			中国人民银行有关现金支付范围的限制性规定
					财务部门	根据合同约定和公司财务制度规定，办理现金申领和交接手续	领款人身份证明、公司委托代领款《授权委托书》和收据	√	√		
					法律部门	不建议采用现金支付条款	违约责任	√			
5. 支付条款	5.3 付款形式	5.3.2 银行转账支付	合同约定由买方向供方以银行现金转账的形式支付货款	银行存款利用不充分，占用了大量现金资源	业务部门	银行转账视同于现金支付。支付条款中应明确指明收款单位账户相关信息，避免支付错误	支付条款	√			《中国人民银行法》，第三方支付规范及公司支付制度
					财务部门	审查支付条款，要求收款账户信息清楚明了，方便支付，合理利用融资手段	支付条款	√	√		
					法律部门		违约责任		√		

续表

业务领域	法律风险源	法律风险源具体表现	法律风险源诱发因素	法律风险	应对措施			措施类型			法律依据
					责任部门	措施	实施证据	防范	控制	补救	
		5.3.3 电汇支付	合同约定由买方向供方以电汇形式支付货款	银行存款利用不充分，占用了大量现金资源	业务部门	银行汇款视同于现金支付。支付条款中应指明收款人及收款账户，避免汇付错误	支付条款	√			《中国人民银行法》，第三方支付规范及公司支付制度。
					财务部门	审查支付条款，要求收款账户信息清楚明了，方便支付，合理利用融资手段	支付条款	√	√		
					法律部门		违约责任		√		
		5.3.4 支票支付	合同约定由买方向供方以支票形式支付货款	有使用范围的局限性，仅适用于同城支付。兑付时可能因疏忽出现空头，易产生合同诈骗	业务部门	约定支票支付时，收款人只能是与付款人同城的合同相对人。支付条款中要注明收款人名称等必要信息	支付条款	√			《中国人民银行法》，《票据法》，第三方支付规范及公司支付制度
					财务部门	要求在支付条款中注明支票金额及收款人名称，并确认银行账户有足够余额，避免出现空头	支票	√	√		
					法律部门				√		

续表

业务领域	法律风险源	法律风险源具体表现	法律风险源诱发因素	法律风险	应对措施			措施类型			法律依据
					责任部门	措施	实施证据	防范	控制	补救	
		5.3.5 本票支付	合同约定由买方向供方以本票形式支付货款	本票相当于现金付款，但如果是远期本票则为信用支付	业务部门	本票是自付证券，有商业本票和银行本票之分，也有即期本票和远期本票之分，还有记名本票和不记名本票之分，一般都为定额本票。支付条款中应加以区别并如实约定	支付条款	√			《中国人民银行法》，《票据法》，第三方支付规范及公司支付制度
					财务部门	对约定不明的支付条款，应要求补全	支付条款	√	√		
					法律部门		违约责任	√			
			合同约定由买方向供方以汇票形式支付货款	远期汇票相当于信用支付，以银行汇票为主，加大了支付成本	业务部门	汇票是出票人签发的，委托付款人在见票时，或者在指定日期无条件支付确定的金额给收款人或者持票人的票据。有商业汇票和银行汇票之分，也有即期汇票和远期汇票之别。国内贸易中常用的是银行远期汇票。支付条款中应写明汇票的到期日	支付条款	√			《中国人民银行法》，《票据法》，第三方支付规范及公司支付制度
					财务部门	审查汇票支付条款各要素是否清楚。如果是用本单位持有的汇票支付，还应在合同中写明被背书人名称	支付条款	√	√		
					法律部门		违约责任	√			

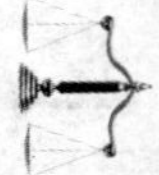

续表

业务领域	法律风险源	法律风险源具体表现	法律风险源诱发因素	法律风险	应对措施			措施类型			法律依据
					责任部门	措施	实施证据	防范	控制	补救	
6. 责任条款	6.1 供方违约	6.1.1 如果供方主观上想交货，但客观上延迟了交货	供方未按合同约定时间交货，是由于客观条件不完全具备	明确约定处罚标准，有利于督促供方履行。否则，将导致索赔无据	业务部门	迟延交货并非供方不想交货。应根据迟延交货时长，约定违约处罚标准。如迟延1日应向买方支付应交而未交货值1%的迟延违约金；为防止供方长时间不交货而影响我方后续生产使用或交易，合同中还应约定迟延N日时，应视为供方交货不能，按6.1.2处理	违约责任条款	√			《合同法》《民法通则》相关规定
					财务部门			√	√		
					法律部门	审查违约责任条款，约定是否清楚，是否有可操作性	违约责任条款	√			

续表

业务领域	法律风险源	法律风险源具体表现	法律风险源诱发因素	法律风险	应对措施			措施类型			法律依据
					责任部门	措施	实施证据	防范	控制	补救	
		6.1.2 供方主观上想交货，但客观上不能交货的责任	供方未按合同约定交货，是由于客观条件完全不具备	责任约定不细，将可能错失一个主观善意的合作伙伴，丢掉一次成功交易的机会；但如果是供方虽努力，但仍完全不具备交货条件，则应终止合同	业务部门	条款中可区分供方主观善意与恶意，对主观上有履行意愿，但客观条件完全不具备的交易，应约定买方有权解除合同，并有要求赔偿损失或支付违约金的权利。违约赔偿金的标准可以参考完成本单交易买方可能获得的利润率约定	违约责任条款	√			《合同法》《民法通则》相关规定
					财务部门			√	√		
					法律部门	本条与6.1.1略有区别，区分的意义在于能实现交易目的	违约责任条款	√			

续表

业务领域	法律风险源	法律风险源具体表现	法律风险源诱发因素	法律风险	应对措施			措施类型			法律依据
					责任部门	措施	实施证据	防范	控制	补救	
		6.1.3 供方主观上不愿意交货	供方主观故意不交，有意违反合同	合同被根本性违反，不能达到交易目的	业务部门	遇供方不（或不能）交货的，应向买方支付违约赔偿金。违约赔偿金为供方应交而未交货值的一定比例	违约责任条款	√			《合同法》《民法通则》相关规定
					财务部门			√	√		
					法律部门	我们交易的目的是购得货物，但其经济目的是获取收益。如果供方不交货，则交易目的和经济目的都不能实现，直接会影响我们下一步的经营行为。建议违约赔偿金可参考本单交易完成而使买方可能获得的经济收益而设定	违约责任条款	√			
		6.1.4 供方送交货质量有瑕疵	供方送交货物但不完全符合合同约定，但买方还可接收	细化责任有利于成功交易，约定不清或不明，则可能致使买方被动，接收的货物品价不符	业务部门	供方所交货物与合同约定的品质为一般不符但买方同意接收的，可约定降价结算	违约责任条款	√			《合同法》《民法通则》相关规定
					财务部门			√			
					法律部门	严格区分根本违约和一般违约的责任，掌握交易主动	违约责任条款	√			

续表

业务领域	法律风险源	法律风险源具体表现	法律风险源诱发因素	法律风险	应对措施			措施类型			法律依据
					责任部门	措施	实施证据	防范	控制	补救	
		6.1.5 供方送交货物质量完全不符合合同约定	供方未按合同约定商品品质送交货物，且买方接收无法使用或销售	责任约定不清或不明，没有拒收或退货依据，将使交易被动	业务部门	供方所交货物与合同约定的品质为完全不符的，应约定买方有权选择拒收、退货或换货。因买方拒收、退货、换货而产生的额外费用应由供方承担；因退、换货导致交货迟延，按6.1.1处理；因此而致使合同终止的，供方应向买方支付违约赔偿金，赔偿金可参考交易完成买方可能获得的利润而设定	违约责任条款	√			《合同法》《民法通则》相关规定
					财务部门			√			
					法律部门	严格区分根本违约和一般违约的责任，避免交易被动	违约责任条款	√			

续表

业务领域	法律风险源	法律风险源具体表现	法律风险源诱发因素	法律风险	应对措施			措施类型			法律依据
					责任部门	措施	实施证据	防范	控制	补救	
	6.2 买方违约	6.2.1 在先款后货条款下，买方延迟付款	约定有买方在先的付款义务，却因客观条件不能而延迟了付款	将导致供方迟延交货	业务部门	为避免供方以此为由延迟交货，条款中应设置前置的通知程序，即当买方未在约定时间内付款的，供方应履行通知义务，并给予买方合理的付款准备时间，如接到付款催收通知后3个工作日内，买方仍未履行付款义务时，应按日支付迟延违约金	违约责任条款	√			《合同法》第66、67条及《民法通则》相关规定
					财务部门			√			
					法律部门	前置通知催收是处罚的缓冲程序，也是切断其交货义务联运，避免供方行使不安抗辩权而延迟交货	违约责任条款	√			

续表

业务领域	法律风险源	法律风险源具体表现	法律风险源诱发因素	法律风险	应对措施			措施类型			法律依据
					责任部门	措施	实施证据	防范	控制	补救	
		6.2.2 在先货后款条款下，买方延迟付款	约定有供方在先交货前提下的付款义务，却因客观条件不能而延迟了付款	将构成根本违约，承担迟延付款的违约责任	业务部门	为减轻未按期付款的违约责任，同样可以通过违约责任条款将违约行为细拆为3个阶段，即通知催收的合理期间不计算违约金，按迟延日期计算较低违约金，以及高比例的迟延支付违约金	违约责任条款	√			《合同法》第66、67条及《民法通则》相关规定
					财务部门	非买方原因而导致付款不能如期到账的，不视为违约	违约责任条款	√			
					法律部门	建议设置延迟后的通知催收时间，或将开具账务要求的票证设为支付前置条件，以延缓付款时间；再以通知付款到期后按每迟延1日支付相当于银行贷款日息的迟延违约金，并设定最大罚息比例，而不设定一次性违约赔偿条款。应对方要求，确需设定违约赔偿金比例时，以略高于货款利息为参考标准	违约责任条款	√			

续表

业务领域	法律风险源	法律风险源具体表现	法律风险源诱发因素	法律风险	应对措施			措施类型			法律依据
					责任部门	措施	实施证据	防范	控制	补救	
		6.2.3 在供方指定地点交货条款下，买方未按时接货	买方未按合同约定交接货时间到达供方指定地点接收货物	接货是买方应履行的配合义务，如未按时履行，将直接承担自应交付日起的货物灭失风险	业务部门	可设定合理理由的迟延，如交通阻塞，或经通知的有计划延迟。前一种情况可在交货条款、不可抗力条款或违约责任条款中作不视为违约的约定；后一种情况，是借助援引合同法关于合同变更的相关规定，理解为对交接货时间的顺延或者说是交接货条款的变更	权利义务条款	√			《合同法》第66、67条及《民法通则》相关规定
					财务部门	非买方原因而导致付款不能如期到账的，不视为违约		√			
					法律部门	尤其关注合同中关于货物风险转移时点的约定，强调货物风险只依实际交付而转移	权利义务条款	√			

续表

业务领域	法律风险源	法律风险源具体表现	法律风险源诱发因素	法律风险	应对措施			措施类型			法律依据
					责任部门	措施	实施证据	防范	控制	补救	
7. 争议条款	7.1 争议范围	7.1.1 凡履行本合同所发生的全部争议统一适用本条款	双方不对争议进行细分，而是统一地将履行本合同所形成的全部争议都归于一类	不细分争议范围将影响可协商解决的一般争议的解决速度。当关系紧张时，彼此都不主动配合解决争议，将形成不得不诉的僵局	业务部门	当选择不细分争议种类，将全部争议归于一类而适用争议解决条款时，应在解决方式和途径选择时分出层级，如“先协商，后调解，再诉讼/仲裁”	争议条款	√			《合同法》《民事诉讼法》《仲裁法》第16条及《民法通则》相关规定
					财务部门			√			
					法律部门	注意市场变化大和彼此关系紧张时，任何一方可能利用程序权利，打程序性官司而拖延责任履行的规避方法	争议条款	√			

续表

业务领域	法律风险源	法律风险源具体表现	法律风险源诱发因素	法律风险	应对措施			措施类型			法律依据
					责任部门	措施	实施证据	防范	控制	补救	
		7.1.2 用不同标准，细分争议类型	根据不同标准将争议细分为不同类型、不同级别，为选择不同解决途径和方式作铺垫	细分争议范围将有利于简单争议的解决速度。但适用较为麻烦，容易形成争议解决途径选择的争议	业务部门	根据业务经验，对交易可能发生的不同争议类型，约定不同的解决途径和方法，如“对一般争议，可协商解决，或提请双方接受的第三方协调解决”，避免诉累	争议条款	√			《合同法》《民事诉讼法》《仲裁法》第16条及《民法通则》相关规定
					财务部门			√			
					法律部门	审查争议分类是否清晰，描述是否准确，是否确实有利于争议快速简便解决	争议条款	√			

续表

业务领域	法律风险源	法律风险源具体表现	法律风险源诱发因素	法律风险	应对措施			措施类型			法律依据
					责任部门	措施	实施证据	防范	控制	补救	
	7.2 争议解决方法	7.2.1 协商解决	双方通过协商重新签署《补充协议》，以解决面临的争议	协商解决是一种快速、和平解决争议的方法，新签订的协议效力等同于合同，仍需双方诚意遵守才能真正解决争议。一旦不被遵守，仍不具有强制执行力	业务部门	约定协商解决面临争议的，应确定争议范围和协商机制，如第三方帮助等	争议条款	√			《合同法》《民事诉讼法》《仲裁法》及《民法通则》相关规定
					财务部门			√			
					法律部门	鼓励通过协商解决方式解决争议。但应明确协商时间，避免长时间协商不成，对双方不利	争议条款	√			
		7.2.2 第三方调解	出现争议时，双方可单独或同时提请第三方帮助协商解决面临争议	协议双方自行协商解决和借助第三方协商解决面临争议，在法律意义上没有本质区别，其形成的补充协议依然是协议的一种，仍不具有强制执行力	业务部门	被指定的帮助双方进行协商的第三方往往是双方共同的商业合作伙伴，或者是有某种商业联系的商事主体，如商会成员或委员	争议条款	√			《合同法》《民事诉讼法》《仲裁法》第16条及《民法通则》相关规定
					财务部门			√			
					法律部门	双方应共同指定第三方，否则其权威性、公正性以及公平性可能会遭到质疑	争议条款	√			

续表

业务领域	法律风险源	法律风险源具体表现	法律风险源诱发因素	法律风险	应对措施			措施类型			法律依据
					责任部门	措施	实施证据	防范	控制	补救	
		7.2.3 向人民法院起诉	双方共同约定将争议提交给有管辖权的人民法院审理	根据现行诉讼法，人民法院审理民事案件依据二审终审原则，且普通诉讼的每一级审理期限规定为6个月。通过诉讼解决的争议时间过长	业务部门	了解诉讼程序性规定，熟悉诉讼时效、管辖，以及审理时限等规定，灵活选择方便诉讼的法院管辖	争议条款	√			《合同法》《民事诉讼法》《仲裁法》第16条及《民法通则》相关规定
					财务部门			√			
					法律部门	本着合法有效，方便快捷有利的原则，审查管辖法院的约定是否合适	争议条款	√			
		7.2.4 提交仲裁机构仲裁	双方共同约定将争议提交给仲裁机构进行仲裁	仲裁条款/协议约定不明，将影响仲裁协议的效力	业务部门	学习仲裁法，了解仲裁协议内容和生效条件，熟悉各仲裁机构及仲裁规则	争议条款	√			《合同法》《民事诉讼法》《仲裁法》第30条及《民法通则》相关规定
					财务部门			√			
					法律部门	仲裁事项约定清楚，意思表示真实，仲裁机构指定明确，仲裁协议/条款规范	争议条款	√			

续表

业务领域	法律风险源	法律风险源具体表现	法律风险源诱发因素	法律风险	应对措施			措施类型			法律依据
					责任部门	措施	实施证据	防范	控制	补救	
8. 效力条款	8.1 合同成立	8.1.1 签署成交确认单	合同双方通过报盘和接盘，确认交易成立	如果成交确认单没有生效保留条款，即约定以签署书面合同作为合同生效条件，则《成交确认单》成立即告合同生效	业务部门	《成交确认单》是业务交往中常用形式，无论是书面形式确认，还是电子邮件确认，都能产生合同效力。但确认的同时声明保留签署书面合同是交易生效的必要条件的除外	成交确认单	√			《合同法》《民事诉讼法》《仲裁法》及《民法通则》相关规定
					财务部门			√			
					法律部门	合同成立不等于合同生效。鉴于《成交确认单》只含有商务内容，并不包含法律责任条款，建议业务部门确认交易的同时一定保留书面合同签订，这是合同生效的唯一条件	成交确认单	√			

续表

业务领域	法律风险源	法律风险源具体表现	法律风险源诱发因素	法律风险	应对措施			措施类型			法律依据
					责任部门	措施	实施证据	防范	控制	补救	
		8.1.2 确认合同文本	合同双方代表在合同文书上签字，确认合同文本而使合同成立	通过业务代表签字确认的合同文本，自签字之日起成立，如没有特别规定，则合同成立但不生效	业务部门	未取得签约授权的代表，在合同文书上签字只能证明合同成立，并不代表合同生效。需要在合同生效条款中予以明确合同生效条件，即加盖公司公章或合同专用章，或者对其代表签约行为予以追认或出具签约授权委托书，该合同才具有了约定效力	效力条款	√			《合同法》《民事诉讼法》《仲裁法》及《民法通则》相关规定
					财务部门			√			
					法律部门	严格审查合同效力条款，划清合同成立与生效的界线，明确合同生效的形式要件	效力条款	√			

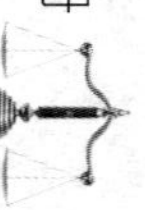

续表

业务领域	法律风险源	法律风险源具体表现	法律风险源诱发因素	法律风险	应对措施			措施类型			法律依据
					责任部门	措施	实施证据	防范	控制	补救	
	8.2　合同生效	8.2.1　合同各方法定代表人签字生效	法定代表人是企业的法律登记的代表，其职务行为代表了企业	非法定代表人面签的合同，虽能核实姓名，但不能核实签字人身份，有冒名签字的法律风险，合同有可能无效	业务部门	通过比对最新年检通过的《企业法人营业执照（副本）》上法定代表人姓名，确认法定代表人身份，并在合同中注明法定代表人的姓名，留存法定代表人身份证复印件，要求出具《法定代表人身份证明》	效力条款、当事人信息条款、《营业执照（副本）》、《法定代表人身份证明》	√			《合同法》《民事诉讼法》《仲裁法》及《工商登记管理条例》等相关规定
					经办人员	只约定签字即生效的合同，往往是谈即签的合同。经办人员应验明相对人法定代表人身份后，由其面签。否则，不应用该方式			√		
					法律部门	非法定代表人面签的合同中，不建议使用“法定代表人签字即生效”的效力条款	效力条款	√			

续表

业务领域	法律风险源	法律风险源具体表现	法律风险源诱发因素	法律风险	应对措施			措施类型			法律依据
					责任部门	措施	实施证据	防范	控制	补救	
		8.2.2 合同盖章生效	加盖公章（或者是合同章）是法律认可的企业行为。双方约定合同经各方盖章后即告生效	如果公章管理不善，可能导致公章滥用，构成法律风险	业务部门	如果合同约定只需各方在合同上盖章后生效，则要求每一方都有严格的公章使用管理规定。这不仅仅只是要求我们一方有严格的用章审批流程，也包括合同相对人。因为未经过相对人公司审核同意的合同，即使签订且生效，也不可能顺利被履行	效力条款、公章管理制度	√			《合同法》《民事诉讼法》《仲裁法》及《工商登记管理条例》等相关规定
					施章人员	原则上应先由合同相对人盖章后，再在合同文书上加盖公章（合同章）			√		
					法律部门	从利于管理与控制角度出发，不建议单独使用盖章即生效的条款	效力条款	√			

续表

业务领域	法律风险源	法律风险源具体表现	法律风险源诱发因素	法律风险	应对措施			措施类型			法律依据
					责任部门	措施	实施证据	防范	控制	补救	
		8.2.3 合同各方代表签字后生效	持有明确授权的企业代表在合同上签字后即告生效	代表未取得授权，或者超越授权的代理行为，将导致合同无效	业务部门	约定授权代表签字生效时，授权代表必须出具《授权委托书》，且授权清楚明确，包含有“代表签署××合同”委托事项	效力条款、公章管理制度	√			《合同法》《民事诉讼法》《仲裁法》及《民法通则》等相关规定
					经办人员	应取得对方授权代表的《授权委托书》，验明代表人身份证件，提取《身份证复印件》后，要求代表面签			√		
					法律部门	如遇合同生效条款做此规定，应调阅各方代表《授权委托书》并审阅，对授权不明的可要求补充授权或建议修改生效条款	效力条款	√			

续表

业务领域	法律风险源	法律风险源具体表现	法律风险源诱发因素	法律风险	应对措施			措施类型			法律依据
					责任部门	措施	实施证据	防范	控制	补救	
		8.2.4 合同各方代表签字并加盖公章后生效	无论是否获得授权，合同经代表签字并加盖公章后即告生效	通过双重程序，要代表签字并加盖公章具有双重保险作用	业务部门	约定代表签字并加盖公章而合同生效时，公司加盖公章的行为具有对签字代表授权或其代表签字行为追认的法律意义	效力条款	√			《合同法》《民事诉讼法》《仲裁法》及《民法通则》等相关规定
					施章人员	根据印章管理规定，对符合用章申请条件的合同，应含有业务部门责任人在合同上的签字，才可加盖公章（合同章）			√		
					法律部门	建议采用“合同经各方代表签字并加盖公章之日起生效”的效力条款，既有效力加强的作用，又方便内部管理，明确了责任人	效力条款	√			
9. 其他条款	9.1 兜底条款	9.1.1 合同中未尽事项，各方协商进行补充	再完善的合同都会因为情势变迁而出现约定不明的未尽事项，允许各方就此类事项进行协商并补充，有利于合同有序执行	通过双重程序，要代表签字并加盖公章具有双重保险作用	业务部门	约定兜底条款，给异常情况出现时一个操作程序和方法，有利于实现合同目的	兜底条款	√			《合同法》《民事诉讼法》《仲裁法》及《民法通则》等相关规定
					执行部门	出现合同未约定事项时，应遵照本条规定与合同相对人进行磋商，并及时解决面临困境			√		
					法律部门	审查是否缺少兜底条款，且对其合理恰当性提出建议和法律意见	兜底条款	√			

续表

业务领域	法律风险源	法律风险源具体表现	法律风险源诱发因素	法律风险	应对措施			措施类型			法律依据
					责任部门	措施	实施证据	防范	控制	补救	
		9.1.2　合同文本所包括的内容	除合同文本之外，货物品质标准、援引的质量检验方法、提（取）货物通知单、补充协议，以及约定的其他合同附件等都是合同组成部分	未进行此类约定，或者此类约定不够明确，可能导致合同关键内容遗漏，不利于合同档案管理，也可能影响争议处理	业务部门	可归入合同内容的附件和文件较多，业务人员应熟知，并尽可能写入合同之中	合同完整性条款	√			《合同法》《民事诉讼法》《仲裁法》及《民法通则》等相关规定
					执行部门	写入合同或未写入合同的法律文件，比如检验报告、交接货清单等，都应归入合同文档，连同合同一并保存。即使是需要提交给合同相对人的法律文件，也必须复印留存			√		
					法律部门	建议采取列举法和归入法并用的文式书写本条款，如“本合同所指明的各个附件、补充协议及其他履行本合同相关的一切法律文件，均为本合同不可分割的一部分，均应与本合同一并保存，并具有同等法律效力”	兜底条款	√			

参 考 文 献

[1] 刘平．保险学原理与应用．北京：清华大学出版社，2009.
[2] 张俊伟．极简管理：中国式管理操作系统．北京：机械工业出版社，2013.
[3] 郭咸纲．西方管理思想史．北京：世界图书出版公司北京公司，2010.
[4] 楼升凯．现代管理学经验主义学派简介．中国集体经济，2009（3）.
[5] 张吉波．美国著名管理学家：欧内斯特·戴尔．现代班组，2012（3）.
[6] 楼升凯．现代管理学经验主义学派简介．中国集体经济，2009（1）.
[7] 李智晖．凭依科学：管理科学学派．IT 经理世界，1999（18）.
[8] 郭咸纲．西方管理思想史．北京：世界图书出版公司北京公司，2010.
[9] 高峰．作战模拟与兰彻斯特方程．科学 24 小时，2008（9）.
[10] 陈润．管理科学大师：埃尔伍德·斯潘塞·伯法．现代班组，2012（8）.

后　　记

关注企业法律风险防控，并计划写一些相关方面的丛书，是我多年前的一个设想。

从事法律服务和企业法务管理工作多年，一刻也没停止过对企业风险，尤其是企业法律风险控制知识的学习和理论探索。尤其是近些年来，许多同行出版了各类法律风险防与控的著作，给了我很多启示。比如，大成律师事务所高级合伙人徐永前、张洪和闫丽萍律师合著的《企业法律风险管理》一书，北京市智维律师事务所陈晓峰主任写的《企业法律风险管理策略丛书》，北京德恒律师事务所合伙人贾辉、张帆律师合著的《三思而后行：中国企业境外投资并购法律风险防范》等著作，都给了我很多启发。

我是站在这些“巨人”的肩膀上展开我的理论研究的。我从各类风险管理书籍中，获得大量关于风险控制方法和实践知识，从而确定了法律风险管理理论和控制体系的研究方向。我的想法得到了菲律宾凯迪雷拉大学（UNIVERSITY OF THE CORDILLERAS）管理学教授 Philian Weygan Qllan 和 Alfred Jose Herbolario 及学术副院长 Ccfeefas M. Basaon professor，Joy L Tio 和我的导师 Rolando Mina，Mamaat 的支持与指导；也得到了我所服务的中国庆华能源集团董事长霍庆华先生和李传瑞主任等高管们的大力支持，给我提供了一个理论与实践结合的大企业平台。

在我撰稿过程中，庆华集团总部行政人事部王小强主任，百度公司的编辑们都给予了我无私的帮助。特别是菲律宾碧瑶市议员、立法委委员 Dr Philian Weygan Qllan，她有自己开办的私立大学要管理，作为第五届世界妇女大会代表，她还要组织菲律宾职业女性联合会并为参会征集妇女意见，还要组织和参加不同形式的会议……可仍在百忙之中，不厌其烦地为我的研究课题进行辅导。

另外，还有一位特殊的人也要提到，那就是我的妻子。我在菲律宾学习和课题研究期间，她主动挑起了照顾孩子和家庭的重担，没有一句怨言，默默支持我。

在此，向上述所提到的单位和个人表示我最真挚的感谢！是你们的帮助与支持，我才能顺利完成这个作品。现在，我唯恐受能力、见识和才识的限制，不能满足作品预期，有些理论观点难免牵强，出现失误，还望各位同行、专家、学者给予谅解，继续帮扶，多给建议。

我的电子邮箱是：mufti5606@ sohu. com。随时恭候您的指导与交流！

作者